VIE DE RANCÉ

Du même auteur
dans la même collection

GÉNIE DU CHRISTIANISME (2 vol.).
ITINÉRAIRE DE PARIS À JÉRUSALEM.
ATALA - RENÉ.

Dans la collection Grand-Format

MÉMOIRES D'OUTRE-TOMBE (4 vol).

Chateaubriand

Vie de Rancé

Postface, choix des variantes, bibliographie et chronologie
par
Georges CONDOMINAS

GF
FLAMMARION

ISBN 2-08-070667-5

NOTE SUR CETTE ÉDITION

Le texte présenté ici est celui de la première édition, parue le 18 mai 1844, dans laquelle, comme l'écrit Fernand Letessier (Introduction, p. LIII), « Chateaubriand se livre tout entier et [...] s'abandonne librement au caprice de son imagination désentravée. Les modifications les plus importantes qui apparaissent dans [la seconde édition, celle du 13 juillet] sont des retranchements de passages où se déchaînent sa verve satirique et les élans mal contenus de sa sensualité. »

Ce sont des corrections suggérées par son entourage, dont il a pris l'habitude de demander l'avis.

Nous n'avons conservé ici, à la suite du texte, que les variantes qui nous ont paru les plus intéressantes.

G. C.

VIE DE RANCÉ

A la mémoire de l'abbé Séguin, prêtre de Saint-Sulpice, né à Carpentras le 8 août 1748, mort à Paris, à 95 ans, le 19 avril 1843.

Son très humble et très obéissant serviteur,

CHATEAUBRIAND.

AVERTISSEMENT[1]

Je n'ai fait que deux dédicaces dans ma vie : l'une à Napoléon, l'autre à l'abbé Séguin. J'admire autant le prêtre obscur qui donnait sa bénédiction aux victimes qui mouraient à l'échafaud, que l'homme qui gagnait des victoires. Lorsque j'allais voir, il y a plus de vingt ans, mesdemoiselles d'Acosta (cousines de madame de Chateaubriand, alors au nombre de quatre et qui ne sont plus que deux), je rencontrais, rue du Petit-Bourbon, un prêtre vêtu d'une soutane relevée dans ses poches : une calotte noire à l'italienne lui couvrait la tête; il s'appuyait sur une canne, et allait en marmottant son bréviaire, confesser, dans le faubourg Saint-Honoré, madame de Montboissier, fille de M. de Malesherbes. Je le retrouvai plusieurs fois aux environs de Saint-Sulpice; il avait peine à se défendre d'une troupe de mendiantes qui portaient dans leurs bras des enfants empruntés. Je ne tardai pas à connaître plus intimement cette proie des pauvres, et je le visitais dans sa maison, rue Servandoni, n° 16. J'entrais dans une petite cour mal pavée; le concierge allemand ne se dérangeait pas pour moi : l'escalier s'ouvrait à gauche au fond de la cour, les marches en étaient rompues; je montais au second étage; je frappais, une vieille bonne vêtue de noir venait m'ouvrir : elle m'introduisait dans une antichambre sans meubles où il n'y avait qu'un chat jaune qui dormait sur une chaise. De là je pénétrais dans un cabinet orné d'un grand crucifix de bois noir. L'abbé Séguin, assis devant le feu et séparé de moi par un paravent, me reconnaissait à la voix : ne pouvant se lever, il me donnait sa bénédiction et me demandait des nouvelles de ma femme. Il me racontait que sa mère lui disait souvent dans le langage figuré de son pays : « Rappelez-vous que la robe des prêtres ne doit jamais être brodée d'avarice. » La sienne était brodée de pauvreté. Il avait eu trois frères, prêtres comme lui, et tous quatre avaient dit la messe ensemble dans l'église paroissiale de Sainte-Maure. Ils allèrent aussi se prosterner à Carpentras sur le tombeau de leur mère. L'abbé Séguin refusa de prêter le serment : poursuivi pendant la révolution, il traversa un jour en courant le jardin du Luxembourg et se sauva chez M. de Jussieu, rue Saint-Dominique-d'Enfer. En quittant le Luxembourg pour la dernière fois en 1815, je passai de même à travers le jardin solitaire avec mon ami, M. Hyde de Neuville. De tristes échos se réveillent dans les cœurs qui ont retenu le bruit des révolutions.

L'abbé Séguin rassemblait, dans des lieux cachés, les chrétiens persécutés. L'abbé Antoine, son frère, fut arrêté, mis aux Carmes et massacré le 2 septembre. Quand cette nouvelle parvint à Jean-Marie, il entonna le *Te Deum*. Il allait déguisé, de faubourg en faubourg, administrer des secours aux fidèles. Il était souvent accompagné de femmes pieuses et dévouées ; madame Choqué se faisait passer pour sa fille ; elle faisait le guet et était chargée d'avertir le confesseur. Comme il était grand et fort, on l'enrôla dans la garde nationale. Dès le lendemain de cet enrôlement, il fut envoyé avec quatre hommes visiter une maison, rue Cassette. Le ciel lui apprit le rôle qu'il avait à jouer. Il demande avec fracas que les appartements lui soient ouverts ; la fouille est faite. L'abbé Séguin aperçut un tableau placé contre un mur et qui cachait ce qu'il ne voulait pas trouver. Il en approche, soulève avec sa baïonnette un coin de ce tableau, et s'aperçoit qu'il bouche une porte. Aussitôt, changeant de ton, il reproche à ses camarades leur inactivité et leur donne l'ordre d'aller visiter les chambres en face du cabinet que dérobait le tableau. Pendant que la religion inspirait ainsi l'héroïsme à des femmes et à des prêtres, l'héroïsme était sur le champ de bataille avec nos armées : jamais les Français ne furent si courageux et si infortunés. Dans la suite l'abbé Séguin, ayant vu quel parti on pouvait tirer de la garde nationale, était toujours prêt à s'y présenter. Le mensonge était sublime, mais il n'en offensait pas moins l'abbé Séguin, parce qu'il était mensonge. Au milieu de ses violents sacrifices, il tombait dans un silence consterné qui épouvantait ses amis. Il fut délivré de ses tourments par suite du changement des choses humaines. On passa du crime à la gloire, de la république à l'empire.

C'est pour obéir aux ordres du directeur de ma vie que j'ai écrit l'histoire de l'abbé de Rancé. L'abbé Séguin me parlait souvent de ce travail, et j'y avais une répugnance naturelle. J'étudiai néanmoins ; je lus, et c'est le résultat de ces lectures qui compose aujourd'hui la Vie de Rancé.

Voilà tout ce que j'avais à dire. Mon premier ouvrage a été fait à Londres en 1797, mon dernier à Paris en 1844. Entre ces deux dates, il n'y a pas moins de quarante-sept ans, trois fois l'espace que Tacite appelle une longue partie de la vie humaine : « *Quindecim annos, grande mortalis œvi spatium.* » Je ne serai lu de personne, excepté peut-être de quelques arrière-petites-nièces habituées aux contes de leur vieil oncle. Le temps s'est écoulé, j'ai vu mourir Louis XVI et Bonaparte ; c'est une dérision que de vivre après cela. Que fais-je dans le monde ? Il n'est pas bon d'y demeurer lorsque les cheveux ne descendent plus assez bas pour essuyer les larmes qui tombent des yeux. Autrefois je barbouillais du papier avec mes filles, Atala, Blanca, Cymodocée, chimères qui ont été chercher ailleurs la jeunesse. On remarque des traits indécis dans le tableau du Déluge, dernier travail du Poussin : ces défauts du temps embellissent le chef-d'œuvre du grand peintre ; mais on ne m'excusera pas, je ne suis pas Poussin, je n'habite point au bord du Tibre et j'ai un mauvais soleil. Jadis j'ai pu m'imaginer l'histoire d'Amélie, maintenant je suis réduit à tracer celle de Rancé : j'ai changé d'ange en changeant d'années.

LIVRE PREMIER

Dom Pierre Le Nain, religieux et prieur de l'abbaye de la Trappe, frère du grand Tillemont et presque aussi savant que lui, est reconnu comme le plus complet historien de Rancé. Il commence ainsi la vie de l'abbé réformateur :

« L'illustre et pieux abbé du monastère de Notre-Dame de la Trappe, l'un des plus beaux monuments de l'ordre de Cîteaux, le parfait miroir de la pénitence, le modèle accompli de toutes les vertus chrétiennes et religieuses, le digne fils et le fidèle imitateur du grand saint Bernard, le révérend père *Dom Armand-Jean Le Bouthillier de Rancé,* de qui, avec le secours du ciel, nous entreprenons d'écrire l'histoire, naquit à Paris le 9 janvier 1626, d'une des plus anciennes et illustres familles du royaume. Il n'y a personne qui ne sache qu'elle a donné à l'Église monseigneur Victor Le Bouthillier, évêque de Boulogne, depuis archevêque de Tours, premier aumônier de M. le duc d'Orléans ; monseigneur Sébastien Le Bouthillier, évêque d'Aire, prélat d'une piété singulière ; et à l'État Claude Le Bouthillier, sieur de Pons et de Foligny, qui fut d'abord conseiller au parlement de Paris, ensuite secrétaire d'État, et quelques années après, surintendant des finances et grand-trésorier des ordres du roi. Cette famille, qui tirait son origine de Bretagne et touchait de parenté aux ducs de cette province, a été encore plus anoblie par la sainteté de celui dont nous écrivons la vie.

« Son père se nommait Denis Le Bouthillier, seigneur de Rancé, maître des Requêtes, président en la Chambre des Comptes et secrétaire de la reine Marie de Médicis. Il épousa Charlotte Joly, de laquelle il eut huit enfants : cinq filles, qui se firent religieuses presque toutes, et trois garçons. Le premier, Denis-François Le Bouthillier, fut chanoine de Notre-Dame de Paris ; le second fut notre digne abbé ; le troisième est le chevalier de Rancé, qui servit Sa Majesté en qualité de capitaine du port de Marseille et de chef d'escadre.

« Comme notre abbé avait été baptisé en la maison de son père, sans les cérémonies ordinaires de l'Église, elles furent supplées le 30 mai 1627 en la paroisse de Saint-Côme et Saint-Damien. L'éminentissime cardinal de Richelieu fut son parrain, et lui donna le nom d'Armand-Jean ; il eut pour marraine Marie de Fourcy, femme du marquis d'Effiat, surintendant des finances. »

Tel est le début du Père Le Nain. Le désert se réjouit, le réformateur de la Trappe se montre au monde entre Richelieu, son protecteur et Bossuet, son ami. Il fallait que le prêtre fût grand pour ne pas disparaître entre ses acolytes.

Le frère aîné de Rancé, Denis-François, le chanoine de Notre-Dame, était, dès le berceau, abbé commendataire de la Trappe ; la mort de Denis rendit Armand le chef de sa famille : il hérita de l'abbaye de son frère par cet abus des bénéfices convertis en espèces de biens patrimoniaux. Admis dans l'ordre de Malte, quoiqu'il fût devenu l'aîné, ses parents le laissèrent dans la carrière de l'Église.

Le père de Rancé, frappé des dispositions de son fils, lui donna trois précepteurs : le premier lui montrait le grec, le second le latin, le troisième veillait sur ses mœurs ; traditions d'éducation qui remontaient à Montaigne. Les parlementaires étaient alors très érudits, témoin Pasquier et le président Cousin. A peine sorti des langes, Armand expliquait les poètes de la Grèce et de Rome. Un bénéfice étant venu à vaquer, on mit sur la liste des recommandés le filleul du cardinal de Richelieu ; le clergé murmura, le Père Caussin, jésuite et confesseur du roi, fit appeler l'abbé en jaquette. Caussin avait un *Homère* sur sa table, il le présenta à Rancé : le petit savant expliqua un passage à livre ouvert. Le jésuite pensa que l'enfant s'aidait du latin placé en regard du texte, il prit les gants de l'écolier et en couvrit la glose. L'écolier continua de traduire le grec. Le Père Caussin s'écria : *Habes lynceos oculos !* Il embrassa l'enfant, et ne s'opposa plus aux faveurs de la cour.

A l'âge de douze ans (1638), Rancé donna son *Anacréon*. Cette précocité de science est suffisamment démontrée possible par ce que l'on sait de Saumaise et des enfants célèbres. Rancé, à soixante-huit ans, dans une lettre à l'abbé Nicaise, s'avoue l'auteur du commentaire.

L'*Anacréon* grec parut sous la protection du cardinal de Richelieu ; Chardon de La Rochette a fourni la traduction de l'épître dédicatoire. On la pourrait faire plus précise, non plus exacte. Il est curieux d'entendre celui qui devait dédaigner le monde parler à celui qui n'aspirait qu'à en devenir le maître : l'ambition est de toutes les âmes ; elle mène les petites, les grandes la mènent.

L'épître ouvre par ces mots :

« Au grand Armand-Jean, cardinal de Richelieu, Armand-Jean Le Bouthillier, abbé,

» Salut et longue prospérité. Ayant appris de bonne heure à me pénétrer des sentiments de reconnaissance, etc.

» La langue grecque est aussi la langue des saintes Écritures, etc.

» J'ai donné à l'étude de cette langue les mêmes soins qu'à celle des Romains, etc.

» Me dévouant tout entier au service de votre Éminence… »

C'est une des immortalités contradictoires de Richelieu d'avoir eu pour panégyristes Rancé, scoliaste d'*Anacréon,* et Corneille, qui devint à son tour pénitent : *les Horaces* sont dédiés au persécuteur du *Cid.*

Les scolies, dans l'*Anacréon* de Rancé, suivent une à une les odes ; les pièces à la louange du jeune traducteur, imprimées à la tête de l'ouvrage, ne donnent guère une idée de l'avenir du saint. Dans les collèges il y avait une sorte d'enfance mythologique qui passait d'une génération à l'autre. « Quels vœux formes-tu, chantre de Téos, dit un des rapsodes de ces pièces, brûles-tu pour Bathille, pour Bacchus, pour Cythérée ? Aimes-tu les danses des jeunes vierges, voici Armand (de Rancé) qui l'emporte sur Bathille et sur les jeunes vierges ; si tu possèdes Armand, vis heureux. »

Singulière annonciation du saint. Je me souviens qu'un de nos régents nous expliquait en classe l'églogue d'Alexis : Alexis était un écolier indocile, qui refusait d'écouter les paroles de son affectueux maître. Candide pudeur chrétienne !

Rancé subséquemment jeta au feu ce qu'il lui restait du tirage de l'*Anacréon,* dont on trouve néanmoins des exemplaires à la Bibliothèque du roi. Un voyageur anonyme qu'on sait être aujourd'hui l'abbé Nicaise, dans un voyage fait à la Trappe du vivant de Rancé, raconte une conversation qu'il eut avec l'abbé. Celui-ci lui dit « qu'il n'avait gardé dans sa bibliothèque qu'un exemplaire de l'*Anacréon,* qu'il avait donné cet exemplaire à M. Pellisson, non pas comme un bon livre, mais comme un livre fort propre et fort bien relié ; que dans les deux premières années de sa retraite, avant que d'être religieux, il avait voulu lire les poètes, mais que cela ne faisait que rappeler ses anciennes idées, et qu'il y a dans cette lecture un poison subtil, caché sous des fleurs, qui est très dangereux, et qu'enfin il avait quitté tout cela ».

Il écrivait à l'abbé Nicaise, le 6 avril 1692 : « Ce que j'ai fait sur *Anacréon* n'est rien de considérable ; qu'est-ce que l'on peut penser à l'âge de douze ans qui mérite qu'on l'approuve ! J'aimais les lettres et je m'y plaisais, voilà tout. »

Protégé de Richelieu et chéri de la reine-mère, Rancé entrait dans la vie sous les auspices les plus heureux. Marie de Médicis avait pour lui une tendresse d'aïeule, elle le tenait sur ses genoux, le portait, le baisait ; elle dit un jour au père de Rancé : « Pourquoi ne m'avez-vous pas encore amené mon fils ? Je ne prétends pas être si longtemps sans le voir ! » On aurait pris ces caresses pour le comble de la fortune ; mais elles venaient de la veuve de Henri IV et de la mère de la femme de Charles Ier. Il ne manquait rien à l'opulence de l'écolier : pourvu d'un canonicat de Notre-Dame de Paris, et abbé de la Trappe, il jouissait du prieuré de Boulogne près de Chambor, de l'abbaye de Notre-Dame-du-Val, de Saint-Symphorien de Beauvais ; il était prieur de Saint-Clémentin en Poitou, archidiacre d'Outre-Mayenne dans l'église d'Angers et chanoine de Tours, faveurs obtenues de Richelieu par le crédit d'*Anacréon*.

Vers cette époque le jeune Bouthillier aurait eu à subir une épreuve, Richelieu s'était brouillé avec Marie de Médicis : la reine italienne aurait mieux fait de continuer d'élever le Luxembourg et l'aqueduc d'Arcueil, de perfectionner son propre portrait gravé en bois par elle-même. Bouthillier le père, qui demeurait attaché à la fortune de Marie, voulut contraindre Rancé à cesser d'aller chez son parrain ; Rancé resta fidèle au cardinal et le vit secrètement jusqu'à sa mort. Telles sont les traditions conservées dans les biographies, mais la chronologie les renverse ; lorsque Marie de Médicis se réfugiait dans les Pays-Bas, Rancé n'avait que trois à quatre ans.

Richelieu mourut le 4 décembre 1642, dans la dix-huitième année de son ministère. Le génie est une royauté par l'ère de laquelle il faut compter. *Le Père Joseph, Marion de Lorme, la Grande pastorale* sont des infirmités ensevelies avant celui auquel elles furent attachées.

Sous la régence d'Anne d'Autriche et le ministère

de Mazarin, Rancé poursuivit son éducation. Dans ses cours de philosophie et de théologie, il obtint des succès que la société d'alors voyait avec un vif intérêt : il dédia sa thèse à la mère de Louis XIV. Un jour, poussé par un professeur qui appuyait son opinion sur un passage concluant d'Aristote, il répondit qu'il n'avait jamais lu Aristote qu'en grec et que, si l'on voulait lui produire le texte, il tâcherait de l'expliquer. Le professeur ne savait pas le grec, ce que Rancé avait soupçonné. Alors l'abbé cita de mémoire l'original et fit voir la différence qui existait entre le texte et la version latine.

Rancé eut le bonheur de rencontrer aux études un de ces hommes auprès desquels il suffit de s'asseoir pour devenir illustre, Bossuet. Rancé commença par la cour et finit par la retraite, Bossuet commença par la retraite et finit par la cour ; l'un grand par la pénitence, l'autre par le génie. Dans sa licence, Bossuet n'atteignit qu'à la seconde place ; Rancé obtint la première, on attribua ce succès à sa naissance : Rancé n'en triompha pas ; Bossuet n'en fut point humilié.

Rancé prêcha avec succès dans diverses églises. Sa parole avait du torrent, comme plus tard celle de Bourdaloue ; mais il touchait davantage et parlait moins vite.

Dans l'année 1648, s'ouvrit la tranchée dans laquelle sauta la France, pour escalader la liberté. Cette bacchanale entachée de sang brouille les rôles ; les femmes devinrent des capitaines ; le duc d'Orléans écrivait des lettres adressées *à mesdames les comtesses maréchales-de-camp dans l'armée de ma fille contre le Mazarin*.

Broussel, le conseiller, était le grand homme ; Condé, un petit personnage tenu en cage à Vincennes par un prêtre ; le coadjuteur attendait à Saint-Denis le sac de Paris, pour que madame de Sévigné, disait-il, *lui passât par les mains*. On égorgeait le voisin et l'on se consolait par des vers :

En voyant ces œillets qu'un illustre guerrier…

Mazarin et Turenne étaient des amoureux, l'un de la reine, l'autre de madame de Longueville, tandis que Charles Ier tombait sous la hache de Cromwell et que la fille de Henri IV mourait de froid au Louvre. Chaque jour voyait naître des gazettes : *le Courrier français* et *le Courrier extravagant* étaient écrits en vers burlesques ; à peine rencontre-t-on parmi des choses insipides quelques lignes comme celles-ci :

« Le jeune Tancrède de Rohan fut le premier qui porta des nouvelles aux Champs-Élysées de la cruelle guerre que le cardinal Mazarin avait allumée en France. Le nautonier Caron, ayant passé ce jeune guerrier dans sa barque, lui montra les champs délicieux où se divertissent les princes et les héros ; il lui donna une des plus jeunes et plus fières Destinées pour l'accompagner jusqu'à la porte de cet admirable pourpris, où il fut reçu avec regret, à cause de sa jeunesse. »

Plus avant, vous rencontrez le duc *de Jeûne* avec l'*infante Abstinence, sa femme,* se saisissant du *fort de Carême* par l'entremise du *jour des Cendres*.

C'était là la lecture dont se nourrissait le réformateur de la Trappe. Il pouvait errer au milieu des sociétés qui commencèrent avant la Fronde et qui finirent avec elle : en effet, ce fut là qu'il connut madame de Montbazon. Ces sociétés étaient de diverses sortes ; la première et la plus illustre de toutes était celle de l'hôtel de Rambouillet. Arrêtons-nous pour y jeter un regard. On comprendra mieux d'où Rancé était parti, quand on saura de quelle extrémité de la terre il était revenu.

Madame de Rambouillet, fille du marquis de Pisani et de madame Savelli, dame romaine, avait, ainsi que plusieurs familles de l'époque de nos Médicis, du sang italien dans les veines. Elle enseigna à Paris la disposition des grands hôtels dont la Renaissance avait déjà indiqué les principes. Quand la reine-mère bâtit le Luxembourg, elle envoya ses architectes étudier l'hôtel de Pisani, devenu l'hôtel de Rambouillet et situé dans l'espace qu'occupe aujourd'hui la rue de Chartres, ayant vue sur le petit palais de Philibert Delorme : la seconde galerie du Louvre n'a été bâtie que de notre temps. Cet hôtel était le rendez-vous de tout ce qu'il y avait de plus élégant à la cour et de plus connu parmi les gens de lettres. Là, sous la protection des femmes, commença le mélange de la société, et se forma, par la fusion des rangs, cette égalité intellectuelle, ces mœurs inimitables de notre ancienne patrie. La politesse de l'esprit se joignit à la politesse des manières ; on sut également bien vivre et bien parler.

Mais le goût et les mœurs ne se jettent pas d'une seule fonte. Le passé traîne ses restes dans le présent : il faut avoir la bonne foi de reconnaître les défauts que l'on aperçoit dans les époques sociales. En essayant de curieuses divisions de temps, on s'est efforcé d'accuser Molière d'exagération dans ses critiques : pourtant il n'a dit que ce que racontent les mémoires, de même que les lettres de Guy Patin, montrent que dans la peinture des médecins, le grand comique n'a pas passé la mesure.

Marini, le Napolitain, reçu avec transport à l'hôtel de Rambouillet, acheva de gâter le goût en nous apportant l'amour des concetti. Marie de Médicis faisait à Marini une pension de deux mille écus. Corneille lui-même fut entraîné par ce goût d'outremonts, mais son grand génie résista : dépouillé de sa calotte italienne, il ne lui resta que cette tête chauve qui plane au-dessus de tout.

Il régnait à l'hôtel de Rambouillet, à l'époque de sa plus ancienne célébrité, un attrait de mauvaise plaisanterie qu'on retrouvait encore dans ma jeunesse au fond des provinces. Ainsi des vêtements rétrécis, afin de persuader celui qui les reprenait qu'il avait enflé pendant la nuit ; ainsi Godeau accoutré en nain de Julie et rompant une lance de paille contre d'Andilly, qui lui donna un soufflet ; voilà où en était l'hôtel de Rambouillet. Lorsque Corneille y lut *Polyeucte,* on lui déclara que *Polyeucte* n'était pas faite pour la scène.

Voiture fut chargé d'aller signifier à Pierre de remettre son chef-d'œuvre dans sa poche. C'est pourtant cette puissante race normande qui a donné Shakspeare à l'Angleterre et Corneille à la France.

On n'aimait pas, à l'hôtel de Rambouillet, les bonnets de coton. Montausier n'eut la permission d'en user qu'en considération de ses vertus. Les femmes portaient, le jour, une canne comme les châtelaines du XIVe siècle ; les mouchoirs de poche étaient garnis de dentelle, et l'on appelait *lionnes* les jeunes femmes blondes. Rien de nouveau sous le soleil.

Dans une fête que donnait madame de Rambouillet, elle conduisit une nombreuse compagnie vers des rochers plantés de grands arbres. Mademoiselle de Rambouillet et les demoiselles de sa maison, vêtues en nymphes, faisaient le plus agréable spectacle. Julie d'Angennes apparut avec l'arc et le visage de Diane ; elle était si charmante qu'elle vainquit au chant un rossignol et que la tour de Montlhéry haussait le cou dans les nues pour apercevoir ses beaux yeux.

Il y avait un cabinet appelé la chambre bleue, à cause de son ameublement de velours bleu rehaussé d'or et d'argent. On y respirait des parfums, on y composait des stances à Zyrphée, reine d'Argennes à la cour d'Arthénice, anagramme du nom de Catherine, faite par Racan pour Catherine de Rambouillet, dont il était amoureux. Celle-ci écrit à l'évêque de Vence : « Je vous souhaite à tout moment dans la loge de Zyrphée ; elle est soutenue par des colonnes de marbre transparent, et a été bâtie au-dessus de la moyenne région de l'air par la reine Zyrphée. Le ciel y est toujours serein ; les nuages n'y offusquent ni la vue ni l'entendement, et de là tout à mon aise j'ai considéré le trébuchement de l'ange terrestre. » L'*Astrée* de d'Urfé, publié en 1610 et 1620, florissait à l'hôtel de Rambouillet. C'est par l'*Astrée* que s'introduisirent les longs verbiages d'amour, peut-être nécessaires pour corriger les amours du XVIe siècle. D'Urfé, épris de Diane de Chateaumorand, femme de son frère, dont le mariage fut cassé, épousa Diane et partagea son lit avec de grands chiens.

Tout ce système d'amour, quintessencié par mademoiselle de Scudéri, et géographié sur la carte du royaume du Tendre, vint se perdre dans la Fronde, gourme du siècle de Louis XIV encore au pâturage. Voiture fut presque le premier bourgeois qui s'introduisit dans la haute société ; on a des lettres de lui à Julie d'Angennes. Naturellement fat, il voulut baiser le bras de Julie, de laquelle il fut vivement repoussé ; le grand Condé le trouvait insupportable : il n'a pas, quoi qu'on en dise, décrit Grenade et l'Alhambra. Puis venaient Vaugelas, Ménage, Gombault, Malherbe, Racan, Balzac, Chapelain, Cottin, Benserade, Saint-Évremont, Corneille, La Fontaine, Fléchier, Bossuet. Les cardinaux de La Valette et de Richelieu passèrent à l'hôtel de Rambouillet, qui toutefois résista à la puissance du maître de Louis XIII. En femmes, on vit successivement venir la marquise de Sablé, Charlotte de Montmorency et mademoiselle de Scudéri, moins jeune et moins simple que madame de Scudéri ; enfin, au bout du rôle paraît madame de Sévigné dans sa primeur.

Mademoiselle de Scudéri était la grande romancière du temps, et jouissait d'une réputation fabuleuse. Elle avait gâté et soutenu à la fois le grand style, accoutumant les esprits à passer de *Clélie* à *Andromaque*. Nous n'avons rien à regretter de cette époque. Madame Sand l'emporte sur toutes les femmes qui commencèrent la gloire de la France. L'art vivra sous la plume de l'auteur de *Lélia*. L'insulte à la rectitude de la vie ne saurait aller plus loin, il est vrai, mais madame Sand fait descendre sur l'abîme son talent, comme j'ai vu la rosée tomber sur la mer Morte. Laissons-la faire provision de gloire pour le temps où il y aura disette de plaisirs. Les femmes sont séduites et enlevées par leurs jeunes années ; plus tard elles ajoutent à leur lyre la corde grave et plaintive sur laquelle s'expriment la religion et le malheur. La vieillesse est une voyageuse de nuit : la terre lui est cachée ; elle ne découvre plus que le ciel.

Montausier, que la différence de religion avait empêché d'épouser Julie d'Angennes pendant plusieurs années, rompit par son mariage la première société de l'hôtel de Rambouillet. La *Guirlande de Julie*, un peu fanée, est arrivée jusqu'à nous ; la *Violette* y fait entendre encore sa langue parfumée. Madame de Montausier, à cinquante ans révolus, se laissait aller à la faiblesse de dire : « Quand j'étais en couches ce printemps. »

Lorsqu'on a à raconter une série d'événements et qu'on pousse son récit jusqu'à la mort des personnages, on parvient à cette gravité des enseignements qui résulte des variations de la vie. La marquise de Rambouillet mourut à l'âge de quatre-vingt-deux ans, en 1665. Il y avait déjà long-temps qu'elle n'existait plus, à moins de compter des jours qui ennuient tout le monde. Elle avait fait son épitaphe :

Et si tu veux, passant, compter tous ses malheurs,
Tu n'auras qu'à compter les moments de sa vie.

Tel est le secret de ces moments qui passent pour heureux.

Madame de Montausier expira le 13 avril 1671, âgée de soixante-quatre ans. Nommée gouvernante des enfants de France lors de la grossesse de Marie-Thérèse d'Autriche, ensuite dame d'honneur de la reine lorsque la duchesse de Navailles donna sa démission, elle fut effrayée de l'apparition de monsieur de Montespan, ce mari de l'Alcmène de Molière, qu'elle crut voir dans un passage obscur et qui la menaçait. Julie d'Angennes se reprochait la flatterie de son silence. Responsable des devoirs que lui imposait le nom de son mari, elle semblait avoir ouï l'apostrophe de l'orateur aux cendres de Montausier : « Ce tombeau s'ouvrirait, ses cendres se ranimeraient pour me dire : Pourquoi viens-tu mentir pour moi, qui ne mentis jamais pour personne ? » Madame de

Montausier se retira, languit pendant trois années, puis elle disparut[2] : on entendit à peine se refermer sa tombe.

Hélas ! une des plus belles renommées commencées à l'hôtel de Rambouillet s'ensevelit à Grignan, à la source de son immortalité. Madame de Sévigné ne s'était pas fait illusion sur sa jeunesse, comme madame de Montausier. Elle écrivait à sa fille : « Je vois le temps accourir et m'apporter en passant l'affreuse vieillesse. » Elle écrivait encore à ses enfants : « Vous voilà donc à nos pauvres Rochers. » Et c'était là qu'avait habité long-temps madame de Sévigné elle-même. La lettre datée de Grignan, du 29 mars 1696, quatre ans avant la mort de Rancé, regarde le jeune Blanchefort, « *disparu*[3] *comme une fleur que le vent emporte* ». Cette lettre est une des dernières de l'épistolaire ; plainte du vent qui passe sur un tombeau. « Je mérite, dit-elle, d'être mise dans la hotte où vous mettez ceux qui vous aiment, mais je crains que vous n'ayez point de hottes pour ces derniers. » Ces hottes ne pèsent guère ; elles ne portent que des songes. On se plaît mélancoliquement à voir dans quel cercle roulaient les idées dernières de madame de Sévigné. On ne dit pas quelle fut sa parole fatidique : on aimerait à avoir un recueil des derniers mots prononcés par les personnes célèbres ; ils feraient le voculaire de ces régions énigmatiques[4] des sphinx par qui en Égypte l'on communique du monde au désert.

A Rome, qu'avait habitée madame des Ursins, alliée de madame de Rambouillet, madame des Ursins ne se pouvait résoudre à retourner proscrite et vieille : « Occupée du monde, dit Saint-Simon, de ce qu'elle avait été et de ce qu'elle n'était plus, elle eut le plaisir de voir Madame de Maintenon, oubliée, s'anéantir dans Saint-Cyr. »

Et pourtant M. le duc de Noailles vient de faire de Saint-Cyr une restauration admirable. En nous parlant du plaisir que devait trouver madame des Ursins à prolonger ses jours parmi des ruines, Saint-Simon regardait apparemment comme plaisir la plus dure des afflictions, le survivre. Heureux, l'homme expiré en ouvrant les yeux ! il meurt aux bras de ces femmes du berceau, qui ne sont dans le monde qu'un sourire.

Des débris de cette société se forma une multitude d'autres sociétés qui conservèrent les défauts de l'hôtel de Rambouillet sans en avoir les qualités. Rancé rencontra ces sociétés ; il n'y put gâter son esprit, mais il y gâta ses mœurs ; il eut plusieurs duels, à l'exemple du cardinal de Retz, s'il faut en croire quelques écrits dont on doit néanmoins se défier.

L'hôtel d'Albret et l'hôtel de Richelieu furent les deux grandes dérivations de cette première source, d'où sortirent l'hôtel de Longueville et l'hôtel de madame de La Fayette, en attendant les jardins de La Rochefoucauld, que j'ai vus encore entiers dans la petite rue des Marais. On tenait ruelle ; Paris était distribué en quartiers qui portaient des noms merveilleux ; on les peut voir dans le *Dictionnaire des Précieuses*. Le faubourg Saint-Germain s'appelait la Petite Athènes ; la place Royale, la Place Dorique ; le Marais, le quartier des Scholies ; l'île Notre-Dame, la place de Délos. Tous les personnages du commencement du XVIIe siècle avaient changé d'appellation : témoin le discours de Boileau sur les *héros de roman*. Madame d'Aragonnais était la princesse *Philoxène ;* madame d'Aligre, *Thélamyre ;* Sarrasin, *Polyandre ;* Conrart, *Théodamas ;* Saint-Aignan, *Artaban ;* Godeau, le *mage de Sidon*.

Loin de là, vers le Marais, se trouvait une autre société qui en prenait le nom, et dont les personnages se mêlaient parfois à ceux de l'hôtel de Rambouillet. Là régnait le grand Condé, et passait Molière ; on y rencontrait La Rochefoucauld, Longueville, d'Estrées, La Châtre. Condé avait quitté les *petits-maîtres*, ses premiers compagnons, et n'apprenait plus à monter à cheval avec Arnauld d'Andilly. Molière puisa dans une conversation avec Ninon, qui se trouvait là, la peinture de l'hypocrite dont il fit ensuite le Tartufe.

Ninon, puisque je l'ai nommée, paraîtrait cependant n'avoir pas été connue de Rancé. Elle était impie ; de là la faveur dont elle a joui dans le XVIIIe siècle ; philosophe et courtisane, c'était la perfection. On a fait trop de bruit de la fidélité que mademoiselle de Lenclos mit à rendre un dépôt : cela prouve qu'elle ne volait pas. Son incrédulité passait sous la protection de son esprit : il fallait qu'elle en eût beaucoup pour que mesdames de La Suze, de Castelnau, de La Ferté, de Sully, de Fiesque, de La Fayette, ne fissent aucune difficulté de la voir. Madame de Maintenon, n'étant encore que madame Scarron, était liée avec elle ; elle voulut l'appeler à Saint-Cyr. La comtesse Sandwich la recherchait ; la reine Christine, s'efforçant de l'emmener à Rome, l'appelait *l'illustre* Ninon ; Port-Royal prétendit la convertir : « Vous savez, disait-elle à Fontenelle, le parti que j'aurais pu tirer de mon corps ; je pourrais encore mieux vendre mon âme. » Madame de Sévigné a fait connaître les amours de son fils : elle le blâme d'avoir livré à Ninon les lettres de la Champmeslé, par la raison que dans le mal même il faut avoir de l'honneur. Ninon ne se contenta pas d'une conquête dans la famille de Chantal, elle étendit son pouvoir sur trois générations.

On partageait les bienvenus de Ninon en plusieurs classes, les *martyrs*, les *favoris* et ceux qui attendaient leur bonheur de la fortune : son désintéressement ne la rendait pas insensible à la munificence de ses esclaves. Elle habitait sa maison, rue des Tournelles, maison que l'on montre encore ; elle passa quelque temps dans les environs de Saint-Germain-des-Prés. Dans le carême de 1651, on jeta un os par la fenêtre de Ninon ; cet os tomba sur un prêtre. Ce prêtre assura que l'on avait tué deux hommes là-dedans et que l'on y mangeait de la viande. Ninon envoya Candale et Mortemart parler au bailli dans la juridiction duquel se trouvait une partie du faubourg Saint-Germain : l'affaire s'arrangea.

Ninon assurait que Fourreau, traitant fort riche, était mal portant, et qu'elle lui avait vu un javart. Villearceaux, qui guettait Ninon à travers une fenêtre, voulut courir chez elle dans un accès de jalousie ;

croyant prendre son chapeau, il s'enfonça sur la tête une aiguière d'argent qu'on eut mille peines à retirer. Villearceaux étant tombé malade, Ninon coupa ses cheveux et les lui envoya. Elle eut un fils de Villearceaux. Ce fils, ignorant sa naissance, devint amoureux de sa mère et se poignarda : anecdote suspecte. Ninon avait exclu Chapelle de sa société pour son ivrognerie ; Chapelle jura que pendant un mois il ne se coucherait pas sans être ivre et sans avoir fait une chanson contre Ninon.

Les œuvres de Saint-Évremont renferment huit lettres de mademoiselle de Lenclos, écrites à l'exilé qui, n'ayant pu obtenir un tombeau dans sa patrie, a un mausolée à Westminster. Saint-Évremont apercevait Paris à l'envers, du fond de Londres ; il est vrai qu'il avait auprès de lui le chevalier de Grammont ; et, comme Français, l'*Écossais* Hamilton, sans compter les belles Italiennes Mazarini dont il était épris. Les lettres de Ninon sont fines de style et de goût [5].

« Je défie, dit-elle à Saint-Évremont, je défie Dulcinée de sentir avec plus de joie le souvenir de son chevalier. Votre lettre a été reçue comme elle le mérite, et la *triste figure* n'a point diminué le mérite des sentiments. Je suis touchée de leur force et de leur persévérance. Conservez-les, à la honte de ceux qui se mêlent d'en juger. Je crois comme vous que les rides sont les marques de la sagesse. Je suis ravie que vos vertus extérieures ne vous attristent point : je tâche d'en user de même. Vous avez un ami gouverneur de province, qui doit sa fortune à ces agréments. M. de Turenne ne voulait vivre que pour se voir vieux. »

Madame de Sévigné aurait-elle parlé plus agréablement de ses *vertus extérieures ?* Ninon écrit encore à Saint-Évremont : « Nous mériterons les louanges de la postérité par la durée de notre vie et par celle de l'amitié. Je suis lasse quelquefois de faire toujours la même chose, et je loue le Suisse qui se jeta dans la rivière par cette raison. Mes amis me reprennent souvent sur cela, et m'assurent que la vie est bonne tant que l'on est tranquille et que l'esprit est sain. La force du corps donne d'autres pensées ; on préférerait sa force à celle de l'esprit, mais tout est inutile, quand on ne saurait rien changer. »

Nous venons d'entendre parler de Turenne. Voici La Fontaine :

« J'ai su que vous souhaitiez La Fontaine en Angleterre : on n'en jouit guère à Paris ; sa tête est bien affaiblie. C'est le destin des poètes : le Tasse et Lucrèce l'ont éprouvé. Je doute qu'il y ait eu du philtre amoureux pour La Fontaine ; il n'a guère aimé de femmes qui en eussent pu faire la dépense. »

Le siècle de Louis XIV achève de défiler derrière ce transparent tendu par la main d'une nouvelle habitante de Céa.

On n'a jamais bien su la cause de la disgrâce du correspondant de Ninon et de l'implacabilité de Louis XIV. La lettre politique citée par Saint-Simon, malgré la susceptibilité du roi (fort naturelle après les troubles de sa minorité), ne saurait être la vraie cause de la disgrâce ; il faut qu'il y ait eu quelque blessure secrète : Saint-Évremont avait été lié avec Fouquet, et Fouquet touchait aux lettres de madame de La Vallière.

Les lettres de Saint-Évremont, en réponse à mademoiselle de Lenclos, sont agréables sans être naturelles. On reconnaissait parmi les étrangers ces éclats détachés de la planète de la France, et qui formaient de petites sphères indépendantes de la région dans laquelle elles tournaient. Il est à peu près certain que Saint-Évremont est l'auteur de la conversation du père Canaye avec le maréchal d'Hocquincourt[6].

Grotte d'où sort ce clair ruisseau,
De mousse et de fleurs tapissée,
N'entretiens jamais ma pensée
Que du murmure de ton eau.

Chaulieu chantait ainsi dans un moment de rêverie ; peut-être avait-il en pensée le souvenir de Ninon, lorsqu'il s'écriait :

Dieu ! ce soir qu'Iris est belle !
Son cœur, dit-elle, est à moi :
Passons la nuit avec elle ;
Mais comptons peu sur sa foi.

L'*Anacréon du Temple*, ainsi qu'on appelait Chaulieu parlant de la vieille mademoiselle de Lenclos, assurait que l'amour s'était retiré jusque dans ses rides ; toute cette jeune société avait plus de quatre-vingts ans. Voltaire, au sortir du collège, fut présenté à Ninon. Elle lui laissa deux mille francs pour acquérir des livres, et apparemment le cercueil que l'Égypte faisait tourner autour de la table du festin. Ninon, dévorée du temps, n'avait plus que quelques os entrelacés, comme on en voit dans les cryptes de Rome. Les temps de Louis XIV agrandissaient tout. Que serait-ce aujourd'hui que Ninon[7] ?

Au moment que paraît Ninon, se lève un nouvel astre, madame Scarron. Elle demeurait avec son mari vers la rue du Mouton. Scarron, étant au Mans, s'était enduit de miel, et roulé dans un tas de plumes ; il avait jouté dans les rues en façon de coq. Tout cul-de-jatte qu'il était, il épousa mademoiselle d'Aubigné, belle et pauvre, née dans les prisons de la conciergerie de Niort, élevée au Château-Trompette où Agrippa d'Aubigné avait été transféré. Elle revenait d'Amérique ; son père Agrippa y avait passé. L'amiral de Coligny avait voulu autrefois, dans les Florides, fonder une colonie.

Selon Segrais, mademoiselle d'Aubigné fut recherchée dans son enfance par un serpent : Alexandre est au fond de toute l'histoire. Retirée chez madame de Villette, calviniste, et chez madame de Neuillant, avare, madame de Maintenon commandait dans la basse-cour. Ce fut par ce gouvernement que commença son règne. L'auteur du *Roman comique* produisit sa femme à l'aide du chevalier de Méré, qui appelait la femme de son joyeux ami sa *jeune Indienne*. Madame Scarron éleva d'abord les bâtards de

Louis XIV et de madame de Montespan, dans une maison isolée, au milieu de la plaine de Vaugirard. Ce qui lui fournit occasion de voir seule Louis XIV ; elle trouva une route à travers les habitudes du roi ; elle lui donnait les plaisirs de l'indépendance et ceux de la retenue. Par cette route, elle arriva à devenir la femme de Louis XIV. Scarron fut chargé de la sorte d'une grande destinée : les nègres nourrissent pour leur maître ces élégantes créatures du désert qui ont le cou si long et si beau.

Au centre de la société commençaient les fêtes des Tuileries, bals, comédies, promenades en calèche. Les différents jardins de Fontainebleau paraissaient des jardins enchantés, et, comme on disait, les *déserts des Champs-Élysées*. Louis XIV suivait alors Madame, Henriette d'Angleterre, qui épousa Monsieur. Plaisirs le jour, promenades et repas jusqu'à deux et trois heures après minuit dans les bois avaient lieu, selon madame de Motteville, *d'une manière qui avait un air plus que galant*.

Mademoiselle de Montpensier raconte que l'on fut une fois trois jours à accommoder sa parure ; sa robe était chamarrée de diamants avec des houppes incarnat, blanc et noir : la reine d'Angleterre avait prêté une partie de ses diamants. Mademoiselle, qui se vantait de sa belle taille, de sa blancheur et de l'éclat de ses cheveux blonds, était laide ; elle avait les dents noires, ce dont elle s'enorgueillissait comme d'une preuve de sa descendance. Sous le cardinal de Richelieu, Mademoiselle avait déjà paru dans le ballet du *Triomphe de la beauté* : elle représentait la Perfection ; mademoiselle de Bourbon, l'Admiration ; mademoiselle de Vendôme, la Victoire.

Les contrastes assaisonnaient ces joies. Mademoiselle, pendant la Fronde, après avoir saisi Orléans pour Monsieur, traversait le Petit-Pont à Paris ; son carrosse s'accroche à la charrette que l'on menait toutes les nuits pleine de morts ; elle ne fit que changer de portière, *de crainte que quelques pieds ou mains ne lui donnassent par le nez*. Durant cette révolution, on vivait dans la rue comme en 1792. Mademoiselle fit une visite à Port-Royal ; elle projetait d'avoir dans son désert un couvent de carmélites.

Le cardinal de Retz était partout, prenant femme de toutes mains ; il fréquentait l'hôtel de Chevreuse. Mademoiselle de Chevreuse *traitait ce qu'elle aimait comme ses jupes qu'elle mettait dans son lit quand elles lui plaisaient et qu'elle brûlait par une pure aversion deux jours après.* Enfin, au Marais et dans l'île Saint-Louis, demeuraient Lamoignon et d'Aguesseau, graves magistrats ; on en égalisait le poids dans leur jeunesse avec un pain, lorsqu'une grosse cavale les portait l'un vis-à-vis de l'autre dans deux paniers. Henri III aimait à surprendre ces compagnies retirées, et s'asseyait au milieu d'elles sur un bahut.

Sociétés depuis long-temps évanouies, combien d'autres vous ont succédé ! Les danses s'établissent sur la poussière des morts, et les tombeaux poussent sous les pas de la joie. Nous rions et nous chantons sur les lieux arrosés du sang de nos amis. Où sont aujourd'hui les maux d'hier ? Où seront demain les félicités d'aujourd'hui ? Quelle importance pourrions-nous attacher aux choses de ce monde ? L'amitié ? elle disparaît quand celui qui est aimé tombe dans le malheur, ou quand celui qui aime devient puissant. L'amour ? il est trompé, fugitif ou coupable. La renommée ? vous la partagez avec la médiocrité ou le crime. La fortune ? pourrait-on compter comme un bien cette frivolité ? Restent ces jours dits heureux qui coulent ignorés dans l'obscurité des soins domestiques, et qui ne laissent à l'homme ni l'envie de perdre ni de recommencer la vie.

Rancé avait l'entrée des salons que je viens de peindre par ses amis de la Fronde, personnages dont nous le verrons porter les lettres de recommandations à Rome. Le cardinal de Retz le logea chez lui près du Vatican. Champvallon, archevêque de Paris, était son familier. Champvallon avait l'habileté et l'audace des Sancy ; il agréait à Louis XIV. On croit que le prince le choisit pour la célébration de son mariage avec madame de Maintenon. Celle-ci expia son ambition en osant écrire qu'elle s'ennuyait d'un roi qui n'était plus amusable. Champvallon contraria Bossuet dans l'assemblée du clergé en 1682. La mort de cet archevêque fut honteuse à Conflans, qu'il avait acheté et qui est resté à l'archevêché de Paris.

Rancé était encore le compagnon de Châteauneuf et de Montrésor, petit-fils de Brantôme. Il chassait avec le duc de Beaufort. Enfin il tenait à tous ces êtres futiles par les familiers de l'hôtel de Montbazon, où sa liaison avec la duchesse de Montbazon l'avait introduit.

Au sortir de la Fronde, l'abbé Le Bouthillier résidait tantôt à Paris, tantôt à Véretz, terre de son patrimoine et l'une des plus agréables des environs de Tours. Il embellissait chaque année sa châtellenie ; il y perdait ses jours à la manière de saint Jérôme et de saint Augustin, comme quand, dans les oisivetés de ma jeunesse, je les conduisis sur les flots du golfe de Naples. Rancé inventait des plaisirs : ses fêtes étaient brillantes, ses festins somptueux ; il rêvait de délices, et il ne pouvait arriver à ce qu'il cherchait. Un jour, avec trois gentilhommes de son âge, il résolut d'entreprendre un voyage à l'imitation des chevaliers de la Table ronde ; ils firent une bourse en commun, et se préparèrent à courir les aventures ; le projet s'en alla en fumée. Il n'y avait pas loin de ces rêves de la jeunesse aux réalités de la Trappe.

Ainsi que Catherine de Médicis, dont on voit encore la tour des sortilèges accolée à la rotonde du Marché au blé, Rancé donna dans l'astrologie. Le fond de religion qu'il avait reçu de son éducation chrétienne combattait ses superstitions ; les avertissements qu'il croyait recevoir des astres tournaient au profit de sa conversion future. De même que les anciens observateurs des révolutions sidérales, il connaissait les montagnes de la lune avant que les montagnes de la terre lui fussent connues. Un jour, derrière Notre-Dame, à la pointe de l'île, il abattait des oiseaux : d'autres chasseurs tirèrent sur lui du bord opposé de la rivière ;

il fut frappé ; il ne dut la vie qu'à la chaîne d'acier de sa gibecière : « Que serais-je devenu, dit-il, si Dieu m'avait appelé dans ce moment ? »

Une autre fois, à Véretz, il entend des chasseurs dans les avenues de son château : il court, tombe au milieu d'une troupe d'officiers à la tête desquels était un gentilhomme renommé par ses duels. Rancé s'élance sur le délinquant et le désarme. « Il faut, disait après le braconnier noble, que le ciel ait protégé Rancé, car je ne puis comprendre ce qui m'a empêché de le tuer. » On trouve une autre version de cette aventure : Rancé à cheval fut couché en joue par des chasseurs ; il n'était accompagné que d'un jockey, qu'on appelait alors un *petit laquais :* il se jette dans la bande, la fait reculer, et la force à lui demander des excuses.

Avant qu'il eût pris sa route en bas, son ambition le poussait à monter. Tonsuré le 21 décembre 1635, bachelier en théologie en 1647, licencié en 1649, il reçut en 1653 le bonnet de docteur de la faculté de Navarre ; dès 1651 l'archevêque de Tours, dans l'église de Saint-Jacques-du-Haut-Pas, lui avait conféré à la fois les quatre mineurs, le sous-diaconat et le diaconat ; quelques mois après, le 22 janvier 1651, il fut ordonné prêtre.

L'imposition des mains étant faite, il ne restait plus qu'à passer à une cérémonie redoutable. J'ai entendu, au pied des Alpes vénitiennes, carillonner la nuit en l'honneur d'un pauvre lévite qui devait dire sa première messe le lendemain. Pour Rancé, les ornements et les vêtements préparés à la lumière du jour étaient magnifiques ; mais soit qu'il fût saisi des terreurs du ciel, soit qu'il regardât comme des licences sacrilèges celles qu'il avait obtenues, soit qu'il ressentît cette épouvante qui saisissait un trop jeune coupable quand la Rome païenne lui délivrait des dispenses d'âge pour mourir, Rancé s'alla cacher aux Chartreux. Dieu seul le vit à l'autel. Le futur habitant du désert consacra sur la montagne, à l'orient de Jérusalem, les prémices de sa solitude.

« Ce que le monde appelle les belles passions, dit un des historiens de Rancé, occupait son cœur : les plaisirs le cherchaient, et il ne les fuyait pas. Jamais homme n'eut les mains plus nettes, n'aima mieux à donner et moins à prendre. »

L'abbé Marsollier, dont je rapporte les paroles, était chargé d'écrire la vie du réformateur par les ordres du roi et de la reine d'Angleterre. Les injonctions de ces majestés tombées impriment à l'expression du serviteur de Dieu ce quelque chose de tempérant et de grave qu'inspire l'infortune dans les hauts rangs.

Mazarin n'aimait pas les hommes qui sortaient de la Fronde ; il aimait encore moins les protégés de son devancier et s'opposait à l'avancement de Rancé ; Rancé lui-même ne se prêtait pas à cet avancement quand il n'y trouvait pas sa convenance. Peu de temps après avoir reçu la prêtrise, il refusa l'évêché de Léon ; il n'en trouvait pas le revenu assez considérable, et la Bretagne était trop loin de la cour. Dom Gervaise raconte que la chasse était un de ses amusements favoris : « On l'a vu plus d'une fois, dit-il, après avoir chassé trois ou quatre heures le matin, venir le même jour en poste de douze ou quinze lieues, soutenir une thèse en Sorbonne ou prêcher à Paris avec autant de tranquillité d'esprit que s'il fût sorti de son cabinet. » Champvallon, l'ayant rencontré dans les rues, lui dit : « Où vas-tu, l'abbé ? que fais-tu aujourd'hui ? — Ce matin, répondit-il, prêcher comme un ange et ce soir chasser comme un diable. »

L'abbé de Marolles, dans ses *Mémoires*, cite Rancé : « Cet abbé, dit-il, de qui l'humeur est si douce et l'esprit si éclairé, s'il avait plu au roi de le nommer coadjuteur de monsieur l'archevêque de Tours, son oncle, son oncle en eût été ravi, autant pour les avantages de son diocèse que pour l'honneur de sa famille. » « L'archevêque crut d'abord, continue Marolles, que ce n'était de ma part que pures civilités ; mais comme il connut que j'y prenais quelque sorte d'intérêt pour les grandes espérances que je concevais de la capacité de l'abbé de Rancé, il me remercia. » La mère de l'abbé de Marolles, dont il est ici question, allait à la messe dans un chariot mené par quatre chevaux blancs pris sur les Turcs, en Hongrie. Elle portait son fils à une fontaine qui coulait au travers d'une saulaie. Marolles mériterait que l'on parlât de lui, n'eût-il composé que ces vers ; on ne voit pas qu'ils pussent être du Marolles, auteur des *Observations sur le Roland furieux* :

Que de plaisir de voir deux colombelles,
Bec contre bec, en agitant leurs ailes,
Mille baisers se donner tour à tour ;
Puis, tout ravies de leur grâce naïve,
Dormir auprès d'une source d'eau vive
Dont le doux bruit semble parler d'amour !

L'inclination militaire de Rancé le poussait dans les lieux d'escrime. Quand il parvenait à faire sauter le fleuret d'un prévôt d'armes, rien n'égalait sa joie.

L'habit de fantaisie de celui qui devait revêtir la bure était un justaucorps violet, d'une étoffe précieuse ; il portait une chevelure longue et frisée, deux émeraudes à ses manchettes, un diamant de prix à son doigt. A la campagne ou à la chasse, on ne voyait sur lui aucune marque des autels : « Il avoit, continue Gervaise, l'épée au côté, deux pistolets à l'arçon de sa selle, un habit couleur de biche, une cravate de taffetas noir où pendoit une broderie d'or. Si, dans les compagnies plus sérieuses qui le venoient voir, il prenoit un justaucorps de velours noir avec des boutons d'or, il croyoit beaucoup faire et se mettre régulièrement. Pour la messe, il la disoit peu. »

Il reste quelques pages de Rancé, intitulées : *Mémoire des dangers que j'ai courus durant ma vie, et dont je n'ai été préservé que par la bonté de Dieu.* « A l'âge de quatre ans, dit l'auteur du *Memento,* je fus attaqué d'une hydropisie de laquelle je ne guéris que contre le sentiment de tout le monde. A l'âge de quatorze ans, j'eus la petite vérole. Une fois, en essayant un cheval dans une cour, l'ayant poussé plusieurs fois et arrêté devant la porte d'une écurie, le cheval m'emporta ; et, comme l'écurie était retranchée, il passa deux portes : ce fut une espèce de miracle que cela se pût faire sans me tuer. »

Suit cinq à six autres accidents de chevaux ; ils font honneur au courage et à la présence d'esprit de Rancé. J'ai vu des brouillons de la jeunesse de Bonaparte ; il jalonnait le chemin de la gloire comme Rancé le chemin du ciel.

Ces dangers auxquels le hasard exposait Rancé frappèrent un esprit sérieux chez qui des réflexions graves commençaient à naître. En s'attachant à une femme qui avait déjà franchi la première jeunesse, Rancé aurait dû s'apercevoir que la voyageuse avait achevé avant lui une partie de la route.

Le duc de Montbazon présidait un jour un assaut scolastique dans lequel l'abbé de Rancé était rudement mené. Fatigué des criailleries, le vieux duc se lève, s'avance au milieu de la salle en faisant jouer sa canne comme pour séparer des chiens, et dit en latin à Rancé : *Contra verbosos, verbis ne dimices ultra*. Montbazon, mort en 1644, à l'âge de quatre-vingt-six ans, était né en 1558, sous Henri II. Il avait vu passer la Ligue et la Fronde. Était-il dans la voiture de Henri IV lorsque celui-ci fut assassiné ? Le duc de Montbazon, corrompu par son temps, faisait confidence à sa femme de ses infidélités octogénaires. Devenu amoureux d'une joueuse de luth, il se prit de querelle avec la musicienne et la voulut jeter par la fenêtre. La force manqua à sa vengeance ; il retomba sur son lit près du volage fardeau que ne put soulever ni son bras ni sa conscience.

C'était à cette école qu'il endoctrinait sa femme âgée de seize ans, fille aînée de Claude de Bretagne, comte de Vertus, et de Catherine Fouquet de La Varennes. Le comte de Vertus avait fait tuer chez lui, au château de Chantocé, Saint-Germain-La-Troche, amant de sa femme. La duchesse de Montbazon était religieuse lorsqu'elle épousa son mari. Le duc l'appelait sa *religieuse*. Il écrivait à la reine-mère qu'il savait bien de quoi son âge le menaçait, mais que les bons exemples de S. M. retiendraient sa femme dans les bornes du devoir.

Il avait fait bâtir, à dix lieues de Paris, un château plein de tourelles et orné de cornes. Il montrait ce chef-d'œuvre aux curieux et ajoutait en se frappant le front : « J'ai trouvé ça dans ma tête. » Tandis qu'avec Bassompierre, sorti de la Bastille, il s'entretenait du passé, la duchesse de Montbazon s'occupait du présent. Elle disait qu'à trente ans on n'était bonne à rien et qu'elle voulait qu'on la jetât dans la rivière quand elle aurait atteint cet âge.

Hercule de Rohan, gouverneur de Paris, était veuf lorsqu'il épousa la fille du comte de Vertus. Il avait plusieurs enfants d'un autre lit, entre autres la duchesse de Chevreuse : de sorte que madame la duchesse de Montbazon était belle-mère de la duchesse de Chevreuse, quoique infiniment plus jeune que sa belle-fille.

Tallemant des Réaux assure que madame de Montbazon était une des plus belles personnes qu'on pût voir, qu'à trente-cinq ans, *elle défaisait toutes les autres au bal*. Le duc de Montbazon et Le Bouthillier le père étaient liés. Nous venons de voir comment le vieux duc vint au secours du fils dans un assaut scolastique.

Rancé, caressé dans la maison du duc, fut élevé sous les yeux de la jeune duchesse ; il résulta de ce rapprochement une liaison. Le duc mourut en 1644 ; sa femme avait alors trente-deux ans et ne paraissait pas en avoir plus de vingt. Les relations de madame de Montbazon et de Rancé continuèrent ; elles ne furent troublées qu'en 1657 par un accident. La duchesse se pensa noyer en traversant un pont qui se rompit sous elle. Le bruit de sa mort se répandit ; on lui fit cette épitaphe :

Ci-gît Olympe, à ce qu'on dit :
S'il n'est pas vrai, comme on souhaite,
Son épitaphe est toujours faite :
On ne sait qui meurt, ni qui vit.

Marie de Montbazon devint célèbre. On la trouve dans tous les libelles du temps. Aimée du prince de Condé, l'inconstante amie de Rancé fut souvent la rivale heureuse de madame de Longueville. Le duc de Beaufort était le serviteur de madame de Montbazon. On ne se pouvait ouvrir à lui d'aucun secret important à cause de la duchesse, qui n'avait point de discrétion. Elle eut une excuse à faire à madame de Longueville au sujet de deux billets de madame de Fouquerolles adressés au comte de Maulevrier, et qui étaient tombés de la poche de celui-ci. Madame de Montbazon les trouva, prétendit qu'ils étaient de madame de Longueville et qu'ils regardaient Coligny. Madame de Montbazon les commenta avec toutes sortes de railleries. Cela fut rapporté à madame de Longueville, qui devint furieuse. La cour se divisa. Les *importants* prirent le parti de madame de Montbazon, et la reine se rangea du parti de madame de Longueville, sœur du duc d'Enghien, dernièrement vainqueur à Rocroi. Les *importants* étaient un parti composé de *quatre ou cinq mélancoliques qui avaient l'air de penser creux* (Retz). C'était madame de Cornuel qui les avait ainsi nommés, parce qu'ils terminaient leurs discours par ces mots : « Je m'en vais pour une affaire d'importance. » Le duc de Beaufort, le héros des halles, leur donnait une certaine renommée vaille que vaille. « Il avait tué le duc de Nemours, pleuré des hommes en public et des femmes en secret », dit Benserade.

Le cardinal Mazarin convertit des tracasseries de femmes en une affaire d'État. Madame de Longueville exigeait une réparation, et Condé appuyait sa sœur ; madame de Montbazon refusait toute satisfaction, et le duc de Beaufort la soutenait.

« Durant que j'étais à Vincennes, dit mademoiselle de Scudéri, vint madame de Montbazon avec M. de Beaufort ; il lui faisait voir toutes les incommodités de ce logement, triomphant lâchement du malheur d'un prince qu'il n'oserait regarder qu'en tremblant s'il était en liberté. »

Mademoiselle de Scudéri se souvient trop qu'elle a fait un beau quatrain sur la prison du grand Condé. Le duc de Beaufort osait regarder tout le monde en face ; il avait même insulté Condé, et l'avantage de la branche bâtarde était resté aux illégitimes sur la branche cadette des légitimes.

Après maintes allées et venues pour concilier madame de Longueville et madame de Montbazon, on convint, d'après l'avis d'Anne d'Autriche et de Mazarin, des excuses que madame de Montbazon aurait à faire à madame de Longueville. Ces excuses furent écrites dans un billet attaché à l'éventail de madame de Montbazon. Madame de Montbazon, fort parée, entra dans la chambre de la princesse ; elle lut le petit papier attaché à son éventail :

« Madame, je viens vous protester que je suis très innocente de la méchanceté dont on m'a voulu accuser ; il n'y a aucune personne d'honneur qui puisse dire une calomnie pareille. Si j'avois fait une faute de cette nature, j'aurois subi les peines que la reine n'auroit imposées ; je ne me serois jamais montrée dans le monde et vous en aurois demandé pardon. Je vous supplie de croire que je ne manquerai jamais au respect que je vous dois et à l'opinion que j'ai de la vertu et du mérite de madame de Longueville. »

La princesse répondit : « Madame, je crois très volontiers à l'assurance que vous me donnez de n'avoir nulle part à la méchanceté que l'on a publiée ; je défère trop au commandement que la reine m'en a fait. »

« Madame de Montbazon prononça le billet, dit madame de Motteville, de la manière du monde la plus fière et la plus haute, faisant une mine qui sembloit dire : « Je me moque de ce que je dis. »

Les deux dames se retrouvèrent dans le jardin du Renard, au bout du jardin des Tuileries ; madame de Longueville déclara qu'elle n'accepterait point la collation si sa rivale demeurait ; madame de Montbazon refusa de s'en aller. Le lendemain madame de Montbazon reçut un ordre du roi de se retirer dans une des ses maisons de campagne. Il y eut un duel entre M. de Guise et M. de Coligny, suite du démêlé.

Enfin Montbazon
A changé de maison,
Voulant à ce prix
S'approcher de Paris ;
Mais l'argent qu'elle a pris
Aigrit nos esprits.

Dans une chanson sur l'air, *Réveillez-vous, belle endormie,* on donne à madame de Montbazon : La Feuillade, Barbezieux, La Meilleraie, Vassenar et le comte d'Évreux. On trouvera mille autres turpitudes dans le recueil de Maurepas. C'étaient alors les libertés de la France.

La hardiesse de madame de Montbazon égalait la facilité de sa vie. Le cardinal de Retz, qui lâchait indifféremment des apophtegmes de morale et des maximes de mauvais lieux, écrivait ses *Mémoires* lorsqu'on croyait qu'il pleurait ses péchés. Il disait de madame de Montbazon « qu'il n'avait jamais vu personne qui eût montré dans le vice si peu de respect pour la vertu ». Quoique grande, les contemporains trouvaient qu'elle ressemblait à une statue antique, peut-être à celle de Phryné ; mais la Phryné française n'eût pas proposé, ainsi que la Phryné de Thespies, de faire rebâtir Thèbes à ses frais, pourvu qu'il lui fût permis de mettre son souvenir en opposition au souvenir d'Alexandre. Madame de Montbazon préférait, on vient de le voir dans les chansons, l'argent à tout ; l'avarice refroidissait ses voluptés sans les arrêter. Rouville et Bullion négocièrent avec elle pour *cinq cents écus bourgeois*. Bullion est fort chansonné dans les recueils du temps ; il avait établi le *sou* pour *livre*. En jouant sur les mots, on disait dans un détestable quatrain :

La mort a pris deux hommes au corps,
L'un étoit saoul, l'autre étoit ivre :
Ainsi au royaume des morts
On a passé le saoul pour l'ivre.

D'Hocquincourt, ayant fait révolter Péronne, écrivait à madame de Montbazon : « Péronne est à la belle des belles. » Il disait : « Je ne sais plus que faire pour gagner madame de Montbazon : si je la battais un peu ? » Ayant gagné une femme de chambre, il se cacha sous le lit de la duchesse. Il ne fut pas aussi malheureux que Chastelard, fils naturel de Bayard, sans peur, non sans reproche. Chastelard fut décapité pour s'être caché en Écosse sous le lit de Marie Stuart. Il avait fait une romance sur sa reine aimée :

Lieux solitaires
Et monts secrets
Qui seuls sont secrétaires
De mes piteux regrets.

Le vieux duc de Montbazon arrivé dans la chambre de la jeune duchesse sa femme, de petits chiens aboyèrent et découvrirent d'Hocquincourt ; il s'en tira facilement avec un octogénaire, lequel ayant lu que saint Paul était un *vaisseau d'élection* croyait que le saint voyageait dans un grand navire nommé *Élection*, et il disait à la reine : « Madame, laissez-moi aller ; ma femme m'attend. Dès qu'elle entend un cheval, elle croit que c'est moi. »

Le cardinal de Retz, rapportant une conversation qu'il avait eue avec madame de Montbazon, relative à des défaillances du duc de Beaufort, dit : « J'étais accoutumé à ses discours, mais je ne l'étais pas à ses douceurs. Elle était fort belle : je proposai d'entrer dans le cabinet ; on me proposa pour préalable d'aller à Péronne. Ainsi finirent nos amours. »

Il y aurait de l'injustice à ne pas placer en regard de ce tableau un pendant tracé d'une main plus amie : c'est un religieux qui tient le pinceau.

« Dès que la jeune duchesse de Montbazon parut à la cour, elle effaça par sa beauté toutes celles qui s'en piquaient. Tant que son mari vécut, sa sagesse et sa vertu ne furent jamais suspectes ; se voyant affranchie du joug du mariage, elle se donna un peu plus de liberté. L'abbé de Rancé, alors âgé de dix-neuf à vingt ans, était déjà de l'hôtel de Montbazon. Il eut le don de plaire à la duchesse, et elle en sut faire une grande différence avec tous ceux qui fréquentaient sa maison.

« M. de Rancé le père étant mort, son fils l'abbé, devenu le chef de sa maison à l'âge de vingt-six ans, le prit d'un grand vol ; il parut dans le monde avec plus d'éclat qu'il n'avait jamais fait : un plus gros train, un plus bel équipage, huit chevaux de carrosse des plus beaux et des mieux entretenus, une livrée des plus lestes ; sa table à proportion. Ses assiduités auprès de madame de Montbazon augmentèrent ; il passait souvent les nuits au jeu ou avec elle ; elle s'en servait pour ses affaires : une jeune veuve a besoin de ce secours. Cette familiarité fit bien des jaloux ; on en pensa et l'on en dit tout ce qu'on voulut, peut-être trop.

« Il est vrai que, de tous ceux qui firent leur cour à madame de Montbazon, l'abbé de Rancé fut celui qui eut le plus de part à son amitié. Aussi c'était un ami véritable et effectif. Il sut en plusieurs occasions lui rendre des services très considérables ; la reconnaissance exigeait de cette dame toutes ces distinctions. Au reste, ils gardaient toujours de grands dehors ; ils évitaient même de monter ensemble dans le même carrosse ; et pendant plus de dix ans qu'a duré leur commerce, on ne les y a jamais vus qu'une fois, encore étaient-ils si bien accompagnés qu'on ne pouvait s'en formaliser. Ainsi il y a quelque apparence que l'esprit avait plus de part à cette amitié que la chair.

« La reine Christine de Suède avait envoyé en France, en qualité d'ambassadeur, le comte de Tot. Il s'était adressé à M. Ménage pour voir ce qu'il y avait de plus considérable à la cour, et lui demanda enfin si, par son moyen, il ne pourrait pas voir madame de Montbazon, dont il avait entendu dire tant de bien. M. Ménage, qui, en qualité de bel esprit, avait accès auprès de cette dame, fut la trouver, et lui dit que l'ambassadeur de Suède, ayant vu tout ce qu'il y avait de plus beau à Paris, croyait n'avoir rien vu s'il n'avait l'honneur de voir la plus belle personne du monde, qu'il lui demandait la permission de l'amener chez elle : « Qu'il vienne après-demain, répondit la duchesse, et qu'il se tienne ferme : je serai sous les armes. »

Tel est le récit de Dom Gervaise. Madame de Montbazon ne vint point au rendez-vous. Déjà atteinte de la maladie qui l'emporta, elle ne parut sous les armes que devant la mort.

Malgré la dissimulation du peintre, on aperçoit le défaut principal de madame de Montbazon et le parti qu'elle savait tirer de son ami *véritable* et *effectif*.

Heureusement des femmes moins titrées rachetaient par leur désintéressement la rapacité des privilégiées de tabouret.

Renée de Rieux, autrement la *belle Châteauneuf*, aimée de Henri III, fut mariée deux fois : elle épousa d'abord *Antinotti*, qu'elle poignarda pour cause d'infidélité ; ensuite *Altovitti* de Castellane, qui fut tué par le grand-prieur de France ; *Altovitti* eut le temps, avant d'expirer, d'enfoncer un stylet dans le ventre du grand-prieur. Ces assassinats de l'aristocratie ne furent point punis ; ils étaient alors du droit commun : on ne les châtiait que dans les vilains.

La belle Châteauneuf accoucha en Provence d'une fille, qui fut tenue sur les fonts de baptême par la ville de Marseille. Puis Renée de Rieux disparaît. Sa fille, Marcelle de Castellane, fut laissée sur la grève de Notre-Dame-de-la-Garde comme une alouette de mer. Ce fut là que le duc de Guise, fils du Balafré, la rencontra. Il n'était pas beau, ainsi que son grand-père tué à Orléans, ou son père assassiné à Blois ; mais il était hardi ; il s'était emparé de Marseille pour Henri IV, et il portait le nom de Guise.

Marcelle de Castellane lui plut ; elle-même se laissa prendre d'amour : sa pâleur, étendue comme une première couche sous la blancheur de son teint, lui donnait un caractère de passion. A travers ce double lis, transpiraient à peine les roses de la jeune fille. Elle avait de longs yeux bleus, héritage de sa mère. Desportes, le Tibulle du temps, avait célébré les cheveux de Renée dans *les Amours de Diane*. Desportes chantait pour Henri III, qui n'avait pas le talent de Charles IX :

Beaux nœuds crêpés et blonds nonchalamment épars,
Mon cœur plus que mon bras est par vous enchaîné.

Marcelle dansait avec grâce et chantait à ravir ; mais élevée avec les flots, elle était indépendante. Elle s'aperçut que le duc de Guise commençait à se lasser d'elle ; au lieu de se plaindre, elle se retira. L'effort était grand ; elle tomba malade, et comme elle était pauvre, elle fut obligée de vendre ses bijoux. Elle renvoya avec dédain l'argent que lui faisait offrir le prince de Lorraine : « Je n'ai que quelques jours à vivre, dit-elle ; le peu que j'ai me suffit. Je ne reçois rien de personne, encore moins de M. de Guise que d'un autre. » Les jeunes filles de la Bretagne se laissent noyer sur les grèves après s'être attachées aux algues d'un rocher.

Les calculs de Marcelle étaient justes ; on ne lui trouva rien ; elle avait compté exactement ses heures sur ses oboles ; elles s'épuisèrent ensemble. La ville, sa marraine, la fit enterrer.

Trente ans après, en fouillant le pavé d'une chapelle, on s'aperçut que Marcelle n'avait point été atteinte du cercueil : la noblesse de ses sentiments semblait avoir empêché la corruption d'approcher d'elle, comme le ciel embaume le corps de ceux qu'il s'est réservés.

Lorsque le duc de Guise partit pour la cour,

Marcelle, qui possédait deux lyres, composa l'air et les rimes de quelques couplets ; ils furent entendus au bord de cette mer de la Grèce, d'où nous viennent tant de parfums.

Il s'en va, ce cruel vainqueur,
Il s'en va plein de gloire ;
Il s'en va, méprisant mon cœur,
Sa plus noble victoire.

Et malgré toute sa rigueur
J'en garde la mémoire.
Je m'imagine qu'il prendra
Une nouvelle amante.

Paroles de poésie et de langueur, voix d'un rêve oublié, chagrin d'un songe.

On pouvait facilement s'imaginer que madame de Montbazon prendrait le nouvel amant dont le trésor tenterait ses belles et infidèles mains.

Madame de Montbazon fut l'objet de la passion de Rancé jusqu'au jour où il vit flotter un cilice parmi les nuages de la jeunesse. « Tandis que je m'entretiens de ces choses criminelles, dit un anachorète, les abeilles volent le long des ruisseaux, pour ramasser le miel si doux à ma langue qui prononce tant de paroles injustes. »

D'après l'idée qu'on s'est formée généralement de Rancé, on ne verra pas sans étonnement ce tableau de sa première vie ; on ne peut douter de ces faits, puisqu'ils sont racontés par Le Nain lui-même, prieur de la Trappe, ami de Rancé ; il a resserré ces faits en peu de mots :

« Une jeunesse passée dans les amusements de la cour, dans les vaines recherches des sciences, même damnables, après s'être engagé dans l'état ecclésiastique sans autre vocation que son ambition qui le portait avec une espèce de fureur et d'aveuglement aux premières dignités de l'Église ; cet homme, tout plongé dans l'amour du monde, est ordonné prêtre, et celui qui avait oublié le chemin du ciel est reçu docteur de Sorbonne. Voilà quelle fut la vie de M. Le Bouthillier jusqu'à l'âge de trente ans, toujours dans les festins, toujours dans les compagnies, dans le jeu, les divertissements de la promenade ou de la chasse. »

C'est ce qu'en a dit deux cents ans après le cardinal de Bausset.

L'archevêque de Tours, l'ambitieux principal de sa famille, n'ayant pu obtenir son neveu Rancé pour coadjuteur, le fit nommer, en qualité d'archidiacre de Tours, député à l'Assemblée du clergé, en 1645 [8] ; en même temps l'archevêque donna sa démission de premier aumônier du duc d'Orléans, après avoir obtenu de Gaston que l'abbé Le Bouthillier serait pourvu de cette charge. L'Assemblée du clergé dura deux ans. Rancé ne s'y montra que la première année ; il y resserra les liens qui l'unissaient au cardinal de Retz, capable à lui seul d'empoisonner les plus heureuses natures ; il parla en faveur de son ami. Mazarin disait : « Si l'on voulait croire l'abbé de Rancé, il faudrait aller avec la croix et la bannière au-devant du cardinal de Retz. » Rancé augmenta sa réputation dans cette assemblée en venant au secours de François de Harlay, archevêque de Rouen, depuis archevêque de Paris. Le clergé chargea l'abbé Le Bouthillier de surveiller, avec les évêques de Vence et de Montpellier, une édition grecque d'Eusèbe ou, selon d'autres, de Sozomène et de Socrate. Il fut complimenté sur sa nomination de premier aumônier du duc d'Orléans ; il signa le formulaire, car il ne cessait de suivre les doctrines de Bossuet en différant de sa conduite. Comme parlementaire, il était fidèle à la cour. Des disputes s'élevèrent. Rancé s'opposa à diverses propositions ; il montrait une grande entente des affaires. Il déplut. On l'avertit de se retirer, ses jours ne paraissant pas en sûreté à ses amis. L'avis était faux, Mazarin ne faisait assassiner personne. L'abbé Le Bouthillier, après être allé remercier Gaston à Blois, se retira à Véretz ; il y continua ses joyeux passe-temps. Peu après arriva l'accident qui changea sa vie.

Il y a un silence qui plaît dans toutes ces affaires aujourd'hui si complètement ignorées : elles vous reportent dans le passé. Quand vous remueriez ces souvenirs qui s'en vont en poussière, qu'en retireriez-vous, sinon une nouvelle preuve du néant de l'homme ? Ce sont des jeux finis que des fantômes retracent dans les cimetières avant la première heure du jour.

LIVRE SECOND

Il existe un traité de deux cent trente pages in-12, imprimé à Cologne, chez Pierre Marteau, 1685 ; il porte deux titres : *Les véritables motifs de la conversion de l'abbé de la Trappe, avec quelques réflexions sur sa vie et sur ses écrits,* ou *les Entretiens de Timocrate et de Philandre sur un livre qui a pour titre : Les Saints devoirs de la vie monastique.* Je parlerai dans un autre endroit de cette seconde partie. Ce que j'en vais citer actuellement n'est introduit que par incidence. On lit :

« Je vous ai déjà dit que l'abbé de la Trappe étoit un homme galant et qui avoit eu plusieurs commerces tendres. Le dernier qui ait éclaté fut avec une duchesse fameuse par sa beauté, et qui, après avoir heureusement évité la mort au passage d'une rivière, la rencontra peu de mois après. L'abbé, qui alloit de temps en temps à la campagne, y étoit lorsque cette mort imprévue arriva. Ses domestiques, qui n'ignoroient pas sa passion, prirent soin de lui cacher ce triste événement, qu'il apprit à son retour[9]. » « Il n'y a rien de vrai dans ce qu'on rapporte de madame de Montbazon, dit le mémorialiste, mais *seulement les choses qui ont donné cours à une fiction.* Je l'ai demandé franchement à M. de la Trappe, non pas grossièrement l'amour, et beaucoup moins le bonheur, mais le fait, et voici ce que j'ai appris. »

Et qu'a-t-il appris ? L'autorité serait décisive, si la réponse était péremptoire. Au lieu de s'expliquer, le duc de Saint-Simon convole au récit [10] des liaisons de Rancé avec les personnages de la Fronde. Il affirme du reste, comme Dom Gervaise, que Marie de Bretagne fut emportée par la rougeole, que Rancé était auprès d'elle, qu'il ne la quitta point, et lui vit recevoir les sacrements. « L'abbé Le Bouthillier, ajoute-t-il, s'en alla après à sa maison de Véretz, ce qui fut le commencement de sa séparation du monde. » Cette fin de narration prouve à quel point Saint-Simon se trompait. Les contemporains admirateurs de Rancé semblent s'être donné le mot pour se taire sur sa jeunesse : ils ne s'aperçoivent pas qu'ils diminuent la gloire de leur héros en rendant ses sacrifices moins méritoires. D'autant plus qu'ils en disent assez pour être entendus sur ce qu'ils omettent ; tantôt annonçant qu'un religieux s'était enseveli à la Trappe, *pour avoir fait ce qui avait troublé Rancé,* tantôt que Rancé lui-même ne cessait de pleurer ses fragilités. « L'abbé de Rancé, livré à toutes les séductions du monde, dit le cardinal de Bausset, se précipita dans un genre de vie peu conforme à la sainteté de son état, et qui dégradait en quelque sorte le triomphe qu'il avait obtenu sur son illustre émule... L'abbé de Rancé expiait sous la haire et le cilice les erreurs de sa jeunesse. » Maupeou, l'un des trois historiens contemporains de l'abbé de la Trappe, avait lu le récit de Larroque ; il combat ce récit sans le détruire. La seule chose nouvelle qu'il nous apprenne est l'exhortation faite par Rancé à la mourante : madame de Montbazon envoya un gentilhomme complimenter M. de Brienne, avec lequel elle était brouillée.

Maupeou avait fait un ouvrage exprès contre Larroque. Rancé, informé de l'intention du curé de Nonancourt, se hâta de lui écrire : « Votre courage, monsieur, relèvera la critique, donnera sujet à des répliques, m'attirera un nombre infini d'ennemis sur les bras. Dieu sait combien j'ai d'estime et de considération pour vous ; cependant je suis pressé de vous conjurer de supprimer la chose, s'il est possible. J'ai été si persuadé que rien n'était meilleur que de garder le silence en cette occasion, que je n'ai point voulu que l'on imprimât ce que j'avais eu envie de mettre dans la préface de la seconde édition des *Éclaircissements,* quoiqu'il n'y eût rien de plus modéré. Je n'ai rien à ajouter à ce billet, mon cher monsieur, sinon que je ne puis vous avoir une obligation plus sensible que celle d'entrer dans ma pensée. » (17 mars 1686.)

La vivacité avec laquelle Rancé écrit à Maupeou décèle des souvenirs alarmés. Le Père Bouhours, que l'abbé de La Chambre appelait l'*empeseur des muses,* réfute aussi les *Véritables motifs de la conversion de l'abbé de la Trappe* dans son quatrième dialogue, pages 528 et 529 : c'est toujours de l'humeur sans preuves. Madame de Sévigné disait en parlant du révérend critique : « *L'esprit lui sort de tous les côtés.* »

Marsollier, deuxième écrivain de la vie de Rancé, garde le silence ; mais Le Nain, le troisième, le plus complet, le plus sûr écrivain de cette vie, a entendu parler de Larroque. Pierre Le Nain mourut à l'âge de soixante-treize ans, sous-prieur de la Trappe ; il était frère puîné du grand Tillemont. Ami et confident de Rancé, au livre III, chap. IX de la Vie du réformateur de la Trappe, il écrit :

« Outre tous ces libelles, il en parut un autre composé par un huguenot, sous ce titre : *les Motifs de la conversion de l'abbé de la Trappe.* Mais l'auteur des *Homélies familières* sur les Commandements de Dieu, tome III, page 378, le réfute admirablement par ces paroles : Je sais qu'un ministre hérétique a fait ce qu'il a pu pour décrier un saint abbé ; mais je sais bien aussi que toute la France et les pays circonvoisins ont regardé ce misérable livre comme un libelle diffamatoire, et son auteur comme un imposteur, qui fonde toutes ses calomnies sur des jugements les plus téméraires qui se puissent imaginer : comme si, pour détruire les vertus les plus éclatantes et les plus solides, il n'y avait qu'à dire témérairement qu'elles n'ont point d'autres sources que l'orgueil de celui qui les pratique. » Le Nain se débarrasse ainsi de la réponse. Les amplifications de l'auteur des *Homélies familières* sont naturelles, mais elles ne détruisent aucune assertion.

Sur le fait isolé lâché par une plume protestante, il est tombé une avalanche de malédictions catholiques. Colère à part, on peut nier les erreurs avancées sur la jeunesse de Rancé, mais on ne peut nier des relations qu'atteste toute l'histoire. On a craint sans doute, en montrant Rancé pécheur, d'ébranler l'autorité des exemples de sa vertu. Cependant saint Jérôme et saint Augustin n'ont-ils pas puisé leurs dernières forces dans leurs premières faiblesses ? Un aveu franc aurait délivré Rancé pour toujours des calomnies. On ne l'accusait pas directement de la faute, il est vrai, car il eût fallu accuser toute la terre ; mais on s'en prenait à la vie entière d'un homme pour se soulager de ce qu'il taisait. Il faut dire néanmoins que le silence de Rancé est effrayant, qu'il jette un doute dans les meilleurs esprits. Un silence si long, si profond, si entier, est devant vous comme une barrière insurmontable. Quoi ! un homme n'a pas pu se démentir un seul instant ! quoi ! le silence absolu pourrait passer pour une vérité ! Cet empire d'un esprit sur lui-même fait peur. Rancé ne dira rien, il emportera toute sa vie dans son tombeau. Il faut trembler devant un tel homme.

Ainsi ni ceux qui rejettent l'anecdote de Larroque, ni ceux qui l'accueillent, n'apportent aucune preuve de leur négation ou de leur affirmation. Les incrédules n'ont pour eux que l'invraisemblance du cercueil trop court : il était si facile en effet de l'allonger pour donner l'espace nécessaire à cette belle tête qui s'était si souvent inclinée sur le sein de la vie ! Mais supposez avec Saint-Simon, comme il l'insinue, que la décollation ne fut que l'œuvre d'une étude anatomique, tout s'expliquera. Il ne serait pas impossible qu'après le décès de madame de Montbazon, Rancé eût obtenu la relique qu'il avait adorée. Marguerite de Valois et la duchesse de Nevers firent embaumer les têtes de Coconnas et de La Môle, leurs amants décapités, et *elles les gardèrent parmi les marques de leur amour.* (Journal de Henri III.)

Tous les poètes ont adopté la version de Larroque, tous les religieux l'ont repoussée ; ils ont eu raison, puisqu'elle blessait la susceptibilité de leurs vertus, puisqu'ils ne pouvaient pas détruire le récit de Larroque par un démenti appuyé d'un document irrécusable. Mais au lecteur indifférent il est permis, à défaut de preuves positives, d'examiner des preuves négatives. J'ai déjà fait remarquer que Marsollier se tait sur madame de Montbazon, silence favorable à l'opinion de Larroque. Ce même chanoine, Marsollier, ajoute cette réflexion à son silence : « La mort et la disgrâce de plusieurs personnes avec lesquelles Rancé avait de forts attachements le touchèrent. Un vide affreux, dit-il, occupait mon cœur toujours inquiet et toujours agité, jamais content. Je fus touché de *la mort de quelques personnes* et de l'insensibilité où je les vis dans ce moment terrible qui devait décider de leur éternité. Je me résolus de me retirer dans un lieu où je pusse être inconnu au reste des hommes. »

Dans les corridors de la Trappe, entre diverses inscriptions, on lisait celle-ci empruntée de saint Augustin : *Retinebant nugae nugarum et vanitates vanitatum antiquae amicae meae.* Dans une de ses pensées, Rancé remarque que : « ceux qui meurent, bien ou mal, meurent souvent plus pour ceux qu'ils laissent dans le monde que pour eux-mêmes. »

Bossuet, transmettant à Rancé les oraisons funèbres de la reine d'Angleterre et de madame Henriette, lui mande : « J'ai laissé l'ordre de vous faire passer deux oraisons funèbres qui, parce qu'elles font voir le néant du monde, peuvent avoir place parmi les livres d'un solitaire, et qu'en tout cas il peut regarder comme deux têtes de mort assez touchantes. » — Bossuet connaissait-il ce que l'on racontait de madame de Montbazon ? faisait-il allusion à la tête de cette femme, en envoyant deux autres têtes s'entretenir avec elle ?

La sorte de plaisanterie formidable qu'il se permet

ne semble-t-elle pas avoir des rapports avec la légèreté de la première vie de Rancé et la sévérité de sa seconde vie ?

On prétend qu'on montrait à la Trappe la tête de madame de Montbazon dans la chambre des successeurs de Rancé ; ce que les solitaires de la Trappe ressuscitée rejettent : les souvenirs conservés autrefois ne voyaient peut-être pas le front de la victime aussi dépouillé que la mort l'avait fait. On trouve ce passage dans le récit des courses du chevalier de Bertin : « Nous voici maintenant à Anet. La petite statue de Diane de Poitiers en pied n'est point sans doute aussi intéressante que la tête même de madame de Montbazon apportée à la Trappe par l'abbé de Rancé et conservée dans la chambre de ses successeurs. »

Enfin, les indications des poètes ne sont pas à négliger. La muse n'a pas manqué aux traditions de la Trappe : madame de Tencin, née en 1681 (et qui par conséquent avait vécu dix-neuf ans contemporaine de Rancé), écrivit les *Mémoires du comte de Comminges*, à travers lesquels passent des souvenirs : madame de Montbazon est changée en cette Adélaïde, solitaire mystérieux qui se fait reconnaître à l'ardeur avec laquelle il creuse son tombeau. Qui avait donné naissance à ce genre d'idées ? Ce sont là d'autres ressorts que les inventions forcenées et les idées difformes qui font maintenant des contorsions dans les ténèbres. Le nom de Comminges est emprunté de celui de l'évêque avec lequel Rancé se promenait sur les Pyrénées. Il arrive souvent qu'on appelle des personnages étrangers pour cacher des rapports directs ; un nom qui tourmente la mémoire s'y glisse sous mille déguisements. On a une aventure contée par Maupeou, de deux frères épris de la même femme et qui, après s'être battus, vécurent plusieurs années à la Trappe sans se reconnaître ; on a une romance de Florian sur Lainval et Arsène ; on a une héroïde de Colardeau qui retrace la mort de madame la duchesse de Montbazon :

Je fuis vers ma demeure, éperdu, tourmenté :
La tête et le cercueil étaient à mon côté.

Rancé avait fait peindre à la Trappe saint Jean Climaque poussant des gémissements, et sainte Marie égyptienne assistée par saint Sozyme. Il composa pour ces deux tableaux des inscriptions. Dans l'épigramme de douze vers latins adressée à la pénitente, on lisait :

Ecce columba gemente, sponsi jam sanguine lota.

Il faut ajouter à ces semi-indications le désespoir de Rancé, et ce sera au lecteur à se former une opinion. Les annales humaines se composent de beaucoup de fables mêlées à quelques vérités : quiconque est voué à l'avenir a au fond de sa vie un roman, pour donner naissance à la légende, mirage de l'histoire.

Dès le jour de la mort de madame de Montbazon, Rancé prit la poste et se retira à Véretz : il croyait trouver dans la solitude des consolations qu'il ne trouvait dans aucune créature. La retraite ne fit qu'augmenter sa douleur : une noire mélancolie prit la place de sa gaieté, les nuits lui étaient insupportables ; il passait les jours à courir dans les bois, le long des rivières, sur les bords des étangs, appelant par son nom celle qui ne lui pouvait répondre.

Lorsqu'il venait à considérer que cette créature, qui brilla à la cour avec plus d'éclat qu'aucune femme de son siècle, n'était plus, que ses enchantements avaient disparu, que c'en était fait pour jamais de cette personne qui l'avait choisi entre tant d'autres, il s'étonnait que son âme ne se séparât pas de son corps.

Comme il avait étudié les sciences occultes, il essaya les moyens en usage pour faire revenir les morts. L'amour reproduisait à sa mémoire ornée le sacrifice de Simeth, cherchant à rappeler un infidèle par un des noms d'un passereau consacré à Vénus ; il invoquait la nuit et la lune. Il eut toutes les angoisses et toutes les palpitations de l'attente ; madame de Montbazon était allée à l'infidélité éternelle ; rien ne se montra dans ces lieux sombres et solitaires que les esprits se plaisent à fréquenter.

Toutefois si Rancé n'eut pas les visions des poètes de la Grèce, il eut une vision chrétienne : il se promenait un jour dans l'avenue de Véretz ; il lui sembla voir un grand feu qui avait pris aux bâtiments de la basse-cour : il y vole ; le feu diminue à mesure qu'il en approche ; à une certaine distance, l'embrasement disparaît et se change en un lac de feu au milieu duquel s'élève à demi-corps une femme dévorée par les flammes. La frayeur le saisit ; il reprend en courant le chemin de la maison ; en arrivant, les forces lui manquent ; il se jette sur un lit : il était tellement hors de lui qu'on ne put dans le premier moment lui arracher une parole.

Ces convulsions de l'âme se calmèrent : il n'en resta à Rancé que l'énergie d'où sortent les vigoureuses résolutions.

Dom Jean-Baptiste de Latour, prieur de la Trappe, avait écrit une vie de Rancé : il était resté de ce travail quelques copies manuscrites dont on a cité des passages, entre autres celui-ci : « Pendant que je suivais l'égarement de mon cœur (c'est Rancé qui parle), j'avalais non-seulement l'iniquité comme de l'eau, mais tout ce que je lisais et entendais du péché ne servait qu'à me rendre plus coupable. Enfin le temps bienheureux arriva où il plut au Père des miséricordes de se tourner vers moi. Je vis à la naissance du jour le monstre infernal avec lequel j'avais vécu ; la frayeur dont je fus saisi à cette terrible vue fut si prodigieuse que je ne puis croire que j'en revienne de ma vie. »

Rancé eut recours à la pénitence : la mère Louise, religieuse de la Visitation de Tours, lui indiqua pour directeur le Père *Séguenot*.

Cette mère Louise n'était autre que Louise Roger de la Mardelière, appelée la *belle Louison*, jadis maîtresse de Gaston : « Louison, dit mademoiselle de Montpensier parlant de son enfance, était brune, bien faite, agréable de visage et de beaucoup d'esprit. Je dis à dame de Saint-Georges : « Si Louison n'est pas sage, je ne la veux point voir, quoique mon papa l'aime. » Madame de Saint-Georges me répondit qu'elle l'était tout à fait. »

C'était à cette mère Louise que Rancé s'adressa d'abord. Partout, dans le changement de mœurs qui s'opérait, des pénitentes échappées du monde avaient dressé des embûches pour s'emparer des repentirs, comme il y avait des pécheresses qui cherchaient à retenir les déserteurs. A la Visitation se trouvaient les écueils d'une première existence : la mère Louise possédait plus de deux cents lettres de Rancé, lettres qui étaient sans doute la partie de la vie de Rancé sur laquelle il serait si curieux d'avoir des renseignements. De la direction du Père Séguenot, Rancé passa sous la conduite du Père de Mouchy, homme instruit et bien né.

Des avertissements sous différentes formes arrivaient de toutes parts à Rancé. Dans les *Obligations des chrétiens*, il raconte cette agréable histoire :

« Un jour je joignis un berger qui conduisoit un troupeau dans une grande campagne, par un temps qui l'avoit obligé à se retirer à l'abri d'un grand arbre pour me mettre à couvert de la pluie et de l'orage. Il me dit que ce lui étoit une consolation de conduire ses bêtes simples et innocentes, et qu'il ne voudroit pas quitter la terre pour aller dans le ciel s'il ne croyoit y trouver des campagnes et des troupeaux à conduire. »

A Véretz, au lieu de se plaire dans l'ancienne maison de ses délices, Rancé fut choqué de sa magnificence. Les meubles éclataient d'argent et d'or, les lits étaient superbes. La Mollesse même s'y serait trouvée trop à l'aise, dit un classique du temps. Les salons étaient ornés de tableaux de prix, les jardins délicieusement dessinés. C'était trop pour un homme qui ne voyait plus rien qu'à travers ses larmes. Il mit la réforme partout. La frugalité remplaça le luxe de sa table ; il congédia la plupart de ses domestiques, renonça à la chasse et s'abstint du dessin, art qu'il aimait. On avait des paysages de sa façon et des cartes de géographie.

Quelques amis, revenus de même que Rancé à des pensées chrétiennes, s'associèrent à lui pour commencer ces mortifications dont il devait donner de si grands exemples ; il semblait jouer à la pénitence pour l'apprendre avant de la pratiquer : on assiste avec intérêt à cette conquête de l'homme sur l'homme : « Ou l'Évangile me trompe, répétait-il, ou cette maison est celle d'un réprouvé. »

Rappelé un moment à Paris pour une affaire, il se logea à l'Oratoire. C'était un travail continuel pour lui d'échapper à ces pensées qu'il avait nourries si longtemps : un grand solitaire en fut atteint dans des sépulcres ; saint Jérôme portait, pour noyer ses pensées dans ses sueurs, des fardeaux de sable le long des steppes de la mer Morte. Je les ai parcourues moi-même, ces steppes, sous le poids de mon esprit. Deux tentatrices cherchèrent Rancé. Elles lui dirent qu'elles n'étaient point à comparer à la belle personne qu'il pleurait, mais qu'elles avaient pour lui des sentiments qui ne le cédaient en vivacité à aucun de ceux qu'il avait inspirés. Rancé se munit d'un crucifix, et s'enfuit.

On conseilla à Rancé de se consacrer aux missions, aller aux Indes, errer dans les rochers de l'Himalaya, et il y avait là des analogies avec la grandeur et la tristesse du génie de Rancé ; mais il était appelé ailleurs.

Poussé par ses malheurs, retenu par ses habitudes, Rancé n'avait point encore renoncé à ses emplois. Le temps de son quartier de service, comme aumônier du duc d'Orléans, était revenu ; il se rendit à Blois. Il avait déjà hasardé auprès du prince des idées de retraite : l'entrée en religion de la mère Louise avait mûri dans Gaston ces idées. La maîtresse convertie priait à la Visitation, à Tours, pour faire une violence à la miséricorde de Dieu. Il fut convenu que Gaston se retirerait au château de Chambor avec douze de ses plus fidèles serviteurs. Rancé fut choisi pour accompagner le prince.

Le Bouthillier possédait, près du parc de Chambor, un prieuré de l'ordre de Grammont. Ce prieuré était desservi par sept ou huit religieux. On n'apercevait pas de cet endroit le faîte de l'édifice qui devait éclater du rire immortel de Molière. « Le roi, dit le chevalier d'Arvieux, ayant voulu faire un voyage à Chambor pour y prendre le divertissement de la chasse, voulut donner à sa cour celui d'un ballet ; et comme l'idée des Turcs qu'on venait de voir à Paris était encore toute récente, il crut qu'il serait bon de les faire paraître sur la scène. Sa Majesté m'ordonna de me joindre à MM. de Molière et de Lulli pour composer une pièce de théâtre où l'on pût faire entrer quelque chose des habillements et des manières des Turcs. Je me rendis pour cet effet au village d'Auteuil, où M. de Molière avait une maison fort jolie. Ce fut là que nous travaillâmes à cette pièce de théâtre que l'on voit dans les œuvres de Molière, sous le titre du *Bourgeois gentilhomme*. »

Cette pièce fut en effet jouée à Chambor devant Louis XIV, pour la première fois, le 14 octobre 1670.

Quand on arrive à Chambor, on pénètre dans le parc par une de ses portes abandonnées ; elle s'ouvre sur une enceinte décrépite et plantée de violiers jaunes ; elle a sept lieues de tour. Dès l'entrée on aperçoit le château au fond d'une allée descendante. En avançant sur l'édifice, il sort de terre dans l'ordre inverse d'une bâtisse placée sur une hauteur, laquelle s'abaisse à mesure qu'on en approche. François Ier, arrière-petit-fils de Valentine de Milan, s'était enseveli dans les bois de la France, à son retour de Madrid ; il disait comme son aïeule : *Tout ne m'est rien, rien ne m'est plus*. Chambor rappelle les idées qui occupaient le roi-soldat dans sa prison : femmes, solitudes, remparts.

Quand le roi sortit de France,
En malheur il en sortit :
Il en sortit le dimanche,
Et le lundi il fut pris.

Chambor n'a qu'un escalier double, afin de descendre et monter sans se voir : tout y est fait pour les mystères de la guerre et de l'amour. L'édifice s'épanouit à chaque étage ; les degrés s'élèvent accompagnés de petites cannelures comme des marches dans les tourelles d'une cathédrale. La fusée, en éclatant, forme des dessins fantastiques, qui semblent avoir retombé sur l'édifice : cheminées carrées ou rondes enjolivées de fétiches de marbre, semblables aux poupées que j'ai vu retirer des fouilles à Athènes. De loin l'édifice est une arabesque ; il se présente comme une femme dont le vent aurait soufflé en l'air la chevelure ; de près cette femme s'incorpore dans la maçonnerie et se change en tours ; c'est alors Clorinde appuyée sur des ruines. Le caprice d'un ciseau volage n'a pas disparu ; la légèreté et la finesse des traits se retrouvent dans le simulacre d'une guerrière expirante. Quand vous pénétrez en dedans, la fleur de lys et la salamandre se dessinent dans les plafonds. Si jamais Chambor était détruit, on ne trouverait nulle part le style premier de la Renaissance, car à Venise il s'est mélangé.

Ce qui rendait à Chambor sa beauté, c'était son abandon : par les fenêtres j'apercevais un parterre sec, des herbes jaunes, des champs de blé noir : retracements de la pauvreté et de la fidélité de mon indigente patrie. Lorsque j'y passai, il y avait un oiseau brun de quelque grosseur qui volait le long du Cosson, petite rivière inconnue.

L'abbé Le Bouthillier se logea parmi les moines de son prieuré : de quelque côté qu'on ouvrît une fenêtre, on ne voyait que des bois. Le château, près duquel n'a pas même pu se former un village, est frappé de malédiction. Touché par le vainqueur de Marignan prisonnier à Madrid, par nos soldats dispersés après Waterloo, par les marques de notre attachement à nos rois avant les journées de juillet, on aperçoit partout des traces de gloire et de malheur. Les chiffres de la duchesse d'Étampes, devancière de la comtesse de Chateaubriand, attirent les yeux, traces périssables de beautés évanouies. François Ier, qui sentait l'inanité de ses plaisirs, avait gravé avec la pointe d'un diamant ces deux vers sur un carreau de vitre :

Souvent femme varie.
Mal habil qui s'y fie.

Jeux d'un prince qui avait fait déterrer Laure pour la regarder. Où est le carreau de vitre ? Des Français s'associèrent dans le dessein d'acquérir pour Henri, non encore banni, un parc abandonné dans un royaume conquis par ses pères. Courier éleva la voix contre l'acquisition et le jeune homme innocent, auquel il avait voulu arracher Chambor, a survécu.

Cet orphelin vient de m'appeler à Londres, j'ai obéi à la lettre close du malheur. Henri m'a donné l'hospitalité dans une terre qui fuit sous ses pas. J'ai revu cette ville témoin de mes rapides grandeurs et de mes misères interminables, ces places remplies de brouillards et de silence, d'où émergèrent les fantômes de ma jeunesse. Que de temps déjà écoulé depuis les jours où je rêvais René dans Kensington jusqu'à ces dernières heures ! Le vieux banni s'est trouvé chargé de montrer à l'orphelin une ville que mes yeux peuvent à peine reconnaître.

Réfugié en Angleterre pendant huit années, ensuite ambassadeur à Londres, lié avec lord Liverpool, avec M. Canning et avec M. Croker, que de changements n'ai-je pas vus dans ces lieux, depuis George III[11] qui m'honorait de sa familiarité jusqu'à cette Charlotte que vous verrez dans mes Mémoires. Que sont devenus mes frères en bannissement ? Les uns sont morts, les autres ont subi diverses destinées : ils ont vu comme moi disparaître leurs proches et leurs amis. Sur cette terre où l'on ne nous apercevait pas, nous avions cependant nos fêtes et surtout notre jeunesse.

Des adolescentes, qui commençaient la vie par l'adversité, apportaient le fruit semainier de leur labeur afin de s'éjouir à quelques danses de la patrie. Des attachements se formaient; nous priions dans des chapelles que je viens de revoir et qui n'ont point changé. Nous faisions entendre nos pleurs le 21 janvier, tout émus que nous étions d'une oraison funèbre prononcée par le curé émigré de notre village. Nous allions aussi, le long de la Tamise, voir entrer au port des vaisseaux chargés des richesses du monde, admirer les maisons de campagne de Richmond, nous si pauvres, nous privés du toit paternel! Toutes ces choses étaient de véritables félicités. Reviendrez-vous, félicités de ma misère? Ah! ressuscitez, compagnons de mon exil, camarades de la couche de paille, me voici revenu! Rendons-nous encore dans les petits jardins d'une taverne dédaignée, pour boire une tasse de mauvais thé en parlant de notre pays : mais je n'aperçois personne; je suis resté seul.

Rancé va quitter Chambor, il faut donc que je quitte aussi cet asile où je crains de m'être trop oublié. Je vais retrouver la Loire non loin du parc abandonné; elle ne voit point la désolation de ses bords : les fleuves ne s'embarrassent point de leurs rives. Ne demandez pas à la Loire le nom des Guise dont elle a pourtant roulé les cendres. A cent cinquante lieues d'ici, je rencontrai, il y a huit mois, en terre étrangère, près du jeune orphelin, M. le duc de Lévis, fidèle héritier du compagnon de Simon de Montfort. Mirepoix était *maréchal de la Foi*, titre qui semble avoir passé à son dernier neveu. J'ai retrouvé aussi madame la duchesse de Lévis, qui porte le grand nom d'Aubusson; elle aurait pu écrire l'histoire de Philippine-Hélène, si elle n'avait des malheurs moins romanesques à pleurer. Je n'étais pas, dans mon dernier voyage à Londres, reçu dans un grenier de Holborn par un de mes cousins émigrés, mais par *l'héritier des siècles*. Cet héritier se plaisait à me donner l'hospitalité dans les lieux où je l'avais si long-temps attendu. Il se cachait derrière moi, comme le soleil derrière des ruines. Le paravent déchiré qui me servait d'abri me semblait plus magnifique que les lambris de Versailles. Henri était mon dernier garde-malade : voilà les revenants-bons du malheur. Quand l'orphelin entrait, j'essayais de me lever ; je ne pouvais lui prouver autrement ma reconnaissance. A mon âge on n'a plus que les impuissances de la vie. Henri a rendu sacrées mes misères ; tout dépouillé qu'il est, il n'est pas sans autorité : chaque matin, je voyais une Anglaise passer le long de ma fenêtre ; elle s'arrêtait, elle fondait en larmes aussitôt qu'elle avait aperçu le jeune Bourbon : quel roi sur le trône aurait eu la puissance de faire couler de pareilles larmes ? Tels sont les Sujets inconnus que donne le malheur.

A peine retourné de Chambor, un courrier dépêché de Blois vint apprendre à Rancé la maladie du duc d'Orléans. L'abbé se remit en route : Gaston était en danger ; ce prince si peu digne à Castelnaudary de la valeur du Béarnais, le parleur de la Fronde ne trouva pas un mot sur ses lèvres à dire à la mort : un spectre se tenait debout au pied de son lit ; Montmorency sans tête lui demandait le talion.

Rancé écrivit à Arnauld d'Andilly la lettre qu'on va lire, et que je dois encore à la politesse de M. de Monmerqué.

« Blois, 8 février 1660.

» Je n'aurois pas été tant de temps sans avoir l'honneur de vous escrire si la maladie et la mort de Monsieur ne m'en avoient empesché. Je vous avoue que, l'ayant assisté autant que je l'ai pu dans les derniers moments de sa vie, je suis tellement touché d'un spectacle si déplorable que je ne puis m'en remettre. On a ceste consolation qu'il est mort avec tous les sentiments et toute la résignation qu'un véritable chrestien doit avoir en la volonté de son Dieu. Il reçut nostre Seigneur dès le commencement de son mal, et eut le soin lui-mesme de le demander une seconde fois pour viatique avec de grandes démonstrations d'une foy vive et d'un parfait mespris des choses du monde. Quelle leçon, monsieur, pour ceux qui n'en sont pas détachés et pour ceux qui sont persuadés de son néant et qui travaillent pour s'en déprendre ! Ce pauvre prince dit le matin du jour de sa mort ces mesmes mots : *Domus mea domus desolationis* ; et comme on luy voulut dire qu'il n'estoit pas si mal qu'il pensoit, il répliqua : *Solum mihi superest sepulchrum* ; ensuite il demanda l'extrême-onction, et dit qu'il estoit résolu à la volonté de Dieu ; enfin je suis persuadé qu'il luy a fait miséricorde. Je ne puis vous mander les circonstances de sa mort ; j'escris de Blois, malade d'un rhume qui me cause une oppression qui m'empesche d'escrire. Je vous supplie de demander à Dieu et de luy faire demander pour moy qu'il me fasse la grâce de retirer tout le bien et l'avantage que je dois d'une rencontre aussi touchante que celle-là l'est. Je reviens à la mort de ce pauvre prince : la désolation qui parut dans sa maison qui retentissoit de plaintes et de gémissements au moment de sa mort, l'esprit humain ne se sçauroit rien figurer de si pitoyable ; je confesse que j'en suis accablé de douleur. »

Rancé se montra dans cette occasion si touchant, que chacun faisait des vœux pour l'avoir auprès de soi au moment suprême. On croyait ne pouvoir bien mourir qu'entre ses mains, comme d'autres y avaient voulu vivre. Gaston avait à peine rendu le dernier soupir que ses familiers l'abandonnèrent. Rancé fut laissé presque seul auprès du cadavre. Il ne suivit pas le corps du prince à Saint-Denis ; mais il présenta le faible cœur de Gaston aux jésuites de Blois : le cœur intrépide de Henri IV avait été porté aux jésuites de La Flèche. Le Bouthillier courut ensuite s'ensevelir au Mans, y demeura caché deux mois ; il changea même de nom, comme s'il eût craint d'être reconnu et arrêté aux portes du ciel.

Le projet qu'il méditait depuis long-temps de soumettre sa conduite future au conseil des évêques d'Aleth et de Comminges lui revenait dans l'esprit. Il se résolut de l'accomplir. Le 21 juin 1660, il écrivit à la mère Louise : « Je pars demain à l'insu de tous mes amis. » Il arriva à Comminges le 27 du même mois, après un tremblement de terre : ce fut de même que j'arrivai à Grenade en rêvant de chimères, après le bouleversement de la Véga.

L'évêque de Comminges était absent ; Rancé l'attendit. Quand il revint, l'évêque commença une tournée diocésaine. Rancé l'accompagna.

Ils trouvèrent dans les cavernes environnantes des chrétiens qui avaient à peine figure humaine. L'évêque soulageait leur misère, les rassemblait, s'asseyait au milieu d'eux parmi les buis des rochers. L'abbé de Rancé était touché, lorsqu'il songeait que le bon pasteur avait ainsi cherché les brebis égarées.

Un jour il se promenait seul avec l'évêque, dans un endroit fort solitaire, d'où l'on découvrait les plus hautes Pyrénées : « L'évêque remarqua (j'emprunte le récit de Marsollier) que l'abbé parcourait des yeux les montagnes avec une attention qui le rendait distrait ; il y soupçonna du mystère, ce fut ce qui l'obligea de lui dire qu'il avait la mine de chercher un endroit où il pût bâtir un ermitage. L'abbé rougit ; mais comme il était sincère, il avoua que c'était en effet sa pensée, et qu'il croyait qu'il ne pouvait rien faire de mieux. — Si cela est, repartit l'évêque, vous ne pouvez mieux vous adresser qu'à moi : je connais ces montagnes, j'y ai passé souvent en faisant mes visites ; je sais des endroits si affreux et si éloignés de tout commerce que, quelque difficile que vous puissiez être, vous aurez lieu d'en être content. — L'abbé, qui croyait que l'évêque parlait sérieusement, le pressa avec cette vivacité qui lui était naturelle de lui faire voir ces endroits. — Je m'en garderai bien, reprit l'évêque ; ces endroits sont si tentants que si vous y étiez une fois il n'y aurait plus moyen de vous en arracher. » Après avoir visité l'évêque de Comminges, Rancé retourna chez l'évêque d'Aleth. « Sa demeure est affreuse, écrivait Rancé, et entourée de hautes montagnes au pied desquelles est un torrent qui court avec beaucoup de bruit et de rapidité. »

Ces *endroits* de nos anciennes mœurs reposent. On aime à assister aux conversations de l'abbé de Rancé sur la légitimité des biens qu'on peut ou qu'on ne peut pas retenir, sur ce qu'il est permis de garder, sur ce qu'on est obligé de rendre, sur le compte de ses richesses que l'on doit à Dieu. Ces scrupules de conscience étaient alors les affaires principales ; nous n'allons pas à la cheville du pied de ces gens-là ; l'homme était estimé, quelle que fût sa condition : le pauvre était pesé avec le riche au poids du sanctuaire. Cette égalité morale lui servait à supporter les inégalités politiques. Bruno sur les Alpes, Paul dans la Thébaïde, ne voulurent pas plus sortir de leur retraite que Rancé n'aurait voulu quitter les Pyrénées ; mais ces dernières montagnes avaient un danger : le soleil en était trop éclatant, et de leur sommet on découvrait les séjours d'Inès et de Chimène.

Long-temps après le voyage de Rancé, une chevrière âgée de douze ans, conduisant ses biques dans la paroisse d'Alan, diocèse de Comminges, tomba en s'écriant : « Jésus ! » Une dame vêtue de blanc lui apparut, lui dit : « Ne craignez rien. » Et elle la tira du précipice. La petite fille dit à la sainte Vierge (c'était elle) qu'elle avait perdu son chapelet. La sainte Vierge lui en donna un, en lui recommandant d'ordonner à un prêtre de faire bâtir une chapelle au lieu où elle était tombée. L'évêque de Comminges, ancien hôte de Rancé, en écrivit à la Trappe. Rancé, du fond de son abbaye, conseilla l'érection d'une chapelle dédiée à Notre-Dame-de-Saint-Bernard, dont les ruines marquent aujourd'hui le premier pas de Rancé dans la solitude.

L'évêque de Comminges et l'évêque d'Aleth avaient combattu au commencement les desseins extrêmes de Rancé ; ils lui conseillaient cette médiocrité, caractère de la vertu : « Vous, disaient-ils, vous ne pensez qu'à vivre pour vous. » L'évêque d'Aleth approuvait que Rancé se défît de sa fortune ; mais il s'opposait à son penchant pour la solitude : « Ce penchant, répétait-il, ne vient pas toujours de Dieu ; il est souvent inspiré par un dégoût du monde, dégoût dont le motif n'est pas toujours pur. »

Convaincu en ce qui regardait le danger des biens, l'abbé ne se rendait pas également sur le point du désert ; il cédait à l'égard de l'abandon de ses bénéfices : il convenait qu'un abbé commendataire n'était pas dans l'esprit de l'Église ; mais il n'entendait parler qu'avec terreur d'une abbaye régulière. Il s'était souvent écrié : « *Moi, me faire frocard !* » Il témoignait de ses perplexités en écrivant à ses amis : « Mes embarras extérieurs sont les moindres embarras de ma vie : je ne puis me défendre de moi-même. »

Tout est fragile : après avoir vécu quelque peu, on ne sait si l'on a bien ou mal vécu. L'évêque d'Aleth se maintint d'abord dans les opinions qui lui avaient mérité l'attachement de Rancé ; il se souvenait d'avoir causé avec le futur solitaire à trois cents pas de la maison de l'évêque, au bord d'un gave, de même que les vieillards de Platon s'entretenaient des lois sur la montagne de Crète. Baissez le ton de la lyre, changez les interlocuteurs, et le souffle du même torrent vous apportera des paroles qui seront remplies d'autres chimères. L'évêque d'Aleth persévéra plusieurs années dans les saines doctrines, puis arriva le moment fatal. Madame de Saint-Loup en écrivit à Rancé le 29 janvier 1697. Rancé, qui penchait vers sa fin, n'eut d'autre soulagement que de pleurer. L'évêque d'Aleth céda au docteur Arnauld et à M. de Vaucelles, théologal d'Aleth. Il se retira dans les Pays-Bas et fut envoyé obscurément à Rome pour ses coreligionnaires sous le nom de Valoni. L'infidélité avait perdu sa grandeur : Arius ne tombait plus du milieu du concile de Nicée, entraînant avec lui une partie de la chrétienté [12].

A Véretz, où il revenait toujours, Rancé vit conjurés contre lui une famille nombreuse, des amis mécontents, des domestiques désolés. En voulant se réduire à la pauvreté, il éprouvait les difficultés qu'on rencontre à s'enrichir. On ne pouvait savoir ce qui le poussait ; car, depuis la mort de madame de Montbazon, jamais le nom de cette femme, excepté dans son premier désespoir, n'était sorti de sa bouche. On sentait en lui une passion étouffée qui jetait sur ses moindres actions l'intérêt d'un combat inconnu.

Ces souvenirs de la terre étaient une haine de la vie, devenue chez lui une véritable obsession. Sa désespérance de l'humanité ressemblait au stoïcisme des anciens, à cela près qu'il passait par le christianisme. Les platoniciens de l'école d'Alexandrie se tuaient pour parvenir au ciel, mais que de souffrances pour une pauvre âme lorsqu'elle se débat dans cet état ! elle éprouve les divers mouvements du suicide, incertitude et terreur, avant qu'elle ait pris sa résolution.

« Je vous avoue, dit l'abbé de la Trappe dans ses lettres, que je ne vois plus un seul homme du monde avec le moindre plaisir. Il y a tantôt six ans que je ne parle que de dégagement et de retraite, et le premier pas est encore à faire ; cependant le cours de la vie s'achève, et l'on se réveille à la fin du sommeil, et l'on se trouve sans œuvres. Je désire tellement d'être oublié qu'on ne pense pas seulement que j'ai été. »

Il vendit sa vaisselle d'argent ; il en distribua le montant en aumônes, se reprochant les retards qu'il avait mis à secourir les nécessiteux. Il avait deux hôtels à Paris, dont l'un s'appelait l'hôtel de Tours ; il les donna à l'Hôtel-Dieu et à l'Hôpital général par acte passé devant les notaires Lemoine et Thomas. Pour dernier sacrifice il se défit de la terre de Véretz ; mais par un reste de faiblesse il accorda la préférence aux offres d'un de ses parents : ce parent ne put réaliser la somme, et le marché fut rétrocédé à l'abbé d'Effiat, favori de Ninon. Les 100 000 écus que Rancé reçut de la vente furent à l'instant portés aux administrations des hôpitaux.

On lit des lettres modernes datées de Véretz : qui a osé écrire de ce lieu après le gigantesque Pénitent ? Dans les bois de Larçay, jadis propriété de Rancé, dans les parcs de Montbazon, parmi des noms qui rappelaient une ancienne vie, le 11 avril 1825, on trouva un cadavre. Le 10 avril, le jour finissant, une voix fut entendue : « *Je suis un homme mort !* » Une jeune fille, cachée avec son amant dans de hautes bruyères, avait été témoin d'un meurtre. D'un autre côté, à demi vêtue, la veuve de Courier (c'était lui dont on avait retrouvé le cadavre), âgée de vingt-deux ans, descend la nuit parmi des personnages rustiques, comme une ombre délivrée. Les opinions de Courier à Véretz avaient réduit son intimité à des rivalités inférieures : chagrins qui n'intéressent personne, gémissements qui vont se perdre dans l'océan muet qui s'avance sur nous. Peut-être quelque grive reditelle l'acte tragique dans les bois où Rancé avait promené ses misères. Courier avait écrit dans sa *Gazette du village* : « *Les rossignols chantent et l'hirondelle arrive.* » Enfant d'Athènes, il transmettait à ses camarades le chant du retour de l'hirondelle.

Courier, savant helléniste, esprit tumultueux, pamphlétaire à cheval, avait eu le malheur à Florence de tacher d'encre un feuillet de Longus : ensuite l'éditeur d'un passage perdu de *Daphnis et Chloé* était venu s'ensevelir dans les lieux qu'avait habités l'éditeur d'Anacréon.

Si les arbres sous lesquels fut tué Courier existent encore, qu'est-il resté dans ces ombrages, que restet-il de nous partout où nous passons ? Paul-Louis Courier aurait-il cru que l'immortalité pouvait porter la haire et se rencontrer dans les larmes ? Le réformateur de la Trappe a grandi à Véretz ; l'auteur du Pamphlet des pamphlets a diminué. La vie dans sa pesanteur descendit sur un esprit qui s'était dressé pour morguer le ciel. Chose remarquable ! Courier, le philosophe, a fait ses adieux au monde par les mêmes paroles que Rancé, le chrétien, avait perdues dans les bois : « Détournez de moi le calice ; la ciguë est amère. »

Véretz, au milieu du XVIIIe siècle, était la possession du duc d'Aiguillon, ministre de Louis XV. Ce ministre de perdition, comme tous les hommes d'alors, y fit imprimer à cinq ou sept exemplaires le *Recueil des pièces choisies*, pages obscènes et impies de madame la princesse de Conti. Le château de Véretz fut démoli pendant la révolution, piscine de sang où se lavèrent les immoralités qui avaient souillé la France. A Véretz et à la Trappe, Rancé a laissé ses deux parts : à Véretz la légèreté, l'irréligion, les mauvaises mœurs, suivies d'une destruction complète ; à la Trappe la gravité, la sainteté, la pénitence, qui ont survécu à tout.

Après la vente de Véretz, Rancé se défit de ses bénéfices ; il ne se réserva qu'une retraite malsaine, pour y mourir, la Trappe. Lorsque Louis XIV prit les rênes de l'État, la France se divisa ; les uns allèrent combattre l'étranger, les autres se retirèrent au désert. Trois solitudes demeurèrent en présence : la Chartreuse, la Trappe et Port-Royal. A l'abri derrière ses guerriers et ses anachorètes, la France respira. Le XVIIIe siècle a voulu effacer Louis XIV, mais sa main s'est usée à gratter le portrait. Napoléon est venu se placer sous le dôme des Invalides comme pour assurer la gloire de Louis. On a eu beau faire les tableaux des victoires de l'Empire à Versailles, elles n'ont pu effacer les souvenirs des victoires du dix-septième siècle. Napoléon a seulement ramené enchaînés à Louis XIV les rois que Louis XIV avait vaincus. Bonaparte a fait son siècle ; Louis a été fait par le sien : qui vivra plus longtemps de l'ouvrage du temps ou de celui d'un homme ? C'est la voix du génie de toutes les sortes qui parle au tombeau de Louis ; on n'entend au tombeau de Napoléon que la voix de Napoléon.

Avant de nous parler des personnages qu'elle met en scène, la Grèce nous introduit sur le théâtre de leurs actions : Prométhée enchaîné s'entretient avec l'Océan ; les sept chefs devant Thèbes jurent sur un bouclier noir ; les Perses pleurent à l'apparition de l'ombre de Darius ; Œdipe, roi, paraît à la porte de son palais ; Œdipe à Colone s'arrête près du bois des Euménides ; prêt à quitter son exil, Philoctète s'écrie : « Adieu, doux asile de ma misère ! »

Les écrivains de la Vie des Pères du désert, Grecs de

naissance, ont été fidèles à cet ancien usage : ils nous montrent Paul, premier ermite, caché sous un palmier ; Antoine, premier solitaire, s'enfermant dans un sépulcre ; Pacôme, premier instituteur des Cénobites, assis sur une pierre à Thebennes. Nous n'irons pas si loin avec Rancé ; nous resterons près de Versailles : à trente lieues des escaliers de marbre de l'Orangerie, qui n'étaient pas encore souillés de sang, nous trouverons les austérités de la Thébaïde ; et cependant le bruit de la Cour nous parviendra comme le murmure des flots du siècle.

Qu'était-ce que la Maison-Dieu lorsque Rancé s'y retira ?

La Maison-Dieu s'appelle aujourd'hui la *Trappe :* Trappe, dans le patois du Perche, signifie degré, vraisemblablement de *trapan ;* Notre-Dame de la Trappe veut donc dire : Notre-Dame des Degrés.

L'abbaye de la Trappe fut fondée en 1122 par Rotrou, second de ce nom, comte du Perche. Rotrou avait fait vœu, en revenant d'Angleterre, que, s'il échappait au naufrage dont il était menacé, il bâtirait une chapelle en l'honneur de la sainte Vierge. Le comte miraculeusement délivré, pour conserver la mémoire de son aventure, fit donner au toit de son église votive la forme d'un vaisseau renversé. Rotrou III, fis du fondateur, acheva les bâtiments de la chapelle, qui s'était changée en monastère. Rotrou III partit pour la première croisade ; il rapporta de la Palestine des reliques qui furent déposées par son fils dans la basilique nouvelle, à laquelle il ne manqua rien de l'histoire de ces temps : vœu, naufrage, pèlerinage.

Louis VII était roi de France, et saint Bernard premier abbé de Clairvaux, lorsque l'abbaye de la Trappe fut fondée. Serlon IV, abbé de Savigny, la réunit à l'ordre de Cîteaux en 1144 ; Saint-Germain-des-Prés se rebâtissait alors dans Paris ; l'abbaye eut pour bienfaiteur Richard Hurel et ses fils, qui lui donnèrent la terre de Vastine. La Trappe fut protégée des papes Alexandre III, Clément III, Innocent III,

Nicolas III, Boniface VIII, Jean XXI, Benoît XII. Saint Louis avait pris sous sa protection Notre-Dame de la Maison-Dieu de la Trappe, afin, dit la charte royale, que les religieux soient libres, paisibles, exempts de tous subsides, *sint liberi, quieti, exempti ab omnibus subsidiis*. Ce grand nom de saint Louis se mêle à toutes les origines de la monarchie. Saint Louis est le fondateur des monuments de l'Europe gothique, à compter de Notre-Dame de Paris jusqu'à la Sainte-Chapelle.

Par un ancien ménologe et par un relevé des tombes, on suppose dix-sept abbés depuis le premier abbé de la Trappe, Dom Albode, jusqu'au cardinal Du Bellay, premier abbé commendataire, sous François Ier, en 1526.

Dom Herbert, abbé, s'étant croisé en 1212 avec Renaud de Dampierre et Simon de Montfort, fut pris par le kalife d'Alep ; il demeura trente ans esclave. Délivré enfin, il fonda l'abbaye des *Clairets* dans la dépendance de la Trappe. On s'arrête à l'épitaphe du seizième abbé à cause de son nom : Dom Robert *Rancé*. La *Gallia Christiana* ne fait pas mention de quelques-uns de ces derniers détails.

L'abbaye de la Trappe n'était point fortifiée à l'instar d'autres monastères de qui les abbés, comme Abbon de Paris, menaient vaillamment les mains : aussi pendant les deux siècles que les Anglais ravagèrent la France, la Trappe fut pillée plusieurs fois, notamment dans l'année 1410.

D'après les Pouillés, l'abbaye possédait les *Terres-Rouges*, les *bois de Grimonard*, le *chemin au Chêne-de-Bérouth*, les *Bruyères*, les *Neuf-Étangs* et les ruisseaux qui en sortent. Par où passait le chemin au Chêne-de-Bérouth ? D'où venait l'immortalité de ce chêne, immortalité qui ne dépassait pas son ombre ? Les bruyères s'étendant vers cet horizon sont-elles les mêmes que celles mentionnées aux Pouillés ? Je viens de les traverser ; enfant de la Bretagne, les landes me plaisent, leur fleur d'indigence est la seule qui ne se soit pas fanée à ma boutonnière. Là s'élevait peut-être le manoir de la châtelaine ; elle consuma ses jours dans les larmes, attendant son mari, qui ne revint point de la Terre-Sainte avec l'abbé Herbert. Qui naissait, qui mourait, qui pleurait ici ? Silence ! Des oiseaux au haut du ciel volent vers d'autres climats. L'œil cherche dans les restes de la forêt du Perche les campaniles abattus, il ne reste plus que quelques clochetons de chaume, bien que des *sings* annoncent encore la prière du soir ; on n'entend plus à travers le brouillard retentir cette cloche nommée à Aubrac la cloche des *Perdus,* qui rappelle les errants, *errantes revoca*. Mœurs d'autrefois, vous ne renaîtrez pas, et si vous renaissiez, retrouveriez-vous le charme dont vous a parées votre poussière ?

Il existe des procès-verbaux connus dans l'ordre des Bénédictins sous le nom de *cartes de visite,* c'est-à-dire cartes d'inspection : la carte de visite pour l'année 1685 est signée de Dom Dominique, abbé du Val-Richer. Elle décrit l'état de la Trappe avant la réforme de Rancé : les portes demeuraient ouvertes le jour et la nuit, et les hommes comme les femmes entraient librement dans le cloître. Le vestibule de l'entrée était si noir qu'il ressemblait beaucoup plus à une prison qu'à une Maison-Dieu. Ici il y avait une échelle attachée contre la muraille ; elle servait à monter aux étages dont les planchers étaient rompus et pourris ; on n'y marchait pas sans péril. En entrant dans le cloître, on voyait un toit devenu concave qui à la moindre pluie se remplissait d'eau ; les colonne qui lui servaient d'appui étaient courbées : les parloirs servaient d'écuries.

Le réfectoire n'en avait plus que le nom. Les moines et les séculiers s'y assemblaient pour jouer à la boule lorsque la chaleur et le mauvais temps ne leur permettaient pas de jouer au-dehors.

Le dortoir était abandonné ; il ne servait de retraite qu'aux oiseaux de nuit : il était exposé à la grêle, à la pluie, à la neige et au vent ; chacun des frères se logeait comme il voulait et où il pouvait.

L'église n'était pas en meilleur état : pavés rompus,

pierres dispersées ; les murailles menaçaient ruine. Le clocher était près de tomber : on ne pouvait sonner les cloches qu'on ne l'ébranlât tout entier.

Il n'y avait d'autres ruisseaux à la Trappe que ceux que forment les étangs successifs qui s'élèvent avec le terrain, ni d'autres prairies que les queues des étangs ; l'air n'était supportable qu'à ceux qui cherchaient à mourir. Des vapeurs s'élevaient de cette vallée et la couvraient. « Il est malaisé, écrit Rancé à madame de Guise, que je me tire des mes incommodités à l'âge que j'ai et à l'air que nous habitons ; c'est à la situation toute seule du pays qu'il s'en faut prendre. Il a plu à Dieu de nous y mettre ; il savait bien les maux qui nous en devaient naître : qu'importe où l'on vive, puisqu'il faut mourir ! »

Dom Le Nain raconte que « les esprits impurs faisaient leur séjour dans le monastère et se nourrissaient des excès qui y régnaient. Ils y habitaient par troupes, n'y ayant là personne qui les chassât. »

Dom Félibien ajoute la vie à ces descriptions, en y faisant voir la renaissance du culte chrétien.

« On voit d'abord en entrant ces paroles de Jérémie, écrites sur la porte du cloître : *Sedebit solitarius et tacebit.*

» L'église n'a rien de considérable que la sainteté du lieu : elle est bâtie d'une manière gothique et fort particulière ; elle ne laisse pas d'avoir quelque chose d'auguste et de divin ; le bout du côté du chœur semble représenter la poupe d'un vaisseau.

» Ce qui est digne de considération est la manière dont ces religieux font l'office ; car vous les voyez d'une voix ferme et d'un ton grave chanter les louanges de Dieu. Il n'y a rien qui touche le cœur et qui élève davantage l'esprit que de les entendre à matines. Leur église n'étant éclairée que d'une seule lampe, qui est devant le grand-autel, l'obscurité, jointe au silence de la nuit, fait que l'âme se remplit de cette onction sacrée répandue dans tous les psaumes. Soit qu'ils soient assis, soit qu'ils soient debout, soit qu'ils s'agenouillent, soit qu'ils se prosternent, c'est avec une humilité si profonde, qu'on voit bien qu'ils sont encore plus soumis d'esprit que de corps. »

Sur une inscription de saint Bernard, placée dans les cloîtres de la Trappe, Ducis composa ces beaux vers :

Heureuse solitude,
Seule béatitude,
Que votre charme est doux !
De tous les biens du monde,
Dans ma grotte profonde,
Je ne veux plus que vous.

Qu'un vaste empire tombe,
Qu'est-ce au loin pour ma tombe,
Qu'un vain bruit qui se perd ?
Et les rois qui s'assemblent,
Et leurs sceptres qui tremblent,
Que les joncs du désert ?

Quand l'abbé de Rancé introduisait la réforme dans son abbaye, les moines eux-mêmes n'étaient plus que des ruines de religieux. Réduits au nombre de sept, ce reste de cénobites était dénaturé par l'abondance ou par le malheur. Les moines, depuis long-temps, avaient mérité des reproches. Dès le XIe siècle, Adalbéron déclare « qu'un moine est transformé en soldat ». En Normandie, un supérieur ayant prétendu admonester ses moines fut flagellé par eux après sa mort. Abailard, qui tenta en Bretagne d'user de sévérité, se vit exposé au poison : « J'habite un pays barbare, disait-il, dont la langue m'est inconnue ; mes promenades sont les bords d'une mer agitée, et mes moines ne sont connus que par leur débauche. » Tout a changé en Bretagne, hors les vagues qui changent toujours.

Rancé courut de semblables dangers : aussitôt qu'il eut parlé de réforme, on parla de le poignarder, de l'empoisonner, ou de le jeter dans les étangs. Un gentilhomme du voisinage, M. de Saint-Louis, accourut à son secours : M. de Saint-Louis avait passé sa vie à la guerre ; le roi l'estimait, M. de Turenne l'aimait. Selon Saint-Simon, « c'était un vrai guerrier, sans lettres aucunes, avec peu d'esprit, mais un sens le plus droit et le plus juste que j'aie vu à personne, un excellent cœur et une droiture, une franchise et une fidélité admirables ». Rancé refusa la généreuse assistance, disant que les apôtres avaient établi l'Évangile malgré les puissances de la terre, et qu'après tout le plus grand bonheur était de mourir pour la justice.

L'abbé menaça ses religieux d'informer le roi de leur dérèglement : ce nom du roi avait pénétré au fond des plus obscures retraites.

Jusqu'alors nous n'avions senti que le despotisme irrégulier des rois qui marchaient à regret avec des libertés publiques, ouvrages des états-généraux, et exécutées par les parlements ; mais la France n'avait point encore obéi à ce grand despotisme qui imposait l'ordre sans permettre d'en discuter les principes. Sous Louis XIV, la liberté ne fut plus que le despotisme des lois, au-dessus desquelles s'élevait, comme régulateur, l'inviolable arbitraire. Cette liberté esclave avait quelques avantages : ce qu'on perdait en franchises dans l'intérieur, on le gagnait au-dehors en domination : le Français était enchaîné, la France libre.

Les moines donnèrent à regret leur consentement à la réforme. Un contrat fut passé : 400 livres de pension furent accordées à chacun des sept demeurants, avec permission de rester dans l'enceinte de l'abbaye ou de se retirer ailleurs ; le contrat mutuel fut homologué au parlement de Paris, le 6 février 1663. Rancé était toujours perplexe sur lui-même. Deux frères de l'Étroite Observance, appelés de Perseigne, arrivèrent et prirent possession de la Trappe.

Un accident survenu le 1er novembre 1662 contribua à fixer la résolution de Rancé. Sa chambre, dans le monastère qu'il avait achevé de réparer, s'écroula et pensa l'écraser : « Voilà, s'écria-t-il, ce que c'est que la vie ! » Il se retira aussitôt dans un coin de l'église. Il entendit chanter le psaume : *Qui confidunt in Domino.* Frappé d'une lumière soudaine, il se dit : « Pourquoi craindrais-je de m'engager dans la profession monastique ? » Les difficultés de son esprit s'évanouirent.

Il partit pour Paris, afin de demander au roi la permission de tenir en règle l'abbaye de la Trappe. Quelques hommes saints essayèrent de le détourner de sa résolution ; mais il dit à l'abbé de Prières, vicaire-général de l'Étroite Observance : « Je ne vois point d'autre porte à laquelle je puisse frapper pour retourner à Dieu que celle du cloître ; je n'ai d'autre ressource, après tant de désordres, que de me revêtir d'un sac et d'un cilice en repassant mes jours dans l'amertume de mon cœur. »

L'abbé lui répondit : « Je ne sais, monsieur, si vous comprenez bien ce que vous demandez : *nescis quid petis.* Vous êtes prêtre, docteur de Sorbonne, d'ailleurs homme de condition ; nourri dans la délicatesse et dans le luxe, vous êtes accoutumé à avoir grand train et à faire bonne chère ; vous êtes en passe d'être évêque au premier jour ; votre tempérament est extrêmement faible, et vous demandez d'être moine, qui est l'état le plus abject de l'Église, le plus pénitent, le plus caché et même le plus méprisé. Il vous faudra dorénavant vivre dans les larmes, dans les travaux, dans la retraite, et n'étudier que Jésus crucifié. Pensez-y sérieusement. » Alors l'abbé de Rancé répondit : « Il est vrai, je suis prêtre ; mais j'ai vécu jusqu'ici d'une manière indigne de mon caractère ; je suis docteur, mais je ne sais pas l'alphabet du christianisme ; je fais quelque figure dans le monde, mais j'ai été semblable à ces bornes qui montrent les chemins aux voyageurs et qui ne se remuent jamais. »

L'abbé de Prières fut vaincu.

Dans quelques lettres qu'a bien voulu me communiquer M. Cousin, Rancé fait l'histoire des combats qu'il eut à soutenir à cette époque. Les quatre premières s'étendent de l'an 1661 à l'an 1664 ; elles sont écrites à l'évêque d'Aleth.

« Je ne puis comprendre, dit-il, que j'aie la hardiesse d'entreprendre une profession qui ne veut que des âmes détachées, et que, mes passions étant aussi vivantes en moi qu'elles sont, j'ose entrer dans un état d'une véritable mort. Je vous conjure, monseigneur, de demander à Dieu ma conversion dans une conjoncture qui doit être la décision de mon éternité, et qu'après avoir violé tant de fois les vœux de mon baptême, il me donne la grâce de garder ceux que je lui vais faire, qui en sont comme un renouvellement, avec tant de fidélité que je répare en quelque manière les égarements de ma vie passée. »

Rancé écrivait à ses amis, le 13 avril 1663 : « Je suis persuadé que vous serez surpris quand vous saurez la résolution que j'ai formée de donner le reste de ma vie à la pénitence. Si je n'étais retenu par le poids de mes péchés, plusieurs siècles de la vie que je veux embrasser ne pourraient satisfaire pour un moment de celle que j'ai passée dans le monde. »

L'abbé de Prières s'employa principalement auprès de la reine-mère, afin d'obtenir du roi [pour] que Rancé pût tenir son abbaye en règle. Louis XIV agréa la requête, mais à la condition qu'à la mort de cet abbé régulier, la Trappe retournerait en commende. Le roi tenait aux traités de sa race. Le brevet fut expédié le 10 mai 1663, et envoyé à Rome pour être confirmé de Sa Sainteté. L'évêque de Comminges, ayant su que Rancé était à l'institution à Perseigne pour commencer son noviciat, l'alla trouver, et lui dit qu'il craignait que, dans son ardeur, il n'allât si loin que personne ne le pourrait suivre. L'abbé répliqua qu'il se modérerait, et il trompa l'évêque : conversation entre deux soldats ; l'un a appris à mesurer le péril, l'autre ne l'a jamais calculé.

En 1662, Rancé était allé visiter la Trappe et jeter un coup d'œil sur la solitude éternelle qu'il devait habiter. Il avait vu les étangs qui se retirent et s'élèvent en montant dans l'ancienne forêt du Perche, et dont plusieurs sont aujourd'hui supprimés. Il avait vu partout ces grandes feuilles solitaires qui flottaient sur les eaux comme un plancher, et à travers lesquelles

les oiseaux aquatiques faisaient entendre quelques cris. Il hésita entre cette profonde retraite et son prieuré de Boulogne, qui lui plaisait, parce qu'il était dans des bois assez voisins de la mer [13] ; mais enfin il se décida pour la Trappe, à cause de certaine affinité secrète entre les solitudes de la religion et les solitudes de son passé. Il appela auprès de lui l'abbé Barbery.

Rancé dans ces jours-là écrivait à M. l'évêque d'Aleth : « Comme les choses que je quitte et ma séparation des embarras extérieurs sont les moindres attachements de ma vie, que je ne puis me défaire de moi-même, puisque je me trouve partout aussi misérable que je l'ai toujours été, je vous supplie de demander à Dieu ma conversion. »

L'évêque d'Aleth, nous l'avons vu, n'était pas un guide sûr. Dans la confusion des doctrines du temps, l'ami sur le bras duquel vous vous souteniez prenait au premier détour une autre route, et vous laissait là.

Rancé, sentant qu'il était environné de chancelants compagnons, se décida : il sortit des rangs, rompit la ligne ; déserteur d'une armée qui ne le suivait pas, il alla droit de Paris à Perseigne apprendre la nouvelle profession qu'il s'était promis d'embrasser. L'abbé de Perseigne le reçut avec joie, mais avec tremblement. Au bout de cinq mois de noviciat, il se déclara chez Rancé une maladie dont il parle dans ses lettres, maladie d'autant plus dangereuse qu'elle avait été long-temps dissimulée. Les médecins le condamnèrent s'il ne quittait la vie monastique ; l'abbé s'obstina, se fit transporter à la Trappe, et guérit. Retourné à Perseigne, il écrivit à l'évêque d'Aleth : « Le temps de mes épreuves est près de finir : mon cœur n'en est pas moins rempli de misères. Je ne puis comprendre que j'aie la hardiesse de prendre une profession qui ne veut que des âmes détachées, et que, mes passions étant aussi vivantes en moi qu'elles le sont, j'ose entrer dans un état d'une véritable mort. »

Il fit un adieu général au monde. D'une course nouvelle, il s'élança après le Fils de Dieu, et ne s'arrêta qu'à la croix.

On l'employa utilement pour son ordre pendant son noviciat. La réforme avait été établie au monastère de Champagne. Les moines résistaient ; la noblesse appuyait les moines : l'esprit frondeur n'était pas encore éteint : restait à rendre l'arrière-faix de la discorde. Ce moment de péril interrompit le noviciat de Rancé : on le fit courir au secours de l'Étroite Observance. Vingt-cinq gentilshommes, conduits par le marquis de Vassé, sous prétexte d'une partie de chasse, se présentèrent à une abbaye dans le dessein d'en expulser le parti des réformés. Rancé arrivait ; il leur demanda ce qu'ils voulaient : il fut reconnu par Vassé, auquel il avait rendu jadis un important service. Vassé courut à lui, l'embrassa, et consentit à laisser en paix les religieux.

Revenu à Perseigne, le prieur parla d'envoyer en Touraine l'abbé, dont le noviciat n'était pas encore achevé. Le postulant s'y refusa, disant que cette tournée l'exposerait à des *périls*. L'historien se sert deux fois de ce mot sans le comprendre : l'explication est que Véretz, tout vendu qu'il était, barrait le chemin ; les périls qui menaçaient Rancé étaient des souvenirs. Étonné de la résistance, le prieur manda à l'abbé de Prières que le nouveau moine lui paraissait un homme attaché à son sens. L'abbé de Prières voulut parler à Rancé ; celui-ci alla le trouver à quatre lieues de Paris : le grand conspirateur de solitude le charma ; car l'abbé Le Bouthillier avait des bienséances difficiles à distinguer de la véritable humilité : un éclair de la vie passée de l'homme du monde plongeait dans les rudesses de la Foi.

Avant de prononcer ses vœux à Perseigne, Rancé retourna à la Trappe : il y lut son testament ; il donne ce qui lui reste à son monastère. Il s'accuse d'avoir été, par son insouciance, la cause d'un grand nombre de malversations ; il déclare parler sans exagération et sans excès ; il proteste que sa confession est aussi sincère que s'il était devant le tribunal de Jésus-Christ ; il abandonne à ses frères tous ses meubles ; il leur remet particulièrement ses livres. « Si, par des événements qu'on ne peut prévoir, dit-il, la réforn. cessait d'être à la Trappe, je donne ma bibliothèque à l'Hôtel-Dieu de Paris pour être vendue au profit des pauvres et des malades. »

Rancé a l'air d'avoir un pressentiment des malheurs qui fondirent un siècle et demi plus tard sur son abbaye. Il laissa sa bibliothèque à ses religieux, lui qui ne voulait pas qu'un moine s'occupât d'études !

Ici on aperçoit madame de Montbazon pour la dernière fois. Astre du soir, charmant et funeste, qui va pour toujours descendre sous l'horizon. Aux dires de Dom Gervaise, Rancé avait nombre de lettres de cette femme et deux portraits d'elle : l'un la représentait telle qu'elle était à son mariage, l'autre telle qu'elle était au moment où elle devint veuve. Ces secrets d'amour étaient confiés à la garde de la religion. La mère Louise avait, pour surveiller ces dépôts, la faiblesse et la force nécessaires, l'indulgence d'une femme qui a failli et le courage d'une femme qui se repent. Le matin même de ses vœux, Rancé écrivit à Tours pour donner l'ordre de jeter les lettres au feu et pour faire renvoyer les portraits à M. de Soubise, fils de madame de Montbazon. Rompre avec les choses réelles, ce n'est rien ; mais avec les souvenirs ! Le cœur se brise à la séparation des songes, tant il y a peu de réalité dans l'homme.

Une autre lettre écrite à la mère Louise, le 14 juin 1664, porte : « J'attends avec une humble patience l'heureux moment qui doit m'immoler pour toujours à la justice de Dieu. Tous mes moments sont employés à me préparer à cette grande action. Je n'appréhende rien davantage, sinon que l'odeur de mon sacrifice ne soit pas agréable à Dieu ; car il ne suffit pas de se donner, et vous savez que le feu du ciel ne descendait point sur le sacrifice de ce malheureux qui offrait à Dieu des victimes qui ne lui étaient point agréables. »

On n'a jamais fait attention à cette plainte, qui sort du cœur de Rancé comme de ces boîtes harmonieuses faites dans les montagnes, qui répètent le même son ; cette plainte n'indique point son objet, elle se confond

…ccusations dont le souffrant charge la vie. … s'ensevelir à la Trappe, Rancé fit d'abord …e à son prieuré de Boulogne, parce qu'il était …u des bois et qu'on y découvrait la mer[14], de… image du monde; puis il partit pour la Trappe pour s'ensevelir au milieu de ces jardins solitaires, comme jadis les souverains à Babylone.

Les expéditions de la cour de Rome pour tenir en règle l'abbaye de la Trappe arrivèrent. Rancé aurait voulu se régénérer avec Dom Bernier, ancien religieux de la Trappe mal vivant jusqu'alors, et enfin touché de la grâce; mais Dom Bernier ne fut prêt que quatre mois plus tard. Le 26 juin 1664, Rancé fit profession, entre les mains de Dom Michel de Guiton, commissaire de l'abbé de Prières, vicaire général, avec deux autres novices, dont l'un, appelé Antoine, avait été domestique de Rancé. De serviteur qu'il était, Antoine devint l'égal de son maître dans les aplanissements du ciel. Quatre jours après, Pierre Félibien prit, au nom de l'abbé de Rancé, possession de l'abbaye de la Trappe en qualité d'abbé régulier. Rancé reçut la bénédiction abbatiale des mains de l'évêque irlandais d'Arda assisté de l'abbé de Saint-Martin de Séez. L'abbé de la Trappe se rendit dès le lendemain à son monastère. Et pourtant il écrivait à un de ses amis : « Ma disposition n'est qu'une pure résignation à la Providence. Priez pour moi. »

Ce premier séjour de Rancé à la Trappe ne fut pas long. Il faisait réparer de tous les côtés l'abbaye; mais tandis qu'il donnait des règlements nouveaux pour le chœur et la prière, que les charpentiers et les maçons s'empressaient, il fut appelé à Paris à l'assemblée générale des communautés régularisées. Ce jeune homme, naguère si dépendant de l'opinion du monde, se rendit au lieu de la réunion dans une charrette comme un mendiant; affectation dont il ne put débarrasser sa vie. L'assemblée le nomma pour aller en cour de Rome plaider la cause de la réforme. Avant son départ, il s'aboucha avec le cardinal de Retz, qui s'était avancé jusqu'à Commercy. Ensuite Rancé retourna quelques jours à la Trappe. Il s'occupait comme un humble frère. Il disait : « Sommes-nous moins pécheurs que les premiers religieux de Cîteaux ? Avons-nous moins besoin de pénitence ? » On lui représentait que, plus faibles, on ne pouvait plus pratiquer les mêmes austérités : « Dites, répondait-il, que nous avons moins de zèle. » D'un consentement unanime, les religieux se privèrent de l'usage du vin et de celui du poisson ; ils s'interdirent la viande et les œufs. Il s'introduisit une manière honnête de parler et d'agir les uns avec les autres ; ils respectaient en eux l'homme racheté, s'ils méprisaient l'homme tombé.

Dans la distribution du travail, une portion d'un terrain inculte était échue à Rancé : au premier coup de bêche, il rencontra quelque chose de dur : c'étaient d'anciennes pièces d'or d'Angleterre. Il y en avait soixante, chacune valant sept francs : ce fut un coup de providence pour aider Rancé à faire son voyage. Ayant convoqué ses moines, il leur fit ses adieux : « J'ai à peine le temps, leur dit-il, de vous remettre devant les yeux cette parole de saint Bernard : *Mon fils, si vous saviez quelles sont les obligations d'un moine, vous ne mangeriez pas une bouchée de pain sans l'arroser de vos larmes.* » Puis il ajouta : « Je prie Dieu d'avoir pitié de vous comme de moi. S'il nous sépare dans le temps, qu'il nous réunisse dans l'éternité. »

Les religieux se prosternèrent pour demander à Dieu la conservation de leur abbé.

Le nouveau Tobie partit pour Ninive : il n'allait pas épouser la fille de Raguel ; la fille de Raguel n'était plus. Le voyageur qui accompagnait Rancé n'était pas Raphaël, mais l'Esprit de la pénitence ; cet esprit ne se mettait pas en route pour réclamer de l'argent, mais la misère. Lorsqu'on erre à travers les saintes et impérissables Écritures où manquent la mesure et le temps, on n'est frappé que du bruit de la chute de quelque chose qui tombe de l'éternité.

Le grand expiateur avait retrouvé à Chalon-sur-Saône l'abbé du Val-Richer, son compagnon désigné de voyage. A Lyon il baisa la boîte qui renfermait le cœur de saint François de Sales. Il traversa les Alpes et arriva à Turin : il n'y vit point le saint-suaire. A Milan le tombeau de saint Charles Borromée l'appela : heureux les morts quand ils sont saints ! ils retrouvent leur matin dans le ciel. Sainte Catherine à Bologne attira la vénération de Rancé ; c'étaient là les antiquités qu'il cherchait ; il faisait consister sa repentance à ne rien voir : ses yeux étaient fermés à ces ruines dont l'abbé de La Mennais nous fait une peinture admirable :

« De superbes palais, dit-il, se dégradent d'années en années, montrant encore, à travers leurs élégantes fenêtres ouvertes à la pluie et à tous les vents, les vestiges d'un faste que rien ne rappelle dans nos chétives constructions modernes, d'un luxe grandiose et délicat dont les arts divers avaient à l'envi réalisé les merveilles. La nature qui ne vieillit jamais s'empare peu à peu de ces somptueuses villas, œuvres altières de l'homme et fragiles comme lui. Nous avons vu des colombes nicher sur les corniches d'une salle peinte par Raphaël, le câprier sauvage enfoncer ses racines entre les marbres déjoints, et le lichen les recouvrir de ses larges plaques vertes et blanches. »

A Florence, le pèlerin ne s'enquit point de Dante et de Michel-Ange : quand, à mon tour, j'ai cheminé parmi ces débris, j'étais interdit. Rancé reçut les honneurs de la duchesse de Toscane. On regrette qu'il ne se soit pas arrêté plus loin au vallon d'Égérie : il aurait pu mener des lémures de femmes saluer Néère et Hostia là où tant de femmes avaient passé. Enfin il entra dans la ville des saints apôtres. O Rome, te voilà donc encore ! Est-ce ta dernière apparition ? Malheur à l'âge pour qui la nature a perdu ses félicités ! Des pays enchantés où rien ne vous attend sont arides : quelles aimables ombres verrais-je dans les temps à venir ? Fi ! des nuages qui volent sur une tête blanchie !

Rancé était arrivé le 16 novembre 1664, six semaines après l'abbé de Cîteaux accouru pour combattre l'Étroite Observance. Il fut appelé à l'audience du pape le 2 de décembre 1664, à Monte-

Cavallo. Le pape l'accueillit par ces paroles : *Adventus vester non solum gratus est nobis, sed expectavimus eum.* « Votre venue ne nous est pas seulement agréable, mais nous l'attendions. » Sa Sainteté, reçut avec respect des lettres de la Reine-Mère, de Mademoiselle, du prince de Conti et de madame de Longueville, dont les signatures étaient en contraste avec les vertus actuelles de Rancé : on comptait à Rome non les mœurs, mais les rangs. Dans sa harangue latine, Rancé dit au pape Alexandre VII : « Très-saint père, sorti des monastères où nos péchés nous ont obligé de nous retirer, nous venons écouter Votre Sainteté comme l'oracle par lequel le Seigneur veut nous faire connaître ses volontés. »

Cette soumission ne rassura pas tellement le pape que Rancé ne se crût obligé de s'expliquer : « Les Pères de la Trappe, dit-il, n'avaient pas prétendu se soustraire à la juridiction ecclésiastique, pour aller devant les tribunaux séculiers. » Point délicat par lequel Rancé sut déterminer ensuite en sa faveur les décisions de Louis XIV. Il fut résolu que Sa Sainteté commettrait l'examen de l'Étroite Observance au jugement d'une congrégation de cardinaux. Rancé se retira satisfait ; il écrivit en tombant dans l'illusion qu'on éprouve au Vatican : « Je fus auprès de Sa Sainteté une heure et demie ; on ne pourrait attendre plus de marques de bénignité et de bonté que Sa Sainteté n'en fit paraître. »

Rancé alla voir le Père Bona, qui, devenu cardinal, lui conserva de l'amitié. Des commissaires furent nommés par le pape pour étudier l'affaire. La fureur d'être pauvre et de disparaître semblait à Rome les Petites-Maisons ouvertes. On instruisit Rancé qu'il n'obtiendrait pas ce qu'il désirait, que manger de la viande ou de n'en pas manger était jugé chose indifférente pour la gloire de Dieu. Au commencement de l'année 1665, Rancé apprit que les décisions des cardinaux ne lui seraient pas favorables, et que des lettres venues de France lui faisaient tort : il se présenta au Vatican, où l'on bénit la ville et le monde, et où il ne fut point béni.

L'affaire pour laquelle Rancé était venu ne plaisait point : vivre comme un mendiant déplaisait à la pourpre romaine. D'un autre côté, les ordres monastiques de la commune observance refusaient de s'amender ; on traitait les réformateurs d'hommes singuliers, voisins du schisme ; la règle étroite ne trouva parmi les grandes congrégations de Rome que la voix de quelques moines inconnus d'une vallée du Perche. En vain Rancé fut protégé par Anne d'Autriche, la perspicacité italienne voyait que la mère de Louis XIV se mourait : or, à Rome, la tombe, toute souveraine qu'elle est, n'a aucun crédit. Alors Rancé, voyant sa cause perdue, se remit en route pour la Trappe. A peine fut-il sorti de Rome que son entreprise fut surnommée *une furie française, una furia francese*, comme on appelle notre courage. En arrivant à Lyon, il se hâta d'écrire :

« Tous mes proches commencent à être d'un même sentiment sur mon sujet, et j'ai reçu hier une lettre qui vous surprendrait si vous l'aviez vue. Mon départ fit pourtant quitter Rome à M. de Cîteaux qui nous était un très-grand obstacle, lequel, croyant me devoir suivre en France, sursit dans l'esprit de nos juges les desseins qu'ils avaient sur notre affaire. »

L'abbé de Prières, ayant appris l'arrivée de Rancé, lui manda, le 24 février 1665, de retourner en Italie [15]. Bien que Rancé fût persuadé de l'inutilité de ce second voyage, il obéit. Une personne inconnue voulut faire accepter à Rancé une bourse où il y avait quarante louis : Rancé n'en prit que quatorze.

L'Apennin revit sur ses sommets ce voyageur qui n'écrivait ni ne faisait de journal. A Monte-Luco, parmi des bois d'yeuses, Rancé put apercevoir des ermitages blancs déjà habités de son temps, et où le comte Potoski s'est depuis caché. Rancé portait avec lui une chère remembrance, mais c'était la première fois qu'il voyageait : il n'avait pas été dix-sept ans, comme Camoëns, exilé au bout de la terre, ainsi que le raconte si bien M. Magnin ; il ne pouvait pas dire sur un vaisseau, en présence des rochers de Bab-el-Mandeb : « Madame, je demande de vos nouvelles aux vents qui viennent de la contrée que vous habitez, aux oiseaux qui vous ont vue. » Le souffle de la religion et la voix des anges ne laissaient arriver jusqu'à Rancé que des souvenirs expiatoires. Le soldat de la nouvelle légion chrétienne rentra le 2 d'avril 1665 à ce camp vide des prétotiens, où l'on ne voit plus que des martres et la fumeterre des chèvres, qui tremble sur les murs. « Rome, dit Montaigne, seule ville commune et universelle ! Pour être des princes de cet état, il ne faut qu'être de chrestienté. Il n'est lieu ici-bas que le ciel ait embrassé avec telle influence de faveur et telle constance : sa ruine même est glorieuse et enflée. »

Rancé monta au Vatican ; il parcourut inutilement le grand escalier désert foulé par tant de pas effacés, d'où descendirent tant de fois les destinées du monde. Il adressa une supplique aux cardinaux. Un d'entre eux s'emporta : les réclamations de l'indigence le mettaient en colère. L'abbé de Rancé répondit : « Ce n'est point la passion, monseigneur, qui me fait parler ; c'est la justice. »

« Ce grand homme, dit Pierre Le Nain, traitait les affaires à la façon des anges, avec la paix de son cœur et une parfaite soumission aux ordres du ciel. »

Lorsque Rancé parut à Rome en 1664, et qu'il y revint au mois d'avril 1665, Alexandre VII, Fabio Chigi, occupait la tiare. On recherchait encore les traces de l'ambition de dona Olympia sous Innocent X, comme on visite les dégâts d'un siège levé. Il n'est resté des Pamphili que la villa de ce nom. « Quant à Alexandre VII, dit le cardinal de Retz, il se communiquait peu ; mais ce peu qu'il se communiquait était mesuré et sage, *savio col silentio.* »

Dans d'autres courses à Rome, le cardinal de Retz trouva qu'il s'était trompé, et que Chigi n'était pas grand-chose. Après l'élection de Chigi, Barillon avait dit au coadjuteur : « Je suis résolu de compter les carrosses pour en rendre ce soir un compte exact à M. de Lionne : il ne faut pas épargner cette joie au cocu. » Tels étaient le langage, la politique et les mœurs que Rancé rencontra au tombeau des saints apôtres. Innocent X avait condamné les cinq propositions ; Alexandre VII changea quelques mots au *Formulaire*. Ces changements furent agréés par Louis XIV : mais en même temps, pour réparation d'une insulte faite au duc de Créqui, il exigea qu'une pyramide fût élevée devant l'ancien corps-de-garde des Corses, pyramide qui ne fut abattue que sous Clément IX. Alexandre VII canonisa saint François de Sales, créa une nouvelle bibliothèque, et s'occupa lui-même de lettres. On a de lui un volume de poésie intitulé : *Philomati Musae juveniles*, seul rapport qu'il eut avec l'éditeur des œuvres d'Anacréon, si ce n'est le cercueil qu'il fit mettre sous son lit le jour de son exaltation au pontificat.

Pendant le voyage de Rancé à Lyon, le cardinal de Retz était revenu à Rome. Il reçut bien son ami le converti, et le força d'accepter chez lui un logement. Rancé ne tira aucun fruit du passage du coadjuteur à Rome, si ce n'est quelques audiences inutiles qu'il lui fit obtenir du pape. Le rôle actif du chef de la Fronde était fini : il y a un terme à tout ce qui n'est pas de la grande nature humaine.

Le cardinal de Retz était petit, noir, laid, maladroit de ses mains ; il ne savait pas se *boutonner*. La duchesse de Nemours confirme ce portrait de Tallemant des Réaux : « Le coadjuteur vint, dit-elle, en habit déguisé, voir le cardinal Mazarin. M. le Prince, qui sut cette visite, en parla au cardinal, lequel lui tourna fort ridiculement et le coadjuteur, et son habit de cavalier, et ses plumes blanches, et ses jambes tortues ; et il ajouta encore à tout le ridicule qu'il lui donna que, s'il revenait une seconde fois déguisé, il l'en avertirait, afin qu'il se cachât pour le voir, et que cela le ferait rire. »

Les portraits du cardinal de Retz n'offrent pas ces difformités : dans l'air du visage il a quelque chose d'arrogant de M. de Talleyrand, mais de plus intelligent et de plus décidé que l'évêque d'Autun.

Né à Montmirail au mois d'octobre 1614 d'une famille florentine qui conseilla la Saint-Barthélemy, le cardinal ne montra pas les vertus que tâcha de lui inspirer saint Vincent de Paul, son précepteur : l'homme du bien, en ces temps-là, touchait à l'homme du mal, et il restait dans celui-ci quelque impression de la main qui l'avait modelé. Retz écrivit la *Conjuration de Fiesque* ; ce qui fit dire au cardinal de Richelieu : « Voilà un dangereux esprit. » La pourpre romaine avait cela d'avantageux qu'elle créait un homme indépendant au milieu des cours. Retz professait du respect pour quiconque avait été chef de parti, parce qu'il avait honoré ce nom dans les *Vies* de Plutarque : l'antiquité a longtemps gâté la France. Il disait qu'à son âge César avait six fois plus de dettes que lui : après cela il fallait conquérir le monde, et Retz conquit Broussel, une douzaine de bourgeois, et fut au moment d'être étranglé entre deux portes par le duc de La Rochefoucauld.

Retz, à son début, aima sa cousine, mademoiselle de Retz : elle montrait, dit-il, tout ce que la *morbidezza* a de plus tendre, de plus animé et de plus touchant.

Suspect à Richelieu, ayant eu l'audace de mugueter ses femmes, le lovelace tortu et batailleur fut obligé de s'enfuir. Il alla à Venise, où il pensa se faire assassiner pour la signora Vendranina ; il erra dans la Lombardie, se rendit à Rome, discuta à la Sapience, eut une querelle, avec le prince de Schomberg, et revint en France. Ses mésintelligences avec le cardinal de Richelieu continuèrent à propos de madame de la Meilleraie. Il lui passa par la tête de hasarder un assassinat sur le cardinal ; mais il sentit *ce qui pouvait être une peur*. Bassompierre, prisonnier à la Bastille, l'engagea avec des intrigants. La bataille de la Marfée eut lieu ; le comte de Soissons la gagna et fut tué. Cette mort contribua à fixer le cardinal de Retz dans la profession ecclésiastique. Une dispute commencée avec un ministre protestant lui acquit quelque renom.

Il se lia avec mademoiselle de Vendôme par l'aventure où il rivalisa de courage avec M. de Turenne contre des capucins qui se baignaient à Neuilly : les conditions peu morales de cette liaison sont rapportées dans les *Mémoires*. Enfin, en vertu des protections de ces temps, il fut nommé coadjuteur de Paris, dont son oncle, M. de Gondy, occupait le siège.

Vint la Fronde. Mazarin finit par enfermer le coadjuteur au château de Vincennes ; de là transféré au château de Nantes, il s'en évada : quatre gentilshommes l'attendaient au bas de la tour, dont il se laissa dévaler. Caché dans une meule de foin, mené à Beaupréau par M. et madame de Brissac, il fut transporté à Saint-Sébastien en Espagne, sur une balandre de la Loire. Il vit à Saragosse un prêtre qui se promenait seul, parce qu'il avait enterré son dernier paroissien pestiféré. A Valence, les orangers formaient les palissades des grands chemins. Retz respirait l'air qu'avait respiré Vannozia. Embarqué pour l'Italie, à Maïorque, le vice-roi le reçut : il entendit des filles pieuses à la grille d'un couvent, troupe de longues cigognes blanches qui chantaient. Après trois jours il traversa le canal de la Corse, alors inconnu, aujourd'hui fameux. Il arriva à Porto-Longone ; il se rendit à Porto-Ferraïo, qui plus tard reçut Bonaparte, homme d'un autre monde, changé d'empire, jamais détrôné. Enfin il prit terre à Piombino, et poursuivit sa route vers Rome.

Un conclave s'ouvrit en 1655 par la mort d'Innocent X. Le cardinal de Retz s'attacha à l'escadron volant : Chigi fut élu sous le nom d'Alexandre VII. Retz fit courir le bruit qu'il avait contribué à l'élection : Joly, son secrétaire, assure qu'il n'en fut rien.

Retz se retira à Besançon, séjourna à Constance, à Ulm, à Augsbourg, à Francfort, s'en prenant dans les cabarets jusqu'aux servantes ; puis il se cacha en Hollande avec une maladie : il alla voir en Angleterre Charles II, dont il avait secouru la mère pendant la Fronde.

Mazarin mourut le 9 mars 1661. Rentré en France,

Retz entreprit deux ouvrages : l'un, sa généalogie (insipidité du temps : on compte ses aïeux lorsqu'on ne compte plus) ; l'autre, une histoire latine des troubles de la Fronde, de même que Sylla écrivit en grec ses proscriptions. Le cardinal vint saluer le roi à Fontainebleau. Reçu avec froideur, les jeunes gens se demandaient comment cet avorton avait jamais pu être quelque chose : ils n'avaient pas vu Couthon. Alors commença, ou plutôt se renoua, la liaison du cardinal et de madame de Sévigné.

Celle-ci, dont on a publié peut-être trop de lettres, ne pouvait se garantir de la raillerie, même envers les gens qu'elle croyait aimer : elle appelait le cardinal de Retz le *héros du bréviaire*. Le cardinal lui mandait de Saint-Denis, en 1649, qu'il s'ennuierait fort sans l'espoir qu'*elle lui passerait par les mains au sac de Paris*. Madame de Sévigné annonce, nombre d'années après, au vieil acrobate mitré, que Molière lui lira, à lui, *Trissotin*, et que Despréaux lui fera connaître son *Lutrin*. Elle parle du *bon cardinal ;* elle nous apprend qu'il se fait peindre par un religieux de Saint-Victor, qu'il donnera son image à madame de Grignan, laquelle ne s'en souciait pas du tout. Madame de Sévigné se promène comme une bonne avec le malade ; elle insiste pour que sa fille accepte une cassolette de lui, et sa fille la refuse avec dédain. Mais à mesure que l'on approche de la fin du cardinal, l'admiration de madame de Sévigné baisse, parce que ses espérances diminuent. Légère d'esprit, inimitable de talent, positive de conduite, calculée dans ses affaires, elle ne perdait de vue aucun intérêt, et elle avait été dupe des intentions testamentaires qu'elle supposait au coadjuteur.

Joly, la duchesse de Nemours, La Rochefoucauld, madame de Sévigné, le président Hénault et cent autres ont écrit du cardinal de Retz : c'est l'idole des mauvais sujets. Il représentait son temps, dont il était à la fois l'objet et le réflecteur. De l'esprit comme homme, du talent comme écrivain (et c'était là sa vraie supériorité) l'ont fait prendre pour un personnage de génie. Encore faut-il remarquer qu'en qualité d'écrivain il était court comme dans tout le reste : au bout des trois quarts du premier volume de ses *Mémoires*, il expire en entrant dans la raison et devient ennuyeux. Quant à ses actions politiques, il avait derrière lui la puissance du parlement, une partie de la cour et la faction populaire, et il ne vainquit rien. Devant lui il n'avait qu'un prêtre étranger, méprisé, haï, et il ne le renversa pas : le moindre de nos révolutionnaires eût brisé dans une heure ce qui arrêta Retz toute sa vie. Le prétendu homme d'État ne fut qu'un homme de trouble. Celui qui joua le grand rôle était Mazarin ; il brava les orages enveloppé dans la pourpre romaine : obligé de se retirer en face de la haine publique, il revint par la passion fidèle d'une femme, et nous amenant Louis XIV par la main.

Le coadjuteur finit ses jours en silence, vieux réveille-matin détraqué. Réduit à lui-même et privé des événements, il se montra inoffensif : non qu'il subît une de ces métamorphoses avant-coureurs du dernier départ, mais parce qu'il avait la faculté de changer de forme comme certains scarabées vénéneux. Privé du sens moral, cette privation était sa force. Sous le rapport de l'argent il fut noble ; il paya les dettes de sa royauté de la rue, par la seule raison qu'il s'appelait *M. de Retz.* Peu lui importait du reste sa personne : ne s'est-il pas exposé lui-même au coin de la borne ? On le pressait de dicter ses aventures, et le romancier transformé en politique les adresse à une femme sans nom, chimère de ses corruptions idéalisées. « Madame, quelque répugnance que je puisse avoir à vous donner l'histoire de ma vie, néanmoins, comme vous me l'avez demandée, je vous obéis. »

N'ayant plus où se prendre, il s'était fait le familier de Dieu, comme en sa jeunesse il avait serré la main des quarteniers de Paris. Il passait ses jours aux églises ; on prêtait l'oreille pour ouïr son cri du fond de l'abîme, pour pleurer aux psaumes de la pénitence ou aux versets du *Miserere*, et l'on écoutait en vain. Les sépulcres, les images du Christ ne l'enseignaient pas :

uniquement épris de sa personne, il ne se rappelait que le rôle qu'il avait joué, sans s'embarrasser de sa vie morale. Il inspectait les lambeaux de ce qu'il fut pour se reconnaître ; il éventait ses iniquités, afin de se former une idée semblable de lui-même ; puis il venait écrire les scandales de ses souvenirs. En l'exhumant de ses *Mémoires*, on a trouvé un mort enterré vivant qui s'était dévoré dans son cercueil.

Joueur jusqu'à la fin, ne lui vint-il pas dans l'esprit de se retirer à la Trappe et d'écrire ses *Mémoires* sur la table où Rancé écrivait ses *Maximes* ! Rancé fut obligé d'aller à Commercy pour détourner le cardinal de son pieux dessein. Bossuet s'était malheureusement écrié : « La coadjuteur menace Mazarin de ses tristes et intrépides regards. » Les grands génies doivent peser leurs paroles ; elles restent, et c'est une beauté irréparable.

Homme de beaucoup d'esprit, mais prélat sans jugement et évêque sacrilège, Retz contraria l'avenir de Dieu : il ne se douta jamais qu'il y eût plus de gloire dans un chapelet récité avec foi que dans tous les hauts et les bas de la destinée. Esprit aux maximes propres à des brouilleries plutôt qu'à des révolutions, il essaya la Fronde à Saint-Jean-de-Latran, se croyant toujours dans la *Cour des Miracles*. Indifférent et mélancolieux, cet Italien francisé se trouva sur le pavé lorsque Louis XIV eut jeté les baladins à la porte, même en respectant beaucoup trop en eux leur vie passée et l'habit qu'ils avaient sali. Placé entre la Fronde qui permettait tout, et le maître de Versailles qui ne souffrait presque rien, le coadjuteur s'écriait : « Est-il quelqu'un pire que moi ? » avec le même orgueil que Rousseau s'écrie : « Est-il quelqu'un meilleur que moi ? » Et Retz continua ses passepieds jusqu'à sa mort : mais il faut être Richelieu pour ne pas s'amoindrir en dansant une sarabande, castagnettes aux doigts, et en pantalon de velours vert.

Ce n'était donc pas à l'hôtel du cardinal de Retz que Rancé aurait pu apprendre à se plaire dans la capitale du monde chrétien. La société de Rome ne pouvait lui offrir aucune ressource ; elle était tout au plus bonne pour le petit Coulanges. Coulanges avait vu Rome en 1656 et en 1689 ; il consentait à végéter au milieu d'un monde de fourberies ; il faisait des vers, bien qu'il ne fût pas Horace :

Beaux jardins de Montalte,
Ludovise, Pamphile et Mathei.

Néanmoins à l'époque de Rancé, Rome n'était pas dépourvue de Français dignes de lui : en 1664, Poussin avait acheté, de la dot de sa femme, une maison sur le mont Pincio, auprès d'un casino de Claude Lorrain, en face de l'ancienne retraite de Raphaël, au bas des jardins de la villa Borghèse ; noms qui suffisent pour jeter l'immortalité sur cette scène. Le Poussin mourut au mois de novembre 1665 et fut enterré dans *Saint-Laurent in Lucina*. Si Rancé eût attendu seulement cinq ou six mois, il aurait pu assister à des funérailles avec l'abbé Nicaise, auteur d'un voyage à la Trappe, là où je n'ai eu que l'honneur de placer un buste. Le réformateur aimait les tableaux, témoin ceux qu'il avait lui-même esquissés : en voyant le cercueil du Poussin, il aurait été touché, tandis que se serait augmenté son mépris pour la gloire humaine. « J'ai rencontré Poussin, dit Bonaventure d'Argonne, dans les débris de Rome, ou dessinant sur les bords du Tibre. » L'abbé Antoine Arnauld, de la génération de Port-Royal, affilié à la Trappe, avait aussi fréquenté l'auteur du tableau du Déluge. Ce tableau rappelle quelque chose de l'âge délaissé et de la main du vieillard : admirable tremblement du temps ! Souvent les hommes de génie ont annoncé leur fin par des chefs-d'œuvre : c'est leur âme qui s'envole.

Enfin la *Léonora* de Milton pouvait, à la rigueur, exister : Mazarin l'avait fait venir à ses concerts ; peut-être était-elle là, ne rendant plus aucun bruit ; lyre sans cordes. Rancé ne fut pas touché de la grandeur des campagnes romaines, ces sortes d'idées n'étaient pas encore nées : toutefois saint François avait chanté

la beauté de la création éclose de la bonté de Dieu. Il y avait bien des images dignes de la mélancolie dans cette terre de tous les regrets ; Rancé eût pu marcher avec les derniers pas du jour sur le sommet du Soracte ; du haut du mont Marius, il eût aperçu les plages de Civita-Vecchia ; à Ostie il eût rejoint le sable facile à se creuser. Lord Byron avait marqué sa fosse aux grèves de l'Adriatique. Mais rien ne plaisait à Rancé, dont le cœur était plus triste que la pensée.

Et cependant, s'il ne s'était trop enseveli dans la préoccupation de ses fautes, il eût rencontré dans Rome même de quoi contenter sa ferveur. Partout se présentaient à lui des oratoires dans des parcours abandonnés semés de fleurs, dans ces asiles dont le Père Lacordaire a fait cette peinture :

« Au son d'une cloche toutes les portes du cloître s'ouvraient avec une sorte de douceur et de respect. Des vieillards blanchis et sereins, des hommes d'une maturité précoce, des adolescents en qui la pénitence et la jeunesse laissaient une nuance de beauté inconnue du monde, tous les temps de la vie apparaissaient ensemble sous un même vêtement. La cellule des cénobites était pauvre, assez grande pour contenir une couche de paille ou de crin, une table et deux chaises ; un crucifix et quelques images pieuses en étaient tout l'ornement. De ce tombeau qu'il habitait pendant ses années mortelles, le religieux passait au tombeau qui précède l'immortalité. Là même il n'était point séparé de ses frères vivants et morts. On le couchait, enveloppé de ses habits, sous le pavé du chœur ; sa poussière se mêlait à la poussière de ses aïeux, pendant que les louanges du Seigneur chantées par ses contemporains et ses descendants du cloître remuaient encore ce qui restait de sensible dans ses reliques. Ô maisons aimables et saintes ! On a bâti sur la terre d'augustes palais ; on a élevé de sublimes sépultures ; on a fait à Dieu des demeures presque divines : mais l'art et le cœur de l'homme ne sont jamais allés plus loin que dans la création du monastère. »

Déjoué dans ses négociations comme dans ses

sentiments, Rancé s'enferma dans sa vie. Il soigna un serviteur qui pensa mourir : inflexible pour lui, il pliait sa vie pour les autres. Il ne buvait que de l'eau, ne mangeait que du pain ; sa dépense par jour ne passait pas six oboles, prix d'un couple de colombes ; mais il s'abstenait de ces doux oiseaux qui coûtent si peu cher. Ne pouvant faire auprès des hommes les affaires de Dieu, il tâchait de faire auprès de Dieu les affaires des hommes. « Il ne voulait voir, dit Maupeou, ni les anciens monastères, ni les anciens monuments de la magnificence romaine, cirques, théâtres, arcs de triomphe, trophées, portiques, colonnes, pyramides, statues et palais, imitant en cela le célèbre Ammonius, qui, accompagnant Athanase à Rome, n'y voulut voir que le fameux temple dédié aux apôtres saint Pierre et saint Paul. Rancé fréquentait les églises, passant des heures à prier dans ces habitacles oubliés sur tant de collines célèbres. »

La pénitence sortie de Rome errait à l'entour ; pauvre *Piferario* des Abruzzes, elle faisait entendre le son de sa musette devant une madone. Rancé s'avançait quelquefois seul dans le labyrinthe des cercueils, soubassement de la cité vivante. Il n'y a peut-être rien de plus considérable dans l'histoire des chrétiens que Rancé priant à la lumière des étoiles, appuyé contre les aqueducs des Césars, à la porte des catacombes : l'eau se jetait avec bruit par-dessus les murailles de la ville éternelle, tandis que la mort entrait silencieusement au-dessous par la tombe.

Rancé avait désiré accomplir les fêtes de Noël dans un couvent de son ordre ; il y renonça lorsqu'il eut appris d'un vieux moine qu'on ne faisait point à table de lecture pieuse et qu'on jouait aux cartes après le souper. Confiné dans sa maison, il écrivait : « Je passe ici ma vie dans une langueur et dans une misère que je ne puis vous exprimer. Rome m'est aussi peu supportable que la cour me l'était autrefois. Je ne vous dirai rien des curiosités de Rome : je ne les vois point et je ne me sens touché d'aucun désir de les voir. Mon unique consolation est celle que je trouve au tombeau

des princes des apôtres et des saints martyrs, où je me retire le plus souvent qu'il est possible. »

Enfin, ayant tout épuisé, Rancé songea à son retour : il emportait quelques reliques que lui avait données l'évêque de Porphyre, sacriste d'Alexandre VII. Saint Bernard retourna, jeune encore, à son couvent avec une dent de saint Césaire : ne vieillissons point en quelque lieu que ce soit, de peur de voir mourir autour de nous jusqu'à notre renommée. Avant de quitter Rome, Rancé obtint du pape la licence de se retirer à la Grande-Chartreuse : ce permis existe ; il est resté comme le bref d'un songe. Rancé n'exécuta pas tout le bien qu'il avait rêvé ; en compensation des bonnes intentions perdues on aperçoit dans les *Olim* des intentions de fautes qui n'ont jamais été commises. L'esprit du réformateur errait partout où il n'y avait point d'hommes ; il ne s'arrêtait qu'à l'orée d'un champ, au feu de chaume du pâtre. Descendu de l'Italie, Rancé visita dans la *Vallée d'Absinthe* la poussière du grand abbé de Clairvaux, si toutefois elle renferme cette poussière : il y voulut demeurer ; on le refusa. L'abbé de Prières avait mis Rancé sous la conduite de l'abbé du Val-Richer, qu'on appelait dans le siècle Dominique-Georges : les héros d'Homère avaient des noms vulgaires pour les peuples.

On ne vit donc point Rancé suspendu dans les abîmes de saint Bruno, ou attaché à la tombe de saint Bernard : c'eût été plus éclatant pour le poète, moins grand pour le saint. Dieu, qui avait ses conseils, rappela Rancé à la Trappe afin d'y établir la Sparte chrétienne.

Rancé obtint une audience de congé du Saint-Père. Pourvu d'une bénédiction, il partit au mois d'avril, et il était accompagné du jugement du pontife qui condamnait l'étroite observance. Ainsi il en est arrivé de nos jours à l'auteur de l'*Indifférence en matière de Religion* : caressé à son départ du Vatican, il était suivi du rescrit qui le jetait hors de l'Église. Mais l'abbé de La Mennais, repoussé par la réforme, a continué de croire qu'elle s'accomplirait : une voix, est-il persuadé, partira on ne sait d'où ; l'Esprit de sainteté, d'amour, de vérité remplira de nouveau la terre régénérée.

Voilà ce que pense l'immortel compatriote dont je pleurerais en larmes amères tout ce qui pourrait nous séparer sur le dernier rivage. Rancé, qui s'accotait contre Dieu, acheva son œuvre ; l'abbé de La Mennais s'est incliné sur l'homme : réussira-t-il ? L'homme est fragile et le génie pèse. Le roseau, en se brisant, peut percer la main qui l'avait pris pour appui.

16 Ici commence la nouvelle vie de Rancé : il rompt avec sa jeunesse, il la chasse et ne la revoit plus. Nous l'avons rencontré dans ses égarements, nous allons le retrouver dans ses austérités. La pénitence était son arrière-garde ; il se mettait à sa tête, se retournait, et donnait avec elle sur le monde. Il paraissait dans son extérieur, disent les historiens, une majesté qui ne pouvait venir que du Dieu de majesté. Ceux à qui leur conscience reproche quelque chose ne l'osaient venir chercher, persuadés qu'il connaissait divinement ce qu'ils avaient de plus caché. « Qui me donnera, s'écriait-il, les ailes de la colombe pour fuir la société des hommes ! » Dans mes temps de poésie, j'ai mis moi-même ces paroles de l'Écriture dans un chant de femme. L'hymne de Rancé se termine par ces mots : « Les créatures me suivent partout ; elles m'importunent, par mes yeux elles entrent dans mon esprit et portent avec elles l'inquiétude. Fermons les yeux, ô mon âme, tenons-nous si éloignés de toutes ces choses que nous ne puissions les voir et en être vus. »

Après ces éjaculations on surprenait le moine les yeux levés vers le ciel. Il devenait immense ; il s'agrandissait de toute la gloire éternelle. Il y a des tableaux qui représentent saint François aux bords de la mer, en face de petits anges réunis dans des branchages dépouillés.

Le 20 mai 1666 revit Rancé dans les obscurs

chemins du Perche. Ce n'étaient là ni les restes de la voie Appia, ni de la voie Claudia : Rancé ne rapportait aucun souvenir de Rome, où tant de passions se sont formées, d'où tant d'hommes n'ont point voulu revenir. Les Troyens restèrent à Albe avec leurs dieux. Rancé n'avait même pas cueilli, pour la joindre aux fleurs du printemps qui commençaient à renaître à la Trappe, ces tubéreuses murales qui croissent sur l'enceinte ébréchée de Rome, où les vents transportent çà et là leurs échafauds mobiles.

Des divisions s'étaient élevées entre le prieur et le sous-prieur, le prieur avait rempli les cellules de meubles inutiles : le travail des mains avait été diminué, les pratiques pieuses altérées ; le vin et le poisson reparaissaient sur les tables, Rancé, instruit à Rome de ces infractions, s'était hâté de mander à la Trappe : « Vous savez que les actions mortes ne sauraient plaire au Dieu de la vie. Gardez le silence autant avec vous-mêmes qu'avec les autres ; que votre solitude soit autant dans l'esprit et dans le cœur que dans la retraite extérieure de vos personnes ; que vos corps sortent de vos lits comme de vos tombeaux : au moment où je vous écris, nos jours s'écoulent. » Les souvenirs d'Horace ne cessaient de vivre dans l'opulente mémoire de Rancé : *Dum loquimur, fugerit invida aetas*.

Rancé remit la paix dans son monastère par la séparation de quelques chefs. Il se rendit ensuite au chapitre général de son ordre, qui se tint en l'année 1667. Un bref du pape de 1666 devait être reçu. Rancé avait connu ce bref à Rome. Plusieurs abbés, l'abbé de Cîteaux à leur tête, l'acceptèrent. Rancé prit la parole, tout jeune qu'il était et dit qu'il avait droit d'opiner comme ancien docteur par la date de son doctorat. Il soutint que le pape Alexandre VII n'avait ni vu ni connu ce bref. Il demanda acte de sa protestation, qu'appuyèrent les abbés de Prières, de Faukaumont, de Cadouin et de la Vieuville. L'abbé de Cîteaux s'émut ; Rancé tint ferme, vérifia le procès-verbal et obligea le secrétaire à le corriger. L'abbé de Cîteaux, voulant la paix, nomma Rancé visiteur des provinces de Normandie, de Bretagne et d'Anjou. Rancé n'accepta pas la charge, mais le bref de Rome passa. Il supprimait le vicaire-général de la réforme de France, et défendait les assemblées qu'avaient autorisées les arrêts du parlement et du conseil. Rancé à demi repoussé regagna son monastère.

Si les travaux spirituels avaient été interrompus, les constructions matérielles n'avaient pas été suspendues à la Trappe. Les moines étaient eux-mêmes les architectes et les maçons. Des frères convers, appendus au haut du clocher, étaient ballottés par les vents et rassurés par leur foi. Celui qui plaça le coq sur l'édifice vint avant son entreprise se prosterner aux pieds de Rancé. La religion prit le frère par le bras et il monta ferme. Les travailleurs se mettaient à genoux sur leurs cordes lorsque l'heure des prières venait à tinter. Rancé augmenta le couvent d'un nombre de cellules ; il éleva une mense pour la réception des étrangers. On aperçoit dans l'avant-cour du couvent les écussons insultés des armes de France. Rancé fit bâtir deux chapelles, l'une en l'honneur de saint Jean Climaque, l'autre en l'honneur de sainte Marie d'Égypte : j'en ai déjà parlé. Il déposa sur l'autel de l'église les reliques qu'il avait apportées de Rome, et qui s'enrichirent ensuite de quelques autres. Dans l'église il remplaça, et il eut tort, par un beau groupe, cette Vierge de peu de prix qui, sur la cime des Alpes, rassérène les lieux battus des tempêtes. Rancé retira le couvent de la désolation humaine, et l'épura par la désolation chrétienne. Ces lieux que les Anglais avaient fait retentir de leurs pas armés ne répétèrent que le susurrement de la sandale.

L'abbaye n'avait pas changé de lieu : elle était encore, comme au temps de la fondation, dans une vallée. Les collines assemblées autour d'elle la cachaient au reste de la terre. J'ai cru, en la voyant, revoir mes bois et mes étangs de Combourg le soir aux clartés allenties du soleil. Le silence régnait : si l'on entendait du bruit, ce n'était que le son des arbres ou les murmures de quelques ruisseaux ; murmures faibles ou renflés selon la lenteur ou la rapidité du vent : on n'était pas bien certain de n'avoir pas ouï la mer. Je n'ai rencontré qu'à l'Escurial une pareille absence de vie : les chefs-d'œuvre de Raphaël se regardaient muets dans les obscures sacristies : à peine entendait-on la voix d'une femme étrangère qui passait.

Rentré dans son royaume des expiations, Rancé dressa des constitutions pour ce monde, convenables à ceux qui pleuraient. Dans le discours qui précède ces constitutions, il dit : « L'abbaye est sise dans un vallon fort solitaire, quiconque voudra y demeurer n'y doit apporter que son âme : la chair n'a que faire là-dedans. »

On croit lire quelque fragment des *douze tables*, ou la consigne d'un camp des quarante-deux stations israélites. On remarque ces prescriptions :

« On se lèvera à deux heures pour matines ; on fera l'espace d'entre les coups de la cloche fort petit, pour ôter lieu à la paresse. On gardera une grande modestie dans l'église, on fera tous ensemble les inclinations du corps et les génuflexions. On sera découvert depuis le commencement de matines jusqu'au premier psaume. »

On ne tournera jamais la tête dans le dortoir et l'on marchera avec gravité. On n'entrera jamais dans les cellules les uns des autres. On couchera sur une paillasse piquée, qui ait tout au plus un demi-pied d'épaisseur. Le traversin sera de paille longue ; le bois de lit sera fait d'ais sur des tréteaux. « C'est dans l'obscurité de leurs cellules, dit M. Charles Nodier dans ses *Méditations du cloître*, que Rancé cacha ses regrets et que cet esprit ingénieux, qui avait deviné à neuf ans les beautés d'Anacréon, embrassa à l'âge du plaisir des austérités dont notre faiblesse s'étonne. »

Au réfectoire on sera extrêmement propre ; on y aura toujours la vue baissée, sans néanmoins se pencher trop sur ce que l'on mange. Puis viennent sur l'usage du couteau et de la fourchette des recommandations qui semblent faites pour des enfants : le vieillard devant Dieu est revenu à l'innocence des jours puérils.

Aussitôt que la cloche sonne pour le travail, tous les religieux et novices se trouveront au parloir. On ira au travail assigné avec grande retenue et récollection intérieure, le regardant comme la première peine du péché.

Aux heures des récréations on bannira les nouvelles du temps. Dans les grandes sorties on pourra aller en silence avec un livre dans un endroit du bois hors de la hantise des séculiers. On tiendra le chapitre des coulpes deux fois la semaine : avant de s'accuser on se prosternera tous ensemble et, le supérieur disant : *Quid dicite?* chacun répondra d'un ton assez bas : *Culpas meas.*

A l'infirmerie le malade ne se plaindra jamais : un malade ne doit avoir devant les yeux que l'image de la mort, ne doit rien tant appréhender que de vivre.

A ces constitutions Rancé ajouta des règlements ; ils commencent par ce prolégomène : « Je ne m'acquitterais pas de ce que je dois à Dieu, de ce que je vous dois, mes frères, ni de ce que je me dois à moi-même, si je négligeais dans ma conduite quelque chose de ce qui peut vous rendre dignes de l'éternité. »

Puis arrivent les instructions générales.

« On ne demeurera jamais seul dans aucun lieu dans l'obscurité », dit Rancé. Et cependant, sans s'en apercevoir, il mettait l'homme seul devant ses passions.

Les observances en ce qui concerne les étrangers sont touchantes : on voyait des avertissements écrits en chaque chambre du quartier des hôtes. S'il est mort quelque parent proche, comme le père, la mère d'un religieux, l'abbé le recommande au chapitre sans le nommer, de manière que chacun s'y intéresse comme pour son propre père, et que la nouvelle ne cause ni douleur, ni inquiétude, ni distraction à celui des frères qu'elle regarde. La famille naturelle était tuée et l'on y substituait une famille de Dieu. On pleurait son père autant de fois que l'on pleurait le père inconnu d'un compagnon de pénitence.

Il y a des usages pour sonner la cloche, selon les heures du jour et les différentes prières. Il y a des règles pour le chant : dans les psaumes, allez rondement jusqu'à la *flexe* ; le *Magnificat* doit s'entonner avec plus de gravité que les psaumes ; quoique aucune pause ne soit commandée dans le cours d'un répons, on en doit faire dans le *Salve Regina* : il faut qu'il y ait un moment de silence dans tout le chœur[17].

Par ces règlements Rancé avait mis à exécution ses deux grands projets : prière et silence. La prière n'était suspendue que par le travail. On se levait la nuit pour implorer celui qui ne dort point : Rancé voulait que l'âme et le corps eussent une égale occupation.

Quand l'abbé s'apercevait que ses religieux souffraient de douleurs qui ne se décelaient par aucune marque apparente, à ceux-là il s'attachait. Il n'opérait point à l'aide de miracles ; il ne faisait point entendre les sourds et les aveugles voir ; mais il soulageait les maladies de l'âme et jetait les esprits dans l'étonnement en apaisant les tempêtes invisibles. Variant ses instructions suivant le caractère de chaque cénobite, Rancé s'étudiait à suivre en eux l'attrait du ciel. Un mot de sa bouche leur rendait la paix. Des solitaires qui ne l'avaient jamais connu trouvèrent dans la suite, à sa sépulture, la guérison de leurs peines ; la bénédiction du ciel continuait sur sa tombe : Dieu garde les os de ses serviteurs.

L'hospitalité changea de nature ; elle devint purement évangélique : on ne demanda plus aux étrangers qui ils étaient ni d'où ils venaient ; ils entraient inconnus à l'hospice et en sortaient inconnus, il leur suffisait d'être hommes ; l'égalité primitive était remise en honneur. Le moine jeûnait tandis que l'hôte était pourvu ; il n'y avait de commun entre eux que le silence. Rancé nourrissait par semaine jusqu'à quatre mille cinq cents nécessiteux. Il était persuadé que ses moines n'avaient droit aux revenus du couvent qu'en qualité de pauvres. Il assistait des malades honteux et des curés indigents. Il avait établi des maisons de travail et des écoles à Mortagne. Les maux auxquels il exposait ses moines ne lui paraissaient que des souffrances naturelles. Il appelait ces souffrances la *pénitence de tous les hommes*. La réforme fut si profonde que le vallon consacré au repentir devint une terre d'oubli.

Il résulta de cette éducation des effets que l'on ne remarque plus que dans l'histoire des Pères du désert. Un homme s'étant égaré entendit une cloche sur les huit heures du soir : il marche de ce côté et arrive à la Trappe. Il était nuit ; on lui accorda l'hospitalité avec la charité ordinaire, mais on ne lui dit pas un mot : c'était l'heure du grand silence. Cet étranger, comme dans un château enchanté, était servi par des esprits muets dont on croyait seulement entendre les évolutions mystérieuses.

Des religieux en se rendant au réfectoire suivaient ceux qui allaient devant eux sans s'embarrasser où ils allaient ; même chose pour le travail : ils ne voyaient que la trace de ceux qui marchaient les premiers. Un d'entre eux pendant l'année de son noviciat ne leva pas une seule fois les regards : il ignorait comment était fait le haut de sa cellule. Un autre reclus fut trois ou quatre mois sans apercevoir son propre frère, quoiqu'il lui tombât cent fois sous les yeux. La duchesse de Guise étant venue au couvent, un solitaire s'accusa d'avoir été tenté de regarder l'*évêque* qui était sous la lampe. Rancé savait seul qu'il y eût une terre.

Ces grands effets ne se bornèrent pas à l'intérieur du couvent ; ils s'étendirent partout. Dans la suite, quand la Trappe fut détruite, on en vit mille autres renaître, comme des plantes dont la semence a été soufflée au haut des ruines. J'ai cité dans les notes du *Génie du Christianisme* les lettres de M. de Clausel qui, de soldat à l'armée de Condé, était venu s'enfermer en Espagne à la Trappe de Sainte-Suzanne. Il écrivait à son frère :

« J'arrivai un jour dans une campagne déserte à une porte, seul reste d'une grande ville. Il y avait eu sûrement dans cette ville des partis, et voilà que depuis des siècles leurs cendres s'élèvent confondues dans un même tourbillon. J'ai vu aussi Murviédro, où était bâtie Sagonte, et je n'ai plus songé qu'à l'éternité. Qu'est-ce que cela me fera dans vingt ou trente ans qu'on m'ait dépouillé de ma fortune ? Ah ! mon frère, puissions-nous avoir le bonheur d'entrer au ciel ! S'il me reste quelque chose, je désire qu'on fasse bâtir une chapelle dédiée à Notre-Dame des Sept Douleurs dans l'arrondissement de la maison paternelle, selon le projet que nous en fîmes sur la route de Munich. Hâtez-vous de faire élever des croix pour la consolation des voyageurs avec des sièges et une inscription comme en Bavière : *Vous qui êtes fatigués, reposez-vous.* J'aurai demain le bonheur de faire mes vœux : j'y ajouterai une croix comme on en met sur la tombe des morts. »

La chapelle vient d'être bâtie par mon vieil ami, M. de Clausel, dans les montagnes du Rouergue. Après plus de quarante années, l'amitié a rempli un vœu. Avant de quitter ce monde ne verrai-je point cette pieuse sincérité de l'affection fraternelle, moi qui viens d'apprendre la mort de mon jeune neveu, petit-fils de M. de Malesherbes, et mort jésuite au pied des Alpes de Savoie, après avoir été brave officier ? Je tarde tant à m'en aller que j'ai envoyé devant moi tous ceux que je devais précéder.

Quand la Trappe fut détruite, un porteur de la haire de Rancé demanda asile au canton de Fribourg. Les moines quittèrent leur monastère ; chaque religieux avait dans son sac sa robe et un peu de pain. La colonie s'arrêta à Saint-Cyr ; elle fut accueillie par l'hospitalité expirante des Lazaristes, et fut bientôt obligée de s'éloigner. Le vœu de silence et de pauvreté paraissait une conspiration à ceux qui faisaient de si horribles bruits. A Paris, les chartreux, prêts à se séparer, reçurent les trappistes : les cloîtres de Saint-Bruno exercèrent leur dernier acte de charité. La solitude ambulante continua sa route. La vue d'une église lointaine sur le passage des frères les ranimait ;

ils bénissaient la maison du Seigneur par la récitation des psaumes, comme on entend, parmi les nuages, des cygnes sauvages saluer en passant les savanes des Florides. A la frontière, le charrette qui traînait les bannis au ciel fut regardée avec compassion par nos soldats. On ne fouilla point ces mendiants. En entrant sur le sol étranger, les exilés se donnèrent le baiser de charité dans une forêt ; à une lieue de l'ancienne abbaye de la Val-Sainte ils coupèrent une branche d'arbre, en firent une croix et reçurent le curé de Cerniat qui venait à leur rencontre.

A la Val-Sainte, ruine d'un monastère abandonné, ils trouvèrent à peine de quoi se mettre à l'abri. Dans un temps où les armes, les malheurs et les crimes faisaient tant de fracas, la renommée des solitaires se répandit au-dehors : les rois fuyaient et n'attiraient personne sur leurs traces ; on accourait de toutes parts pour se ranger au nombre des moines réfugiés. La Val-Sainte, grossie de néophytes, fut obligée d'envoyer des colonies au-dehors comme une ruche répand autour d'elle ses essaims. Mais la révolution, qui marchait plus vite que la religion fugitive, atteignit les trappistes dans leur nouvelle retraite : obligés de quitter la Val-Sainte, chassés de royaume en royaume par le torrent qui les poursuivait, ils arrivèrent jusqu'à Butschirad, où j'ai rencontré un autre exilé. Enfin le sol leur manquant, ils passèrent en Amérique. C'était un grand spectacle que le monde et la solitude fuyant à la fois devant Bonaparte. Le conquérant, rassuré par ses victoires, sentit la nécessité des maisons religieuses : « Là, disait-il, se pourront réfugier ceux à qui le monde ne convient pas ou qui ne conviennent pas au monde. »

Dom Gustin, trappiste fugitif, racheta les ruines de la Trappe avec des aumônes. Il ne restait plus du monastère que la pharmacie, le moulin et quelques bâtiments d'exploitation. Dans les environs de Bayeux, les trappistines, chassées d'abord de la forêt de Sénart, s'établirent sous la conduite de ma cousine, madame de Chateaubriand. Les enfants de Rancé ne trouvèrent en rentrant dans la solitude de leur père que des murailles recouvertes de lierre, et des débris à travers lesquels serpentaient les ronces. Telle fut dès son début la vigueur de l'arbre que Rancé avait planté, qu'il continue de vivre ; il donnera de l'ombre aux pauvres quand il n'y aura plus d'ombre de trônes ici-bas. J'ai vu à la Trappe un ormeau du temps de Rancé : les religieux ont grand soin de ce vieux Lare qui indique les cendres paternelles mieux que la statue de Charles II n'indique l'immolation de Charles Ier.

Les moines dont je viens de tracer l'histoire avaient été les enfants de Rancé. Lorsqu'il arriva à la Trappe, un de ses premiers soins fut de faire abattre une fuie, cellules de colombes, qui se trouvait placée au milieu de la cour, soit qu'il voulût abolir jusqu'au souvenir des temps d'une abstinence moins rigoureuse, soit qu'il craignît ces oiseaux que la Fable plaçait parmi ses plus beaux ornements et dont les ailes portaient des messages le long des rivages de l'Orient. Un trappiste se confessait d'avoir regardé un nid : se reprochait-il d'avoir pensé à un nid ou à des ailes ? M. de Rancé fit détourner un grand chemin qui passait contre les murs de l'abbaye, le bruit renouvelé de ce chemin descend encore aujourd'hui au fond de la vallée. Tout chef qu'il était, Rancé ne s'accorda aucune des préférences de ses devanciers, il se contentait de la pitance commune ; privé comme ses moines de l'usage du linge, il prêchait et confessait ses frères ; ses seules distractions étaient les paroles qu'il recueillait sur le lit de cendres. Il fortifiait ses pénitents plutôt qu'il ne les attendrissait. Il n'était question dans ses discours que de l'échelle de saint Jean Climaque, des ascétiques de saint Basile et des conférences de Cassien.

Les cinq ou six premières années de la retraite de Rancé se passèrent obscurément : les ouvriers travaillaient sous terre aux fondements de l'édifice. Rancé recevait sans distinction tous les religieux qui se présentaient. Le premier qui parut fut, en 1667, dom Rigobert, moine de Clairvaux ; ensuite dom Jacques et le Père Le Nain. Ces réceptions commencèrent à faire des ennemis à Rancé. Cela nous paraît bien peu grave, à nous qui n'attachons de prix qu'aux guenilles de notre vie, mais alors c'étaient des affaires : Rome survenait, le grand conseil du roi s'en mêlait. Obligé d'entrer dans ces transactions générales, Rancé était forcé de survenir dans les accidents domestiques : il administrait ses premiers solitaires, qui mouraient d'abord presque tous. Dom Placide étant étendu sur sa dernière couche, Rancé lui demanda où il voulait aller ? — « Au-devant des bienheureux », répondit-il.

Dom Bernard fut administré. A peine eut-il reçu le corps de Notre-Seigneur qu'il eut un pressant besoin de cracher : il se retint et mourut étouffé par le pain des anges.

Claude Cordon, docteur de Sorbonne, reçut en arrivant le nom d'Arsène, nom devenu fameux dans les nouvelles légendes. Arsène, après sa mort, apparut dans une gloire à dom Paul Ferrand, et lui dit : « Si vous saviez ce que c'est que de converser avec les saints ! » Puis il disparut.

L'abbaye de Dorval se voulut réformer. L'abbé de Dorval convint d'une entrevue avec Rancé : Rancé partit ; il rencontra l'abbé de Dorval à Châtillon, lieu triste où les espérances ne se réalisent pas. De là il se rendit à Commercy, où il revit le cardinal de Retz ; il le détourna de la pensée apparente qu'il avait de se retirer à la Trappe : « Le saint homme, dit Le Nain, eut de bonnes raisons pour ne pas le lui conseiller. » M. Dumont, auteur de l'Histoire de la ville de Commercy, a bien voulu m'envoyer une lettre de Rancé au cardinal de Retz. « Si Votre Éminence, dit l'abbé de la Trappe, croyait qu'il y eût personne dans le monde dont mon cœur fût plus occupé que d'elle, elle ne me ferait pas justice. » Voilà où la déférence pour les rangs peut conduire la piété même. Après sa sortie, Rancé se hâta de se replier et de rappeler du monde sa patrouille. Revenu à la Trappe, il admit à profession frère Pacôme : celui-ci n'ouvrit jamais un livre, mais il excellait dans l'humilité. Chargé du soin des pauvres, il n'entrait dans le lieu où il mettait le pain qu'après s'être déchaussé, comme Moïse pour entrer dans la terre promise. Pacôme attira à lui un de ses frères ; ils vécurent sous le même toit sans se donner la moindre marque qu'ils se fussent jamais connus.

Rancé avait envoyé un religieux à Septfonts : ce religieux se gâta. « Je me suis mécompté, écrivait Rancé au visiteur, j'en ferai pénitence toute ma vie. »

La plupart des repentants du seizième siècle et du commencement du dix-septième avaient été des bandits ; ils ne se transformèrent pas, comme les massacreurs de septembre, en marchands de pommes cuites, et ne vendaient point de leurs mains souillées de meurtres des fruits aux petits enfants. Ces meurtriers étaient des déserteurs des armées du temps, des *Routiers,* des *Condottieri,* des *Ruffiens.* Somme toute, des capitaines, tels que Montluc et le baron des Adrets, qui faisaient sauter des prisonniers du haut des remparts, instruisaient leurs fils à se laver les bras dans le sang, accrochaient leurs prisonniers aux arbres, valaient-ils mieux que leurs soldats ? Les illustres égorgeurs qui se retirèrent à Port-Royal et à la Trappe n'étaient-ils pas les dignes appelés à la retraite vengeresse qui les devait dévorer ? Un monde si plein de crimes se remplit de pénitents comme au temps de la Thébaïde.

Depuis la réforme jusqu'à la mort de Rancé, on compte cent quatre-vingt-dix-sept religieux et quarante-neuf frères, parmi lesquels sont plusieurs de qui Rancé a écrit la vie et qui peuvent figurer dans les romans du ciel. On voit leurs noms dans l'*Histoire de l'abbaye de la Trappe,* excellent recueil où tout se trouve rapporté avec une minutieuse exactitude. Je le recommande d'autant plus que j'y ai remarqué quelques paroles d'humeur contre moi ; cependant je croyais ne les avoir pas méritées.

A Port-Royal, même affluence d'hommes du monde ; mais à Port-Royal il y avait des femmes et des savants ; Pallue *coulant le temps,* médecin qui devint celui des solitaires, fit bâtir, nous dit Fontaine, « un petit logis, appelé le Petit-Pallue à cause de la petitesse *bien juste et bien ramassée* de ses appartements. » Vint ensuite Gentien-Thomas suivi de ses enfants. On vit accourir M. de La Rivière, officier, qui apprit la langue grecque et la langue hébraïque et se fit gardien des bois.

A la Trappe arrive Pierre ou François Fore : sous-lieutenant dans un corps de grenadiers, blessé dans plusieurs rencontres, plongé dans toutes sortes de vices, poursuivi par dix ou douze décrets de prise de corps, il était incertain s'il fuirait en Angleterre, en Allemagne, en Hongrie, ou s'il ne prendrait pas le turban ; il entendit parler de la Trappe. En quelques jours, il franchit deux cents lieues ; il arrive à la fin de l'hiver par des routes défoncées et d'affreuses pluies ; il frappe à la porte : son œil était hagard, son expression hautaine et dure, son sourcil fier, sa contenance militaire et farouche. Rancé le reçut. Des ulcères se formèrent dans la poitrine de Fore ; il vomit le sang sur la cendre et il expira.

A Port-Royal, on voit un M. de La Pétissière, brave parmi les braves ; le cardinal de Richelieu se reposait sur lui de sa sûreté : c'était un lion plutôt qu'un homme. *Le feu lui sortait par les yeux et son seul regard effrayait ceux qui le regardaient.* Dieu se servit d'un malheur pour toucher d'une crainte salutaire son âme féroce et incapable de toute autre peur. Comme il avait une querelle avec un parent du cardinal, il eut plus de huit jours un cheval toujours sellé et prêt à monter pour aller se battre contre celui dont il croyait avoir été offensé. La fureur qui le transportait était telle qu'encore qu'il fût le plus habile et le plus adroit du royaume, il reçut, après avoir blessé à mort son ennemi, un coup d'épée dans le bras, entre les deux os ; la pointe demeura enfoncée sans qu'il pût jamais la retirer. Il se sauva en cet état à travers champs, portant dans son bras le bout de l'épée rompue. Il alla trouver un maréchal, qui eut besoin pour la retirer de se servir des grosses tenailles de sa forge.

A la Trappe passe Forbin de Janson, obligé de

quitter la France pour avoir tué son adversaire en duel : il obtint ensuite sa grâce. Il se trouva à Marsaille, sous Catinat, reçut une blessure, fit vœu de se faire religieux et reçut l'habit des frères de la Trappe. Il fut envoyé au monastère de *Buon-Solazzo* (Bonne-Consolation), et fonda une maison de trappistes sur les charmantes collines de la Toscane. Joseph Berniet, moine qui restait de l'ancienne Trappe, passa, à l'arrivée de Rancé, dans l'étroite observance ; il demanda en expirant que son corps fût jeté à la voirie : cynisme de la religion où se montre le cas que les chrétiens faisaient de la matière. Ces rigueurs se rattachent à un ordre de philosophie que notre esprit n'est pas plus capable de comprendre que nos mœurs de supporter. Timée, dans Diogène Laërce, raconte que les Pythagoriciens mettaient leurs biens en commun, appelaient l'amitié égalité, ne mangeaient point de viande, étaient cinq ans sans parler, et rejetaient par humilité les cercueils de cyprès, parce que le sceptre de Jupiter était fait de ce bois.

Ces pécheurs de la Trappe et de Port-Royal se trouvèrent confondus avec des non-savants de toute nature. A Port-Royal était le jeune Lindo, d'une bonté et d'une ouverture de cœur à l'égard de tout le monde qui ne se peut concevoir. « Je sentais pour lui, écrit l'ingénu Fontaine, une tendresse particulière ; il était fort simple, et je l'étais aussi. »

De même parut à la Trappe frère Benoît, gentilhomme plein d'esprit, qui avait passé ses premiers jours à ne point penser. Rancé, qui tirait parti de l'innocence comme du repentir, a écrit sa vie, de même qu'un jardinier fait une petite croix sur des paquets de graines pour étiqueter un parfum.

M. de Sainte-Beuve a extrait avec la patience du goût les passages de Port-Royal, que je viens de citer ; il ajoute : « C'est le côté par lequel Port-Royal touche à la Trappe et à M. de Rancé, quand, sous les autres aspects, il paraît toucher plus près aux bénédictins de Saint-Maur et à Mabillon ; quand, par M. d'Andilly, il reste un peu à portée de la cour et presque figurant de loin ces riantes et romanesques retraites, imaginées en idée par mademoiselle de Montpensier, par madame de Motteville ou même par mademoiselle de Scudéri. »

La Trappe n'était pas riante; ses sites étaient désolés, et l'âpreté de ses mœurs se répétait dans l'âpreté du paysage. Mais la Trappe resta orthodoxe, et Port-Royal fut envahi par la liberté de l'esprit humain. Le terrible Pascal, hanté par son esprit géométrique, doutait sans cesse : il ne se tira de son malheur qu'en se précipitant dans la foi. Malgré le silence que la Trappe gardait, il fut question de la détruire, tant le monde était effrayé d'elle; elle n'échappa à sa ruine que par l'habileté de Rancé : Port-Royal fut moins heureux.

Parti de Paris dans la nuit du 27 octobre 1709, d'Argenson investit Port-Royal-des-Champs avec trois cents hommes; c'était trop pour enlever vingt-deux religieuses âgées et infirmes. Elles furent dispersées en différents lieux; et l'on refusa quelquefois la sépulture à ces brebis esseulées du troupeau de la mère Angélique.

Enfin l'ordre de la démolition du couvent arriva le 25 janvier 1710, dix ans après la mort de Rancé. Cet ordre *fut exécuté avec fureur,* selon Duclos. Les cadavres étaient déterrés au bruit de ricaneries obscènes, tandis que dans l'église les chiens se repaissaient de chair décomposée. Les pierres tumulaires furent enlevées; on a trouvé à Magny celle d'Arnauld d'Andilly. La maison de M. de Sainte-Marthe devint une grange; les bestiaux paissent sur l'emplacement de l'église de Port-Royal-des-Champs : « La clématite, le lierre et la ronce, dit un voyageur, croissent sur cette masure, et un marsault élève sa tige au milieu de l'endroit où était le chœur. Le silence est à peine interrompu par le gémissement du ramier solitaire. Ici Sacy venait répéter à Dieu la prière qu'il avait empruntée de Fulgence; là Nicole invita Arnauld à déposer la plume; dans cette allée écartée j'aperçois

Pascal qui développe une nouvelle preuve de la divinité du christianisme ; plus loin, avec Tillemont et Lancelot se promènent Racine, La Bruyère, Despréaux qui sont venus visiter leurs amis. Échos de ces déserts, arbres antiques, que n'avez-vous pu conserver les entretiens de ces hommes célèbres ! »

Et quel est le chrétien persuadé, le génie poétique qui s'adresse à ces illustres disparus, comme jadis à Sparte j'appelai en vain Léonidas ? C'est l'ancien évêque de Blois, le juge de Louis XVI[18].

Louis-le-Grand, vous avez enseigné à votre peuple les exhumations ; accoutumé à vous obéir, il a suivi vos exemples : au moment même où la tête de Marie-Antoinette tombait sur la place révolutionnaire, on brisait à Saint-Denis les cercueils : au bord d'un caveau ouvert, Louis XIV tout noir, que l'on reconnaissait à ses grands traits, attendait sa dernière destruction ; représailles de la justice éternelle ! « Eh bien, peuple royal de fantômes », je me cite (je ne suis plus que le temps), « voudriez-vous revivre au prix d'une couronne ? Le trône vous tente-t-il encore ? Vous secouez vos têtes, et vous vous recouchez lentement dans vos cercueils. »

Rancé avait transporté avec lui au désert le passé et il y attira le présent et l'avenir. Le siècle de Louis XIV ne négligeait aucune grandeur ; il s'associait aux victoires d'un reclus comme aux victoires d'un capitaine : Rocroi pour ce siècle était partout. Les querelles du jansénisme, les mysticités du quiétisme occupaient la ville et la cour depuis Bossuet et Fénelon jusqu'à mesdames de Maintenon et de Longueville, depuis le cardinal de Noailles jusqu'aux maréchaux amis ou ennemis de Port-Royal, depuis les adversaires du protestantisme jusqu'aux esprits entêtés de l'hérésie. Par Rancé, le siècle de Louis XIV entra dans la solitude et la solitude s'établit au sein du monde.

Dans ces premières années de la retraite de Rancé, on entendit peu parler du monastère, mais petit à petit sa renommée se répandit. On s'aperçut qu'il venait des parfums d'une terre inconnue ; on se tournait, pour les respirer, vers les régions de cette Arabie heureuse. Attiré par les effluences célestes, on en remonta le cours : l'île de Cuba se décèle par l'odeur des vanilliers sur la côte des Florides. « Nous étions, dit Leguat, en présence de l'île d'Éden : l'air était rempli d'une odeur charmante qui venait de l'île et s'exhalait des citronniers et des orangers. »

LIVRE TROISIÈME [19]

Les calomnies publiées contre le monastère de la Trappe par les libertins qui se moquaient des austérités, et par les jaloux qui sentaient naître une autre immortalité pour Rancé, commençaient à s'accroître : on avait sans cesse devant les yeux les premières erreurs du solitaire ; on s'obstinait à ne voir dans sa conversion que des motifs de vanité. Ses plus grands amis, l'abbé de Prières, visiteur de l'ordre, était lui-même épouvanté des réformes de la Trappe ; il écrivait à l'abbé : « Vous aurez beaucoup d'admirateurs, mais peu d'imitateurs. »

Maubuisson, abbaye près de Pontoise, avait été bâtie par la reine Blanche et l'on y voyait son tombeau : Rancé écrivit à la supérieure découragée de cette abbaye. Il écrivait à une autre femme, car tous les souffrants consultaient ce savant médecin qui avait essayé les remèdes sur lui-même : « Si l'ennui vous attaque, pensez que Jésus-Christ vous attend ; toute votre course et sa durée ne vous paraîtront qu'une vapeur dans ce point auquel il faudra qu'elle finisse. »

Le 7 septembre 1672 Rancé présenta une requête au roi en faveur de la réforme ; il commence par dire que les anciens solitaires, dont il ne mérite de porter ni le nom ni l'habit, n'ont point fait difficulté de sortir du fond de leurs déserts pour le service de Dieu ; qu'à leur exemple il croirait manquer au plus saint de ses devoirs s'il se taisait ; que malheureusement il ne va parler que pour se plaindre, et que celui qui lui ouvre la bouche n'a mis sur ses lèvres que des paroles de douleur. De là passant à son sujet, il parle de l'ordre de Cîteaux prêt à retomber dans les périls dont il est échappé, par le défaut de protection refusée à l'étroite observance établie par Louis XIII. Pendant que les solitaires ont vécu dans la perfection ils ont été considérés comme les anges tutélaires des monarchies ; ils ont soutenu, par le pouvoir qu'ils avaient auprès de Dieu, la fortune de l'empire : une sainte recluse avait connu en esprit ce qui se passait à la journée de Lépante. « Votre Majesté, ajoute Rancé, ne sera point surprise qu'étant obligé par le devoir de ma profession de me présenter à tous les instants au pied des autels du Roi du ciel, j'aborde une fois dans ma vie le trône du roi de la terre. »

La cour de Rome, qu'avaient en vue les réformes trop austères de la Trappe, s'opposait aux exagérations de ses serviteurs ; Rancé annonçait son habileté en réveillant la passion du pouvoir dans le cœur de Louis XIV.

Dans tous les bruits répandus, les uns dénonçaient Rancé pour sa doctrine, prétendant qu'elle n'était pas pure ; les autres le taxaient d'hypocrisie, les autres lui reprochaient d'introduire dans l'ordre des voies nouvelles. Le roi, vers la fin d'octobre 1673, lui accorda pour juger la question les commissaires qu'il avait demandés, l'archevêque de Paris, le doyen de Notre-Dame, MM. de Caumartin, de Fieubet, de Voisin et de La Marquerie.

Ses adversaires faisaient en même temps des démarches à Rome contre lui. « Pour un moine, disait Rancé, il n'y a pas de réputation qui lui soit due, il n'est que pour être homme d'opprobre et d'abjection. »

On popularisait ces sentiments hostiles en les répandant dans des vers qui ne valaient pas ceux de notre grand chansonnier, mais qui marquaient déjà la trace par où la France devait arriver à une immortalité qui n'appartient qu'à elle. On trouve cette allure qui nous a amené des chanteurs de François Ier à Béranger :

Je suis revenu de la Trappe,
Cette maudite trappe à fou ;
Et si jamais le diable m'y attrape,
Je veux qu'on me casse le cou.
Ce maudit trou n'est qu'une trappe,
Ce maudit trou
N'est qu'une trappe à fou.

Les commissaires nommés par le cabinet s'étant assemblés, Rancé fut mandé à Paris en 1675. Ils avaient tout réglé selon les intentions du serviteur de Dieu ; mais un abbé de la commune observance déclara que, si l'on suivait les avis des commissaires, les abbés étrangers ne viendraient pas au chapitre général de Cîteaux. Le roi s'arrêta : tout se tenait alors, un mouvement dans le clergé pouvait entraîner un dérangement dans les affaires. Louis XIV le savait, et rien n'était si prudent que ce roi absolu élevé aux incartades de la Fronde.

Rancé purgea sa bibliothèque ; il répondit à l'évêque de Pamiers et à M. Deslions qui, dans le dessein de le décourager, lui disaient qu'il était encore loin des austérités des premiers chrétiens : « Il est vrai que le pain de tourbe dont vous me parliez était fort en usage parmi les moines. »

En 1676, il contracta une maladie habituelle avec laquelle il mourut, mais qui ne l'empêcha pas de travailler. Après avoir passé trois mois à l'infirmerie, il revint à la communauté. Ainsi s'écoula sa vie jusqu'en 1689, qu'il fut saisi d'une grosse fièvre. Aussitôt que le mal lui laissait quelque relâche, il reprenait ses occupations suivies de rechutes : « La vie d'un pécheur comme moi dure toujours trop », disait-il.

Mademoiselle, grand hurluberlu qui se trouvait partout avec son imagination, écrivit à Rancé et lui demanda quelques religieux. Il lui répondit : « Je suis fort persuadé, mademoiselle, que votre altesse royale ne doute point que je n'eusse une extrême joie de pouvoir lui nommer un religieux tel qu'elle le désire, mais j'en ai perdu huit depuis un an qui sont allés à Dieu. Il y en a d'autres qui sont près de les suivre ; et quoique nous soyons encore un nombre considérable, nous ne vivons plus ni les uns ni les autres que dans la vue et le désir de la mort. »

A cette époque mourut un religieux qui n'avait pas plus de vingt-trois ans, et qui, dans son attirail de décédé, dit à Rancé : « J'ai bien de la joie de me voir dans l'habit de mon départ. » Il souriait lorsqu'il allait mourir, comme les anciens Barbares. On croyait entendre cet oiseau sans nom qui console le voyageur dans le vallon de Cachemir.

C'est sur ce fond de la Trappe que venaient se jouer les scènes extérieures. Les silhouettes du monde se dessinaient autour des ombres, le long des étangs et dans les futaies. Le contraste était plus frappant qu'à Port-Royal ; car on n'apercevait pas M. d'Andilly marchant une serpe à la main, le long des espaliers, mais quelque vieux moine courbé allant, une bêche sur l'épaule, creuser une fosse dans le cimetière. C'étaient ces scènes de bergeries que l'on voit dans les tableaux des grands peintres.

Une des premières personnes du monde avec laquelle Rancé eut des rapports fut mademoiselle d'Alençon, autrement madame de Guise, fille de Gaston et cousine germaine de Louis XIV. Mademoiselle d'Alençon, bossue, ne voulut point rester fille ; elle épousa le dernier duc de Guise, dont elle eut un fils qui mourut vite. « Le mérite, dit Mademoiselle dans ses *Mémoires*, qu'avaient autrefois en France les Lorrains du temps du Balafré et de tous ces illustres messieurs de Guise, n'avait pas continué dans tout ce qui était resté du même nom. »

Le duc de Guise, mari de mademoiselle d'Alençon, n'avait qu'un pliant devant sa femme : il ne mangeait qu'au bout de la table, encore fallait-il qu'on lui eût permis de s'asseoir.

M. Boistard, capitaine employé à Saint-Cyr, a bien

voulu me communiquer un recueil manuscrit contenant vingt-sept lettres de l'abbé de Rancé à madame de Guise. La lettre écrite du 3 mars 1692 parle de la mort d'un solitaire de la Trappe. Ces lettres parlent aussi de Jacques II : « On est inexorable, dit Rancé, pour ceux qui n'ont pas la fortune de leur côté. » Rancé affirme, dans la lettre du 7 septembre 1693, que « le propre d'un chrétien est d'être sans souvenir, sans mémoire et sans ressentiment ». Quand on a, un siècle plus tard, vu passer 1793, il est difficile d'être sans souvenir.

Louis XIV avait de l'affection pour madame de Guise, bien qu'il s'emportât contre elle lorsqu'elle s'enfuit à la Trappe sur le bruit que le prince d'Orange allait descendre en France. Quand elle allait à l'abbaye, elle y passait plusieurs jours. Madame de Guise mourut à Versailles le 17 mars 1696 ; elle avait vendu à Louis XIV le palais d'Orléans, aujourd'hui le palais du Luxembourg. Elle fut enterrée non à Saint-Denis, mais aux Carmélites. L'oraison funèbre de madame de Guise fut prononcée à Alençon par le Père Dorothée, capucin : c'est toute la pompe que la religion livrée à elle seule accordait aux grands.

Immédiatement avec madame de Guise, parut à la Trappe le duc de Saint-Simon. Il faudrait presque révoquer en doute ce qu'il raconte de la manière dont il parvint à faire croquer par Rigaud le portrait de Rancé, si Maupeou n'avait rapporté les mêmes détails. Le père de Saint-Simon tenait son titre de Louis XIII ; il avait acheté une terre voisine de la Trappe ; il menait souvent son fils à l'abbaye. Saint-Simon serait très croyable dans ce qu'il rapporte s'il pouvait s'occuper d'autre chose que de lui. A force de vanter son nom, de déprécier celui des autres, on serait tenté de croire qu'il avait des doutes sur sa race. Il semble n'abaisser ses voisins que pour se mettre en sûreté. Louis XIV l'accusait de ne songer qu'à démolir les rangs, qu'à se constituer le grand-maître des généalogies. Il attaquait le parlement, et le parlement rappela à Saint-Simon qu'il avait vu commencer sa noblesse. C'est un caquetage éternel de tabourets dans les *Mémoires* de Saint-Simon. Dans ce caquetage viendraient se perdre les qualités incorrectes du style de l'auteur, mais heureusement il avait un tour à lui ; il écrivait à la diable pour l'immortalité.

« Le duc de Penthièvre parut plus tard à la Trappe : Saint-Simon ne se put guérir de l'âcreté de son humeur dans une solitude où le petit-fils du comte de Toulouse perfectionna sa vertu ; le fiel et le miel se composent quelquefois sous les mêmes arbres. Pieux et mélancolique, le duc de Penthièvre fit augmenter, s'il ne bâtit pas entièrement, l'abbatiale où il aimait à se retirer, en prévision du martyre de sa fille. La princesse de Lamballe, enfant, venait s'amuser à la Maison-Dieu ; elle fut massacrée après la dévastation du monastère. Sa vie s'envola comme ce passereau d'une barque du Rhône, qui, blessé à mort, fait pencher en se débattant l'esquif trop chargé.

Pellisson fréquentait la Trappe. Il s'était flatté de faire consentir le roi à certain arrangement. Rancé insistait pour que sa communauté eût le droit de choisir un prieur. « Je ne doute pas, mandait-il à Pellisson, que vous ne voyiez mieux que moi tout ce que je ne vous dis pas sur cette matière, parce que vos connaissances sont plus étendues, et vont beaucoup plus loin que les miennes. »

Pellisson abjura le protestantisme en 1670 à Chartres, entre les mains de l'évêque de Comminges, et s'attacha ensuite à Bossuet. Pellisson est célèbre pour avoir élevé une araignée : il demeura ferme dans le procès de Fouquet, si bien débrouillé par M. Monmerqué. Il écrivit, en défense de son ancien patron, trois mémoires sur lesquels on pourrait encore jeter les yeux avec fruit. Louis XIV le ménagea ; il s'aperçut que la conquête lui ferait honneur et ne serait pas difficile ; mais, comme l'ancien commis des finances mourut sans confession, on le soupçonna toujours. Rancé le défendit toujours : la célébrité adoucissait sa foi. Rancé avait peut-être vu Pellisson chez le cardinal de Richelieu lors de la création de l'Académie. Pellisson avait aimé mademoiselle de Scudéri ; il n'était pas beau ; elle ne perdit point sa bonne réputation : elle mandait à l'objet de ses amours :

Enfin, Acanthe, il faut se rendre
Votre esprit a charmé le mien :
Je vous fais citoyen du Tendre,
Mais, de grâce, n'en dites rien.

Pellisson avait trop de goût pour parler de ça.

Bossuet, camarade de collège de Rancé, visita son condisciple, il se leva sur la Trappe comme le soleil sur une forêt sauvage. L'aigle de Meaux se transporta huit fois à cette aire. Ces différents vols vont toucher à des faits dont la mémoire est restée. En 1682 Louis XIV s'établit à Versailles. En 1685 Bossuet composa à la Trappe l'avertissement du Catéchisme de Meaux. En 1686 l'orateur mit fin à ses Oraisons funèbres par le chef-d'œuvre qu'il prononça devant le cercueil du grand Condé. En 1696 s'en alla à Dieu Sobieski, ancien mousquetaire de Louis le Grand. Sobieski entra dans Vienne par la brèche qu'avait ouverte le canon des Turcs. Les Polonais sauvèrent l'Europe, qui laisse exterminer aujourd'hui la Pologne. L'histoire n'est pas plus reconnaissante que les hommes.

La Trappe était le lieu où Bossuet se plaisait le mieux : les hommes éclatants ont un penchant pour les lieux obscurs. Devenu familier avec le chemin du Perche, Bossuet écrivait à une religieuse malade : « J'espère bien vous rendre à mon retour de la Trappe une plus longue visite », paroles qui n'ont d'autre mérite que d'être jetées à la poste en passant et d'être signées : *Bossuet*.

Bossuet trouvait un charme dans la manière dont les compagnons de Rancé célébraient l'office divin : « Le chant des psaumes, dit l'abbé Ledieu, qui venait seul troubler le silence de cette vaste solitude, les longues pauses de Complies, le son doux, tendre et perçant du *Salve Regina,* inspiraient au prélat une sorte de mélancolie religieuse. » A la Trappe il me semblait en effet, pendant ces silences, ouïr passer le monde avec le souffle du vent. Je me rappelais ces garnisons perdues aux extrémités du monde et qui font entendre aux échos des airs inconnus, comme pour attirer la patrie : ces garnisons meurent, et le bruit finit.

Bossuet assistait aux offices du jour et de la nuit. Avant vêpres, l'évêque et le réformateur prenaient l'air. On m'a montré près de la *grotte de Saint-Bernard* une chaussée embarrassée de broussailles qui séparait autrefois deux étangs. J'ai osé profaner, avec les pas qui me servirent à rêver René, la digue où Bossuet et Rancé s'entretenaient des choses divines. Sur la levée dépouillée, je croyais voir se dessiner les ombres jumelles du plus grand des orateurs et du premiers des nouveaux solitaires.

Bossuet reçut le viatique le lundi saint de l'année 1704 : il y avait quatre ans que Rancé n'existait plus. Bossuet se plaignait d'être importuné de sa mémoire ; sa garde lui soutenait la tête : « Cela serait bon, disait-il, si ma tête pouvait se tenir. » Dans un de ces moments, l'abbé Ledieu lui prononça le mot de gloire ; Bossuet reprit : « Cessez ces discours ; demandez pour moi pardon à Dieu. »

Le 12 avril 1704, les pieds et les mains du moribond s'engourdirent. Un peu avant quatre heures et demie du matin il expira : c'était l'heure où son ami Rancé priait aux approches du jour. L'aigle qui s'était en passant reposé un moment dans ce monde reprit son vol vers l'aire sublime dont il ne devait plus descendre. Il n'est resté de Bossuet qu'une pierre.

Rancé eut d'abord la pensée de se démettre de son abbaye ; il consulta Bossuet au mois de décembre 1682. Bossuet lui répondit d'attendre. Dans cette année le père d'un jeune mousquetaire, réfugié à la Trappe se plaignit de la captation dont on avait usé envers son fils ; il ne reçut de l'abbé que ces mots : « Vous le quitterez bientôt. »

En ce temps-là mourut l'abbé de Prières. J'en ai souvent parlé. Il fit écrire à Rancé par un prêtre : « L'abbé de Prières m'ordonna dans les derniers moments de sa vie de vous donner avis de sa mort en vous témoignant l'estime qu'il a conservée pour vous jusqu'au dernier soupir. »

Ces honnêtes gens se léguaient leur estime.

De toutes les accusations portées contre Rancé aucune ne s'appuyait sur une apparence de vérité, excepté celle de jansénisme. On a une lettre de lui, adressée en 1676 à M. de Brancas, elle s'exprime ainsi :

« Je vous dis, en parlant de M. Arnauld et de ces messieurs, que le pape était content d'eux, et qu'il avait reçu leur signature en la manière qu'ils l'avaient donnée ; vous me répondîtes ce que déjà des personnes de piété m'avaient donné comme une chose constante, qu'ils l'avaient surpris et que le pape avait fait comme ceux qui mettent la main devant leurs yeux, et qui font semblant de ne pas voir. Cependant, monsieur, il m'est tombé entre les mains, depuis quelques jours, l'arrêt qui a été donné contre M. l'évêque d'Angers, qui porte expressément que le pape, avec beaucoup de prudence, a voulu recevoir la signature de quelques particuliers avec une explication plus étendue pour les mettre à couvert de leurs scrupules et des peines portées par les constitutions. Tellement, monsieur, que non seulement il n'a pas fait semblant de ne pas voir qu'ils aient signé avec explication, mais même il l'a prouvé et s'en est contenté. Je suis bien heureux, monsieur, de n'avoir jugé personne. Où en serais-je réduit si j'avais condamné des gens que le pape reçoit dans le fait même pour lequel je les aurais condamnés ? Et à quelle réparation ne serais-je point tenu si j'avais porté un jugement contre eux, et que j'eusse donné à d'autres de faire la même chose sur mon témoignage ? car, dans le fond, j'aurais, contre le respect que je dois au pape et contre ses intentions, condamné ceux qu'il justifie, et considéré comme personnes qui sont dans l'erreur et dans la désobéissance celles dont il est satisfait et qu'il reçoit dans son sein et dans sa communion et par une conduite pleine de charité et de sagesse. Je vous assure, monsieur, qu'il ne m'arrivera pas de juger, et que je serai plus religieux que jamais dans les résolutions que j'ai prises sur ce sujet-là. Je vous parle sans passion et dans un désintéressement entier de tous les partis (car je n'en ai aucun, et je suis incapable d'en avoir que celui de l'Église), mais dans la créance que c'est Jésus-Christ qui me met au cœur ce que je vous vais dire.

» Il est impossible que Dieu demande compte ni à vous ni à moi de ce que nous nous serons abstenus de juger, n'ayant pour cela ni caractère ni obligation ; mais il se peut très bien faire qu'une conduite opposée chargerait nos consciences, quelques bonnes que soient nos intentions, si ceux qui ont autorité ou qui ont obligation de juger se mécomptent après y avoir apporté toute l'application, les soins et la diligence nécessaires. Ils peuvent espérer que Dieu, qui connaît le fond de leurs cœurs, leur fera miséricorde ; mais pour ceux qui s'avancent et qui n'ont point de mission, si ce malheur leur arrive, ils ne peuvent attendre qu'une punition rigoureuse ; car, dès le moment qu'ils se sont ingérés et ont usurpé un droit qui ne leur appartenait point, ils ont mérité que Dieu les abandonne à leurs propres ténèbres. Je vous assure, monsieur, soit que je pense que Jésus-Christ nous a déclaré qu'il châtierait d'un supplice éternel celui qui dirait à son frère une légère injure, ou que je me regarde comme étant sur le point d'être jugé moi-même, il n'y a rien dont je sois plus éloigné que de juger les autres.

» Voilà quelle doit être la disposition de tout homme qui ne sera point prévenu, qui regardera les choses dans leur vérité sans intérêt et sans passion ; mais le mal est que nous croyons n'en pas avoir, parce que nous n'en avons point de propre et de particulière. Cependant nous sommes souvent engagés dans celles des autres sans nous en apercevoir. Pour moi, je suis persuadé qu'en de telles matières, la voie la plus sûre est de demeurer dans la soumission et dans le silence. C'est le moyen de m'attirer tous les partis et de ne plaire à personne ; mais, pourvu que je plaise à Dieu et que je me tienne dans son ordre, je ne me mets point en peine de quelle manière les hommes expliqueront ma conduite. Véritablement je ne suis plus de ce monde, et je ne suis pas assez malheureux pour y rentrer après l'avoir quitté par le dessein que j'aurais de le contenter contre mon devoir et les mouvements de ma conscience. Vous connaîtrez sans doute, monsieur, qu'il est si difficile, lorsqu'on parle dans les causes, même les plus justes, de se tenir dans les règles de la modération et de la charité, que ceux-là sont heureux que Dieu a mis dans des états où rien ne les oblige ni de parler ni de se produire ; et je vous confesse que je ne me lasse point d'admirer et de plaindre en même temps l'aveuglement de la plupart des hommes qui ne font non plus de difficulté de dire : Cet homme est schismatique, que s'ils disaient : Il a le teint pâle et le visage mauvais. Quand je vous dis, monsieur, que je ne vous parle que pour vous seul, ce n'est pas que je ne veuille bien que l'on sache quels sont mes sentiments et mes pensées sur ce point-là ; mais je serais encore plus aise, comme c'est la vérité, que l'on ne s'imagine pas que je m'occupe des affaires qui ne me regardent point.

» Je ne saurais m'empêcher de vous dire encore qu'il n'y a rien de moins vrai que ce que l'on dit que je faisais pénitence d'avoir signé le *formulaire*, puisque je le signerai toutes les fois que mes supérieurs le désireront, et que je suis persuadé qu'en cela mon sentiment est le véritable. Mais je ne nie point que dans le nombre presque infini de crimes et de maux dont je me sens redevable à la justice divine, celui d'avoir imputé aux personnes qu'on appelle jansénistes des opinions et des erreurs dont j'ai reconnu dans la suite qu'ils n'étaient pas coupables, n'y puisse être compris. Étant dans le monde, avant que je pensasse sérieusement à mon salut, je me suis expliqué contre eux en toute rencontre, et me suis donné sur cela une entière liberté, croyant que je le pouvais faire sur la relation des gens qui avaient de la piété et de la doctrine. Cependant je me suis mécompté, et ce ne sera point une excuse pour moi au jugement de Dieu, d'avoir cru et d'avoir parlé sur le rapport et sur la foi des autres. Cela m'a fait prendre deux résolutions que j'espère de garder inviolablement avec la grâce de Dieu : l'une, de ne croire jamais le mal de personne, quelle que soit la piété de ceux qui le diront, à moins qu'ils ne me fassent voir une évidence ; l'autre est de ne rien dire jamais, à moins qu'avec l'évidence je n'y sois engagé par une nécessité indispensable ; celui qui craint les jugements de Dieu et qui sait qu'il a mérité d'en être jugé avec rigueur, est bien malheureux quand il juge ses frères, puisque le plus grand de tous les moyens pour engager Jésus-Christ à nous juger dans sa miséricorde est de nous abstenir de juger.

» Je croirais faire un mal si je soupçonnais leur foi (des jansénistes) ; ils sont dans la communion et dans le sein de l'Église. Elle les regarde comme ses enfants ; et par conséquent je ne puis et ne dois les regarder autrement que comme mes frères.

» Vous dites, monsieur, qu'ils sont suspects ; mais Dieu me préserve de me conduire par mes soupçons. Je sais par ma propre expérience, et je l'éprouve tous les jours, jusqu'où va l'injustice et la violence de ceux qu'on appelle molinistes. Il n'y a point de calomnies dont ils n'essaient de ruiner ma réputation, point de bruits injurieux qu'ils ne répandent contre ma personne ; comme ils ne sauraient attaquer mes mœurs, ils attaquent ma foi et ma croyance, et trouvent dans les règles de leur morale et dans la fausseté de leurs maximes qu'il leur est permis de dire contre moi tous les maux que l'envie et la passion leur peut suggérer. *Circumveniamus justum, quoniam inutilis est nobis et contrarius est operibus nostris*. Ma conduite n'est pas conforme à la leur ; mes maximes sont exactes, les leurs sont relâchées ; les voies dans lesquelles j'essaye de marcher sont étroites, celles qu'ils suivent sont larges et spacieuses : voilà mon crime ; cela suffit, il faut m'opprimer et me détruire. *Opprimamus pauperem justum ; gravis est nobis etiam ad vivendum, quoniam dissimilis est aliis vita illius*.

» Comment voulez-vous, monsieur, que je leur donnasse quelque créance ; et peuvent-ils passer pour autre chose dans mon esprit que pour des emportés et des injustes ? En quel endroit de l'Écriture et des livres des saints Pères ces gens, si zélés pour la défense de la vérité, ont-ils lu qu'ils puissent en conscience imputer le plus grand de tous les crimes sous des imaginations toutes pures, et décrier par toutes sortes de voies publiques et secrètes des personnes qui servent Dieu dans la retraite et dans le silence, qui ne se mêlent ni des contestations ni des affaires, qui donnent de l'édification à l'Église, et dont la vie, de l'aveu même de ceux qui ne les aiment pas, est irrépréhensible ? Jugez vous-même, monsieur, qu'est-ce qui se peut présenter plus naturellement lorsqu'il me revient quelque chose des soupçons que l'on forme contre les jansénistes, sinon que, puisque les molinistes ne font nul scrupule de m'imputer des excès dont je ne suis pas moins exempt que vous-même, quoique je n'aie jamais rien dit à leur désavantage et qu'ils n'aient aucun sujet de se plaindre de moi, il est très possible qu'ils attribuent des erreurs imaginaires à des personnes qui n'ont pas eu pour eux les mêmes égards ni les mêmes ménagements, et contre lesquelles ils ont depuis si longtemps une guerre toute déclarée ?

» Pour vous parler franchement, monsieur, je ne suis rien moins que moliniste, quoique je sois parfaitement soumis à toutes les puissances ecclésiastiques. Je ne pense point comme eux pour ce qui regarde la grâce de Jésus-Christ, la prédestination de ses saints et la morale de son Évangile, et je suis persuadé que les jansénistes n'ont point de mauvaise doctrine. Ce serait une grande faiblesse de régler sa conduite sur les caprices et les imaginations du monde ; et les gens de bien qui ne regardent que Dieu dans toutes les circonstances de leur vie ne se mettent guère en peine que l'on se scandalise de leur procédé lorsqu'il n'y a rien qui ne soit dans l'ordre et dans les règles. Le scandale ne retombe point sur eux, mais sur ceux qui veulent trouver des sujets d'en prendre des occasions qui ne sont point blâmables.

» Enfin, monsieur, j'ai vu, depuis que j'ai quitté le monde, les différents partis qui ont agité l'Église. J'ai vu de tous les côtés les intérêts et les passions qui les ont continués, et par la grâce de Dieu je n'y ai pris aucune part que celle de m'en affliger, d'en gémir devant Dieu et de le prier d'inspirer des sentiments de paix et de charité à ceux qui paraissent en avoir de tout contraires. J'ai vécu entre les uns et les autres dans un état de suspension, je me suis soumis à l'Église sans avoir de liaison avec personne, parce que j'ai cru qu'il n'y en avait point qui ne fût dangereuse et que le meilleur des partis était de n'en point avoir, mais de s'attacher simplement à Jésus-Christ et à ceux auxquels il a donné sa puissance et son autorité dans son Église.

» J'ai demeuré dans le repos et dans le silence ; et comme je pense souvent à cette grande vérité que Dieu jugera sans miséricorde ceux qui auront jugé leurs frères sans compassion, je me suis abstenu de m'expliquer et de condamner la conduite et les sentiments de personne, sachant que je ne le devais pas à moins que d'avoir des évidences et des certitudes que je n'ai jamais eues et d'y être engagé par de véritables nécessités. Je n'ai nul dessein de plaire aux hommes, je ne cherche ni leur approbation ni leur estime, et je sais trop que Dieu ne marque jamais plus clairement dans ceux qui sont à lui qu'il ne rejette point les services qu'ils lui rendent, que quand il permet qu'on les persécute ; et la seule peine que j'aie est de voir que ces gens-là engagent leurs consciences comme s'ils ne savaient pas que Dieu jugera les calomniateurs avec autant de rigueur et de sévérité que les homicides et les adultères.

» Il me reste, monsieur, une autre affaire, qui est d'empêcher qu'on ne croie que je favorise le parti des molinistes ; car je vous avoue que la morale de la plupart de ceux qui en sont est si corrompue, les maximes si opposées à la sainteté de l'Évangile et à toutes les règles et instructions que Jésus-Christ nous a données ou par sa parole ou par le ministère de ses saints, qu'il n'y a guère de choses que je puisse moins souffrir que de voir qu'on se servît de mon nom pour autoriser des sentiments que je condamne de toute la plénitude de mon cœur. Ce qui me surprend dans ma douleur, c'est que, sur ce chapitre, tout le monde est muet, et que ceux même qui font profession d'avoir du zèle et de la piété gardent un profond silence, comme s'il y avait quelque chose de plus important dans l'Église que de conserver la pureté de la foi dans la conduite des âmes et dans la direction des mœurs. Pour moi qui n'ai jamais pris de chaleur contre personne, parce que je me suis toujours préservé de toutes sortes de liaisons, quand je regarde les choses dans le désintéressement d'un homme qui ne veut avoir que Dieu et sa vérité devant les yeux, et que j'essaye de discerner ce qui fait qu'on est si échauffé de certaines matières et que sur les autres on n'a que de l'indifférence et de la froideur, rien ne se présente plus naturellement sinon que ce qui donne le mouvement à la plupart des hommes, c'est l'intérêt que d'un côté il y a à plaire et à gagner, et que de l'autre il n'y a rien qu'à perdre (j'entends de ceux qui sont théologiens et qui ne peuvent ignorer le fond et les conséquences des choses) ; et comme je n'ai rien à perdre ni à gagner en ce monde, et que j'ai réduit à l'éternité toute seule mes prétentions et mes espérances, ce sont des tempéraments et des retenues que je ne puis goûter ni comprendre. En vérité, si Dieu n'a pitié du monde et s'il n'empêche l'effet de l'application avec laquelle on travaille à détruire les maximes véritables pour en substituer d'autres en leur place qui ne le sont pas, les maux se multiplieront, et l'on verra dans peu une désolation presque générale. »

Je n'ai point abrégé cette lettre, trop longue pour nous ; elle décide une question si vivante alors, aujourd'hui si morte. Le jansénisme par son âpreté devait plaire à un solitaire. Tout cela nous paraîtra accablant, car l'esprit humain n'a plus la force de se tenir debout. Rancé, influencé par Bossuet, changea d'opinion ; il cessa de tolérer ce qu'il avait respecté. La permanence n'appartient qu'à Dieu. *Manet in aeternum.*

Dans l'année 1678, Rancé fit au maréchal de Bellefonds une déclaration de ses principes : Bellefonds était ce même maréchal puni à la guerre pour deux désobéissances heureuses, et auquel Bossuet écrivit une lettre sur la conversion de madame de La Vallière. La lettre de Rancé est devenue rare : il s'agissait de repousser les accusations qui s'élevaient contre les rigueurs de la Trappe.

« S'il n'est pas impossible, dit l'abbé au maréchal, de chanter les cantiques du Seigneur dans une terre étrangère, il faut croire cependant qu'il est difficile de garder fidèlement ses voies lorsqu'on est environné d'affaires et de plaisirs.

» Dieu n'a pas commandé à tous les hommes de quitter le monde ; mais il n'y en a point à qui il n'ait défendu d'aimer le monde.

» Ma profession veut que je me regarde comme un vase brisé qui n'est plus bon qu'à être foulé aux pieds : et, dans la vérité, si les hommes me prennent par des endroits par où je ne suis pas tel qu'ils me croient, il y a en moi des iniquités qui ne sont *connues de personne* et sur lesquelles on ne me dit mot ; de sorte que je ne puis ne pas croire que les injustices qui me viennent du monde ne soient des justices secrètes et véritables de la part de Dieu, et ne pas considérer en cela les hommes comme des exécuteurs de ses vengeances.

» C'est la disposition dans laquelle je suis, et que je dois conserver, d'autant plus que les extrémités de ma vie sont proches : aux portes de l'éternité, il n'y a rien de plus puissant pour faire que Dieu me juge dans sa clémence que d'être jugé des hommes sans pitié. »

Dans l'année 1679, Bellefonds appela Rancé à Paris. Ces Bellefonds de Normandie étaient sortis des Bellefonds de Touraine. La marquise du Châtelet, fille du maréchal, vécut très pauvre avec son mari à Vincennes, dont Bellefonds était gouverneur ; il mourut dans le château où l'attendait le duc d'Enghien, qui n'avait point encore paru sur la terre. On avait surpris la vieille tante maternelle du maréchal avec le marquis de Villars, que l'on nommait *Orondat*, d'un nom emprunté d'un personnage de *Cyrus*.

Rancé était mandé par le maréchal pour voir madame de La Vallière ; il se connaissait dans le mal dont elle était attaquée. Cinquante lettres de madame de La Vallière à Bellefonds sont imprimées à la suite de l'abrégé de la vie de la maîtresse de Louis XIV. L'auteur de cet abrégé est l'abbé Lequeux, éditeur de plusieurs opuscules de Bossuet. L'abbé devint convulsionnaire de Saint-Médard.

« Vivez cachée », dit Bossuet à madame de La Vallière, dans son discours sur sa profession, « prenez un si noble essor que vous ne trouviez le repos que dans l'essence éternelle. » « Enfin je quitte le monde », écrit madame de La Vallière elle-même : « c'est sans regret, mais non sans peine. Je crois, j'espère et j'aime. » N'est-ce pas *Émilie* ? Ce devait être une belle société que celle à qui ce beau langage était naturel. Dans sa lettre du 7 novembre 1675 au maréchal de Bellefonds, madame de La Vallière dit : « Je ne puis m'empêcher de vous faire part de la joie que j'aie eue de voir monsieur l'abbé de la Trappe : je suis toujours dans la confiance de la paix, et notre saint abbé m'a fort exhortée à y demeurer. Que vous êtes heureux, monsieur le maréchal, d'être dans l'état où il veut que vous soyez ! » Bellefonds, aidé de Rancé et de la lassitude de Louis, appuyait la résolution de la fugitive. Le monde voyait une de ses victimes sous le froc, Rancé, encourager au cilice une autre de ses victimes. Les Carmélites étaient remplies d'une population de femmes. On y vivait dans un air qu'avait aspiré et expiré le sein de belles et jeunes compagnes. Madame de La Vallière ne voulait pas qu'on lui parlât, même de son fils, elle s'imaginait qu'aucun autre homme que le roi ne pouvait être présent à sa pensée ; elle demeurait seule à seul sous le voile avec Dieu et Louis.

Telle était l'aventure placée sur le chemin de la Maison-Dieu. Tous les souvenirs venaient du dedans et du dehors s'enfoncer dans ces solitudes; chaque pénitent menait avec lui ses fautes. Les repentis se promenaient dans des routes écartées, se rencontraient pour ne se retrouver jamais. Les âmes qui portaient des souvenirs disparaissaient comme ces vapeurs que j'ai vues dans mon enfance sur les côtes de la Bretagne; brouillards, assurait-on, produits par les volcans lointains de la Sicile. On rencontrait sur toutes les routes de la Trappe des fuyards du monde; Rancé à ses risques et périls les allait recueillir; il rapportait dans un pan de sa robe des cendres brûlantes, qu'il semait sur des friches, pour engraisser les déserts avec des débris de passions. Aujourd'hui, on ne voit plus glisser dans les ombres ces chasses blanches, dont Charles-Quint et Catherine de Médicis croyaient entendre les cors parmi les ruines du château de Lusignan, tandis qu'une fée envolée faisait son cri.

En descendant des hauteurs boisées où je cherchais les lares de Rancé, s'offraient des clochers de paille tordus par la fumée; de petits nuages abaissés filaient comme une vapeur blanche au plus bas des vallons. En approchant, ces nuées se métamorphosaient en personnes vêtues de laine écrue; je distinguais des faucheurs : madame de La Vallière ne se trouvait point parmi les herbes coupées.

Rancé s'était résolu à ne composer aucun ouvrage qui rappelât son existence. A soixante ans, accablé d'infirmités, il n'était pas tenté de retourner aux illusions de sa jeunesse, malgré les encouragements qu'il trouvait dans les cheveux blancs de son ami Bossuet. Comme il faisait souvent des conférences à ses frères, il lui restait une quantité de discours. Il se laissa entraîner à la prière d'un religieux malade qui le conjurait de rassembler ces discours. Ainsi se trouva formé peu à peu le traité qu'il intitula : *De la sainteté et des devoirs de la vie monastique*. On fit dans le couvent plusieurs copies de ce traité; une de ces copies tomba entre les mains de Bossuet : Bossuet, émerveillé, se hâta d'écrire à Rancé qu'il exigeait que son ouvrage fût rendu public et qu'il se chargeait de le faire imprimer. Dom Rigobert et l'abbé de Châtillon mêlèrent leurs sollicitations à celles du grand évêque. Rancé avait jeté l'ouvrage au feu, et on en avait retiré des cahiers à demi brûlés. Par une de ces lâchetés communes aux auteurs, Rancé avait repris les débris de l'incendie, et les avait retouchés ; une des copies postflammes était parvenue à Bossuet. « Comment, monseigneur, lui écrivait l'abbé de la Trappe, vous voulez que je me mette tous les ordres religieux à dos ! — Vous avez beau, répondit Bossuet, vous fâcher, vous ne serez point le maître de votre manuscrit et vous y penserez devant Dieu. » Rancé insista ; Bossuet lui répondit : « Je répondrai pour vous, je prendrai votre défense ; demeurez en repos. »

En effet, on voit à la tête des *éclaircissements* sur le livre *Des devoirs de la vie monastique* cette approbation de Bossuet : « Après avoir lu et examiné les *éclaircissements*, nous les avons approuvés d'autant plus volontiers que nous espérons que tous ceux qui les liront demeureront convaincus de la sainte et salutaire doctrine du livre *De la sainteté et des devoirs de la vie monastique*. A Meaux, le 10e jour de mai 1685. »

Quel est cet ouvrage que l'aigle de Meaux avait couvert de ses ailes ? En vain Rancé ne voulait pas convenir que sa jeunesse lui était demeurée : il se disait et se croyait vieux, et la vie débordait en lui. Cependant ce qu'il avait prévu arriva. Une longue querelle survint après deux ou trois années de la publication du livre. La gravité de ces controverses n'a rien de semblable aux contestations littéraires d'aujourd'hui ; cette partie de ces temps passés est curieuse à connaître. Bossuet ne s'était trompé ni sur le fond ni sur le style de l'ouvrage. Voici l'analyse *De la sainteté et des devoirs de la vie monastique*, je laisse parler Rancé :

« Les règles des observances religieuses ne doivent pas être considérées comme des inventions humaines. Saint Luc a dit : Vendez ce que vous avez et le donnez aux pauvres ; après cela venez et me suivez. Si quelqu'un vient à moi et ne hait point son père et sa mère et sa femme et ses enfants et ses frères et ses sœurs et même sa propre vie, il ne peut être mon disciple.

» Jean-Baptiste a mené dans le désert une vie de détachement, de pauvreté, de pénitence et de perfection dont la sainteté a été transmise aux solitaires, ses successeurs et ses disciples.

» Saint Paul l'anachorète et saint Antoine cherchèrent les premiers J.-C. dans les déserts de la basse Thébaïde ; saint Pacôme parut dans la haute Thébaïde, reçut de Dieu la règle par laquelle il devait conduire ses nombreux disciples. Saint Macaire se retira dans le désert de Sethé, saint Antoine dans celui de Nitry, saint Sérapion dans les solitudes d'Arsinoé et de Memphis, saint Hilarion dans la Palestine ; sources abondantes d'une multitude innombrable d'anachorètes et de cénobites qui remplirent l'Afrique, l'Asie et toutes les parties de l'Occident.

» L'Église, comme une mère trop féconde, commença de s'affaiblir par le grand nombre de ses enfants. Les persécutions étant cessées, la ferveur et la foi diminuèrent dans le repos. Cependant Dieu, qui voulait maintenir son Église, conserva quelques personnes qui se séparèrent de leurs biens et de leurs familles par une mort volontaire, qui n'était ni moins réelle, ni moins sainte, ni moins miraculeuse que celle des premiers martyrs. De là les différents ordres monastiques sous la direction de saint Bernard et de saint Benoît. Les religieux étaient des anges qui protégeaient les États et les empires par leurs prières, des voûtes qui soutenaient la voûte de l'Église, des pénitents qui apaisaient par des torrents de larmes la colère de Dieu, des étoiles brillantes qui remplissaient le monde de lumière. Les cavernes [20] et les rochers sont leur demeure ; ils se renferment dans les montagnes comme entre des murs inaccessibles ; ils se font des églises de tous les lieux où ils se rencontrent ; ils se reposent sur les collines comme des colombes ; ils se tiennent comme des aigles sur la cime des rochers ; leur mort n'est ni moins heureuse ni moins admirable que leur vie, raconte saint Éphrem. Ils n'ont aucun soin de se construire des tombeaux ; ils sont crucifiés au monde ; plusieurs, étant attachés comme à la pointe des rochers escarpés, ont remis volontairement leurs âmes entre les mains de Dieu. Il y en a qui, se promenant avec leur simplicité ordinaire, sont morts dans les montagnes qui leur servaient de sépulcre. Quelques-uns, sachant que le moment de leur délivrance était arrivé, se mettaient de leurs propres mains dans le tombeau. Il s'en est trouvé qui en chantant les louanges de Dieu ont expiré dans l'effort de leur voix, la mort seule ayant terminé leur prière et fermé leur bouche. Ils attendent que la voix de l'archange les réveille de leur sommeil ; alors ils refleuriront comme des lis d'une blancheur, d'un éclat et d'une beauté infinie. »

Après cette description admirable pour leur faire aimer la mort, Rancé ajoute : « Je ne doute pas, mes frères, que vos pensées ne vous portent du côté du désert ; mais il faut modérer votre zèle. Les temps sont passés ; les portes des solitudes sont fermées, la Thébaïde n'est plus ouverte. »

C'était vrai, mais les ordres religieux avaient rebâti dans leur couvent la Thébaïde ; ils avaient représenté dans leurs cloîtres les palmiers des sables. Les monastères étaient des pépinières de fécondité où l'on élevait les plantes divines, où elles prenaient leur accroissement avant d'être transplantées. Ainsi lorsqu'on descendait de la montagne et que l'on était près d'entrer dans Clairvaux, on reconnaissait Dieu de toute part. On trouvait au milieu du jour un silence pareil à celui du milieu de la nuit : le seul bruit qu'on y entendait était le son des différents ouvrages des mains ou celui de la voix des frères lorsqu'ils chantaient les louanges du Seigneur. La renommée seule de cette grande aphonie imprimait une telle révérence que les séculiers craignaient de dire une parole. Une forêt resserrait le monastère. Les viandes dont on se nourrissait n'avaient d'autre goût que celui que la faim leur donnait.

Rancé passe à l'explication des trois vœux de la vie monastique : chasteté, pauvreté et obéissance. Il dit que dans la pensée de saint Augustin une vierge chaste consacrée à Dieu a tout ce qui peut lui servir d'ornement ; sans quoi la virginité lui aurait été honteuse, car que lui servirait d'avoir l'intégrité du corps, si elle n'avait pas celle de l'âme ? Le réformateur insiste sans s'embarrasser dans ses souvenirs. Quel avantage tirerait un religieux d'avoir abandonné les biens de la fortune s'il conservait d'autres affections et d'autres attaches ? Notre cœur se trouve où est notre trésor, et nous sommes liés par les objets que nous aimons ; et pourtant, mes frères, dit Rancé, si le religieux ne se prive des faux plaisirs, il se réserve les véritables ennuis qui les accompagnent ; toute sa course ne sera qu'une continuité de chutes et de rechutes. Dans un voyage pour aller plus légèrement vers le ciel, il faut se décharger de tout ce qui peut empêcher de s'avancer dans le chemin. La pauvreté religieuse sépare le cœur, aussi bien que la chasteté, de tout ce qu'il y a de visible et d'invisible, s'il n'est point éternel.

Rancé recommande la charité comme la première des vertus. Un chrétien, dit saint Paul, n'est fait que pour aimer. Ce qui fait que l'amour de Dieu est si rare dans les hommes, c'est qu'ils sont emportés par d'autres amours. « Pour vous, dit le réformateur dans un langage admirable, pour vous, mes frères, Dieu vous a levé tous ces obstacles, et vous a préservés de ces sortes de tentations, en vous retirant dans la solitude. Vous êtes, à l'égard du monde, comme s'il n'était plus ; il est effacé dans votre mémoire comme vous l'êtes dans la sienne ; vous ignorez tout ce qui s'y passe ; ses événements et ses révolutions les plus importantes ne viennent point jusqu'à vous ; vous n'y pensez jamais que lorsque vous gémissez devant Dieu de ses misères ; et les noms mêmes de ceux qui le gouvernent vous seraient inconnus, si vous ne les appreniez par les prières que vous adressez à Dieu pour la conservation de leurs personnes. Enfin vous avez renoncé, en le quittant, à ses plaisirs, à ses affaires, à ses fortunes, à ses vanités, et vous avez mis tout d'un coup dessous vos pieds ce que ceux qui l'aiment et qui le servent ont placé dans le fond de leur cœur. »

Tel est ce traité *De la sainteté et des devoirs de la vie monastique*, on y entend les accents pleins et majestueux de l'orgue. On se promène à travers une basilique dont les rosaces éclatent des rayons du soleil. Quel trésor d'imagination dans un traité qui paraissait si peu s'y prêter ! Ici on ne se traîne pas sur ces adorations de femmes reproduites aujourd'hui à tout propos sans les plus aimer. La lumière et l'ombre avaient bâti les édifices religieux plus que la main des hommes. Le travail de Rancé apprendra à ceux qui ne le connaissaient pas qu'il y a dans notre langue un bel ouvrage de plus.

Il se fit d'abord un profond silence, autant d'admiration que d'étonnement. Il ne fallut pas moins de deux années pour que les amours-propres et les passions se remissent du choc. Mais enfin on recouvra ses esprits et le conflit s'engagea : il commença d'abord en Hollande, où la littérature française avait son écho ; écho protestant, qui répétait mal le son, et ne le répétait qu'aigre et sec.

Le véritable Motif de la conversion de l'abbé de la Trappe, par Laroque, que j'ai déjà cité, est une réponse aux *Devoirs de la vie monastique* ; il est en forme de dialogue, selon le goût du temps : Timocrate et Philandre s'entretiennent du livre de Rancé. Timocrate est un bonhomme, qui, par-ci par-là, a grande envie d'admirer le livre des Devoirs ; mais Philandre le morigène ; il prétend, lui, que l'ouvrage du solitaire de la Trappe ne vaut pas le diable. Sur chaque observation de Timocrate, Philandre s'écrie : « Ah ! je ne savais pas cela. Je serais fort aise que vous examiniez un peu ce qu'il dit là-dessus et vous m'obligerez de me montrer l'endroit. » Les deux interlocuteurs vont dîner, se donnent rendez-vous pour le lendemain au jardin des Tuileries, et la conversation continue. Timocrate accuse Rancé de dédaigner l'Écriture, de vouloir se montrer savant à propos de tout, de citer de l'Aristophane grec. « Je voudrais savoir, reprend Timocrate, quand il l'a lu, si c'était dans sa jeunesse et avant d'avoir quitté le monde ou après. J'ai peine à croire qu'il se ressouvienne si exactement d'une lecture faite il y a plus de trente ans : ainsi il y a plus d'apparence que c'est dans la retraite qu'il s'est diverti avec ce comique. » Petite chicane de mauvaise foi, néanmoins piquante. Le Père Mège combattit sérieusement le premier l'ouvrage de Rancé dans son *Commentaire sur la règle de saint Benoît*. Le livre *De la sainteté et des devoirs de la vie monastique* était déjà à sa troisième édition, lorsque enfin, dans l'ombre des cloîtres, on entendit un bruit de papier et de poussière : c'était Mabillon qui s'élevait. Il n'avait pas blanchi sous ses in-folio, il ne regardait pas autour de lui les parchemins moisis des premiers jours de la monarchie, pour s'entendre dire qu'il avait perdu son âme et son temps à l'étude des choses passées. Le compilateur des *Vetera analecta* se crut obligé de soutenir la cause des érudits, dont il était la gloire. Les deux savants champions, descendus dans la lice, étaient cuirassés de grec et de latin. « Quand nous prétendons lutter contre ces savants, nous montrons ce qui nous manque dans cette monarchie DOCTE ET CONQUÉRANTE », dit Bossuet. Le Père Mabillon procède méthodiquement ; il ne laisse rien derrière lui ; rechercheur expérimenté, il fouille partout : il ne fait pas un pas qu'il ne force un siècle à se lever. Intime confident des chroniques, il dit comme l'abbé Lacordaire : « Le temps tiendra la plume après moi. »

Il s'adresse aux jeunes religieux bénédictins de la congrégation de Saint-Maur.

« C'est à vous, mes très chers frères, leur dit-il, que je me sens obligé d'offrir cet ouvrage, puisque c'est particulièrement pour vous qu'il a été entrepris et composé. Je vous prie de bien considérer que je ne prétends pas faire ici de nos monastères de pures académies de science : si le grand apôtre faisait gloire de n'en avoir point d'autre que celle de J.-C. crucifié, nous ne devons point aussi avoir d'autre but dans nos études : il est vrai, et saint Paul l'a dit, que la science sans la charité enfle, mais il est certain aussi qu'avec le secours de la grâce rien n'est plus propre à nous conduire à l'humilité, parce que rien ne nous fait mieux connaître notre néant, notre corruption et nos misères. »

L'illustre savant s'était mis à l'abri des reproches de Rancé par cette ingénieuse interprétation de l'étude. Jusque dans la manière dont il imprime son traité, il semble avoir contracté dans des lettres majuscules quelque chose du caractère monumental des inscriptions. Il écarte pour les théologiens scolastiques les questions de la puissance *obédiencielle* et de la manière dont le feu matériel agit sur les damnés, puis il entre en matière : « Ce qui m'avait fait balancer d'abord, dit-il dans son avant-propos, sur la composition de mon ouvrage, c'est que le grand serviteur de Dieu qui fait aujourd'hui tant d'honneur à l'état monastique s'est expliqué d'une manière si noble et si relevée sur ce sujet, qu'il est malaisé de réussir après lui. L'on pourra cependant demeurer d'accord avec lui que si tous les solitaires étaient comme les siens, et si l'on était assuré d'avoir toujours des supérieurs aussi éclairés que lui, il ne serait pas beaucoup nécessaire que les solitaires s'appliquassent aux études, puisqu'en ce cas leur supérieur leur tiendrait lieu de livres. Mais il est difficile, pour ne pas dire impossible, que toutes les communautés aient cet avantage. »

Après cette sainte courtoisie, Mabillon continue : la raison et le savoir l'appelaient à triompher. Il affirme que les moines sont obligés de vaquer à l'étude, que les grands hommes qui ont fleuri parmi les moines sont une preuve que l'on cultivait les lettres chez eux, que les bibliothèques des monastères sont une autre preuve des études qui s'y faisaient. Il parle de l'institution de l'abbaye du Bec et des Chartreux. Il montre que les monastères de l'Orient s'occupaient aussi de lettres : témoins saint Basile, saint Chrysostome, saint Jérôme, Ruffin, Cassien et son compagnon Germain, Marc le solitaire, et saint Nil. Il rappelle le monastère de Lérins dans l'occident, l'abbaye du mont Cassin, le monastère de Saint-Colomban, les écoles attachées aux cathédrales et aux monastères, les savants qui sortirent de ces écoles, le fameux Gerbert, Loup de Ferrières, Lanfranc, Anselme ; il fait voir que les moines, occupés à transcrire les ouvrages des anciens, nous les ont conservés, que les religieuses[21] mêmes s'occupaient de les transcrire ; que les conciles et les papes, loin de défendre les études aux moines, les ont, au contraire, obligés à ces études ; il ne faut, pour la conviction de la France, que l'autorité de Charlemagne et de saint Louis.

L'érudition toujours sûre déborde dans le *Traité des études monastiques*. L'auteur descend aux plus petits préceptes ; il apprend à reposer sa voix à propos dans les lectures ; il insiste surtout sur la brièveté, quoique lui-même soit un peu long : un court *Hic jacet Sugerius abbas* vaut mieux, dit-il, qu'une verbeuse inscription. Prononcez en français *incontinent après*, au lieu d'*incontinen après ; saintes âmes*, au lieu de *saint âmes*.

« Ceux qui confèrent les manuscrits avec un imprimé, ajoute l'érudit, doivent pour la facilité de ceux qui s'en serviront, marquer la page et le nombre de la ligne de l'imprimé où tombe la correction ou la diverse leçon ; et afin qu'ils ne soient pas obligés de compter à chaque fois les lignes, ils pourront faire une échelle de carton ou de papier sur laquelle ils marqueront le nombre des lignes dans la même distance qu'elles sont dans l'imprimé. »

Merveilleux siècle où Mabillon, oubliant son sujet, se change en un pauvre pédagogue, où Bossuet, devenant un prêtre habitué de paroisse, fait le catéchisme aux petits enfants de son diocèse !

Il n'y a aucune éloquence dans le *Traité des études monastiques* opposé aux sentiments de Rancé, mais une raison supérieure, une mansuétude touchante, je ne sais quoi qui gagne le cœur : « Écrivons donc, dit-il en finissant, et composons tant que nous voudrons, et travaillons pour les autres. Si nous ne sommes pénétrés de ces sentiments, nous travaillons en vain, et nous ne rapporterons de notre travail qu'une funeste condamnation. Tout passe, excepté la charité : *Quotidie morimur, quotidie commutamur, et tamen aeternos nos esse credimus*.

Rancé prit feu en se sentant attaqué par Mabillon : sa réponse est aussi érudite que celle du bénédictin, mais elle est sophistique. Si le supérieur de la Trappe n'a pas raison, il se soutient par une éloquence qu'il tire de sa passion pour les souffrances. Il adresse sa réponse à ses frères trappistes, comme Mabillon avait dédié son ouvrage à ses jeunes confrères.

« Comme Dieu m'a chargé, mes frères, leur dit-il, de veiller incessamment à la garde de vos âmes, je me sens obligé de vous dire que depuis peu il paraît un livre qui attaque une vérité que nous vous avons enseignée comme une des plus importantes et des plus nécessaires pour maintenir la régularité dans les cloîtres. Le dessein de l'auteur est de prouver que l'étude des sciences est nécessaire à l'état monastique ; je vous avoue que ce qui me fait le plus de peine dans l'obligation où je suis de vous expliquer mes pensées sur ce sujet, afin de vous préserver d'une opinion qui m'a paru si dangereuse, c'est que j'estime et que je considère celui qui a composé cet ouvrage, et qu'il s'attire une recommandation particulière par sa vertu comme par sa doctrine. »

Quelle différence de ce public compétent et choisi à celui auquel nous nous adressons maintenant !

Rancé reprend une à une les propositions de Mabillon, et les réfute à son tour par des exemples. Comme il y a nécessairement des parties faibles dans un grand ouvrage, l'abbé les saisit avec habileté : « On loue, mes frères, dit-il, on loue Marc, disciple, à ce que l'on dit, de saint Benoît, de ce qu'il faisait bien des vers ! Quelle louange pour un moine ! Je suis assuré que saint Benoît ne lui avait pas légué cette science par son testament, ni qu'il ne la lui avait pas enseignée par son exemple. Quelle qualité pour un solitaire d'être poète !

» Loup, abbé de Ferrières, a tort de prier le pape Benoît III de lui envoyer le livre de l'Orateur de Cicéron, les douze livres de Quintilien, le Commentaire de Donat sur Térence : n'aurait-il pas mieux fait de gémir dans le fond de son cloître de ses propres péchés comme de ceux du monde, et de soutenir ses frères qui dans ce siècle de fer avaient besoin d'être secourus et d'être consolés ! »

Rancé se jette parmi les moines savants pour en rompre l'ordonnance ; il ne s'aperçoit pas qu'il les fait aimer : il rit de Hubald, auteur de cent trente vers à la louange des *chauves*. Rancé avait raison ; mais qu'est-ce que cela prouve, sinon chez Rancé un reste de la raillerie du monde ?

Mabillon ne se tint pas pour vaincu ; il répliqua dans ses *Réflexions*. Il amoncela de nouvelles preuves en faveur des études monastiques. Ces ouvrages de Mabillon ne sont point écrits avec emportement ; une attention sage, pleine de modération et de retenue, une piété tendre, une science humble et modeste, une sainte politesse règnent partout. Il finit par ces paroles touchantes :

« J'ai tâché de garder toutes les règles de la modération ; mais je n'oserais me flatter qu'il ne me soit rien échappé de contraire et que j'aie trahi en cela mes intentions les plus pures et les plus droites. Que ne pouvez-vous voir mon cœur, mon révérend Père (l'abbé de la Trappe) ! car permettez-moi de vous adresser ces paroles à la fin de cet ouvrage, pour y connaître les dispositions où je suis et pour votre personne et pour votre maison. Je suis bien éloigné de désapprouver la conduite que vous y gardez envers vos religieux touchant les études ; mais si vous les croyez assez forts pour s'en passer, n'ôtez pas aux autres un soutien dont ils ont besoin.

» Que si vous jugiez à propos de répliquer à ces réflexions, je vous prie de prendre bien ma pensée comme je me suis efforcé de prendre la vôtre ; mais, au nom de Dieu, demeurons-en là dans les termes de notre contestation. J'espère que Dieu me fera la grâce de n'entrer jamais dans ces sortes de détails. Quelques choses qu'on puisse me dire et que je puisse apprendre, je n'en ferai jamais aucun autre usage que de les sacrifier à la paix et à la charité chrétienne. Écrivez donc, si vous voulez, contre l'abus que l'on peut faire de l'étude et de la science, mais épargnez en même temps l'une et l'autre, parce qu'elles sont bonnes en elles-mêmes et que l'on en peut faire un très bon usage dans les communautés religieuses. C'est la charité qui, unissant les travaux des uns avec l'étude des autres par l'union de leurs cœurs, fait que ceux qui étudient participent au mérite du travail de leurs frères, et que ceux qui travaillent profitent des lumières de ceux qui étudient. Je souhaite de tout mon cœur que ce soit là notre partage aux uns et aux autres ; heureux si ce pouvait être là le fruit de nos disputes, et si, nos sentiments étant partagés au sujet de la science, ils demeuraient réunis au moins dans l'esprit de charité. Pardonnez-moi, mon révérend Père, car il faut finir par les paroles du saint docteur ; pardonnez-moi si j'ai parlé avec quelque sorte de liberté, et soyez persuadé que je ne l'ai fait par aucun dessein de vous blesser : *non ad contumelian tuam, sed ad defensionem meam.* Néanmoins, si je me suis trompé en cela même, je vous prie encore de me le pardonner. »

Ce ne sont pas là de ces modesties ostentatrices qui se glorifient. Mabillon parle à pleine ouverture de cœur ; aucun arrière-amour-propre ne corrompt la sincérité de ses aveux : tels sont les fruits de la religion. Il y a loin de cette douceur à cette amertume du savoir, telle qu'on la sent dans les contentions de Milton et de Saumaise et dans les jugements de Scaliger.

Les actions confirmèrent les paroles ; et l'on trouve Mabillon à la Trappe, suivi et accompagné avec respect par Rancé. Le 4 juin 1693, Rancé écrit à l'abbé Nicaise : « Le Père Mabillon est venu ici depuis sept à huit jours seulement. L'entrevue s'est passée comme elle le devait ; il est malaisé de trouver tout ensemble plus d'humilité et plus d'érudition que dans ce bon Père. »

Bossuet, avec son bon sens, avait éclairé le point de la difficulté, en distinguant l'état du solitaire de l'état de cénobite.

La dispute ne s'éteignit pas là : les moines savants avaient pris les armes. D. Claude de Vert, sous le nom de frère Colombart, se jeta dans la mêlée. L'infatigable Rancé répondit toujours. Quatre lettres du Père Sainte-Marthe parurent et auxquelles Rancé répliqua par une courte lettre adressée à Santeuil, juge placé avec ses belles poésies latines sur la frontière des deux Parnasses.

Au surplus, l'éloignement pour les lettres qu'éprouvait Rancé s'est retrouvé chez plusieurs hommes et même des hommes de son temps ; ils avaient appris à mépriser ce qu'ils avaient d'abord recherché. Boileau écrivait à Brienne : « C'est très philosophiquement et non chrétiennement que les vers me paraissent une folie. C'est vainement que votre berger en soutane, je veux dire M. de Maucroix, déplore la perte du *Lutrin*. Si quelque raison me le fait jamais déchirer, ce ne sera pas la dévotion, mais le peu d'estime que j'en fais, aussi bien que de tous mes autres ouvrages. Vous me direz peut-être que je suis aujourd'hui dans un grand accès d'humilité ; point du tout : jamais je ne fus plus orgueilleux ; car, si je fais peu de cas de mes ouvrages, j'en fais encore bien moins de ceux de nos poètes d'aujourd'hui, dont je ne puis plus lire ni entendre pas un, fût-il à ma louange. »

Que dirait donc le critique, maintenant qu'il n'y a pas un de nous, long ou écourté qu'il soit, qui ne se pense assuré d'aller aux astres. Pour moi, tout épris que je puisse être de ma chétive personne, je sais bien que je ne dépasserai pas ma vie. On déterre dans des îles de Norwége quelques urnes gravées de caractères indéchiffrables. A qui appartiennent ces cendres ? Les vents n'en savent rien.

Mabillon, né le 23 novembre 1632, à Saint-Pierre-Mont, village du diocèse de Reims, mourut sept ans après Rancé, le 27 décembre 1707. En apprenant cette mort, Clément XI dit « que Mabillon devait être inhumé dans le lieu le plus distingué, parce qu'on ne manquerait pas de demander où il avait été déposé : « *Ubi posuistis eum ?* »

Les restes du savant, après avoir été conservés au Musée des *monuments français*, ont été reportés, au mois de février 1819, à l'abbaye de Saint-Germain-des-Prés. Notre maître à tous, M. Augustin Thierry, a écrit ces paroles sur le premier monument de notre monarchie : découvrons-nous avec respect pour entrer dans le caveau funèbre : « Cette église fut le tombeau des princes mérovingiens : son pavé subsiste ; et, dans l'enceinte de l'édifice, rebâti plusieurs fois, il garde encore la poussière des fils du conquérant de la Gaule. Si ces récits valent quelque chose, ils augmenteront le respect de notre âge pour l'antique abbaye royale, maintenant simple paroisse de Paris ; et peut-être joindront-ils une émotion de plus aux pensées qu'inspire ce lieu de prières, consacré il y a treize cents ans. »

L'édit de Nantes fut révoqué en 1685 au mois d'août ; les cent cinquante-huit articles avaient été successivement cancellés par des lois. A ce propos, l'abbé de Rancé écrivait : « C'est un prodige que ce que le roi a fait pour [22] l'extirpation de l'hérésie. Il fallait pour cela une puissance et un zèle qui ne fût pas moins grand que le sien. Le temple de Charenton détruit, et nul exercice de religion dans le royaume, c'est une espèce de miracle que nous n'eussions pas cru voir de nos jours. »

Les temps transforment [23] les hommes. La philosophie a blâmé la révocation de l'édit de Nantes que le XVIe [24] siècle a loué. Cet édit établissait l'unité dans l'État. Rancé ne rencontrerait peut-être pas aujourd'hui la même contradiction à ses doctrines, lorsqu'il dit : « Nous avons eu les réjouissances nouvelles de la défaite des ennemis du roi (les Anglais). Je ne sais à quoi il tient que toute la chrétienté ne s'unisse pour achever l'œuvre qui serait la destruction entière de cet état de Satan. »

Rancé écrivait avec non moins de vivacité à l'abbé Nicaise : « Ce que vous m'avez appris de la peine d'écrire à Londres est du bien perdu : il y a un article sur lequel les hérétiques sont irrévertibles, c'est celui de la pénitence. Ils ne veulent que celle que l'on trouve dans le mariage. En cela ils n'auraient pas tant de tort, si c'était l'esprit de pénitence qui les faisait épouser une femme, ses mauvaises humeurs et les inconvénients qui sont attachés à cet état. Je n'imagine point de Trappe comparable à celle-là ; et celle où nous sommes me paraît un lit de roses par rapport à ce que nous savons qui arrive aux gens mal mariés. »

Les oiseaux sont revenus, les étangs sont desséchés, les nouveaux cénobites qui se trouvent à la Trappe, parfaitement conformes à ceux qui habitaient ce désert au XIe siècle. Ils ont l'air d'une colonie du Moyen Age oubliée : on croirait qu'ils jouent une scène d'autrefois, si en approchant d'eux on ne s'apercevait que ces acteurs sont des acteurs réels qu'un ordre de Dieu a transmis du XIe siècle jusqu'à notre scène ; ils n'ont de rapport avec les temps modernes que par le travail.

On ne sait si Rancé avait entretenu un commerce de lettres avec l'abbesse des Clairets, comme il en avait entretenu un avec Louise Roger de La Mardelière, mère du comte de Charny par Gaston. Peut-être qu'en cherchant bien on pourrait retrouver quelques-unes des lettres que Rancé écrivait dans sa jeunesse à madame de Montbazon, mais je n'ai plus le temps de m'occuper de ces erreurs. Pour m'enquérir des printemps il faudrait en avoir. Viendront des jeunes gens qui auront le loisir de chercher ce que j'indique. Le temps a pris mes mains dans les siennes [25] ; il n'y a plus rien à cueillir dans des jours défleuris.

On trouve dans le *Menagiana* ce que Ménage pensait de Rancé : « Je ne lis, dit-il, jamais les ouvrages de M. de la Trappe qu'avec admiration : c'est l'homme du royaume qui écrit le mieux ; son style est noble, sublime, inimitable ; son érudition profonde en matière de régularité, ses recherches curieuses, son esprit supérieur, sa vie irréprochable, sa réforme un ouvrage de la main du Très-Haut. »

Une lettre de madame de Maintenon, 29 juin 1698, nous apprend un voyage de son frère à la Trappe ; elle ajoute : « J'envie le bonheur de mon frère d'avoir vu ce qu'il y a de plus édifiant dans l'Église et d'avoir entendu celui dont Dieu s'est servi pour établir ce nombre de saints qui ne paraissent plus tenir à la terre. »

Ainsi tout s'occupait de Rancé, depuis le génie jusqu'à la grandeur, depuis Leibniz jusqu'à madame de Maintenon.

Le style de Rancé n'est jamais jeune, il a laissé la jeunesse à madame de Montbazon. Dans les œuvres de Rancé, le souffle du printemps manque aux fleurs ; mais en revanche quelles soirées d'automne ! qu'ils sont beaux ces bruits des derniers jours de l'année !

Rancé a beaucoup écrit ; ce qui domine chez lui est une haine passionnée de la vie ; ce qu'il y a d'inexplicable, ce qui serait horrible si ce n'était admirable, c'est la barrière infranchissable qu'il a placée entre lui et ses lecteurs. Jamais un aveu ; jamais il ne parle de ce qu'il a fait, de ses erreurs, de son repentir. Il arrive devant le public sans daigner lui apprendre ce qu'il est ; la créature ne vaut pas la peine qu'on s'explique devant elle : il renferme en lui-même son histoire, qui lui retombe sur le cœur. Il enseigne aux hommes une brutalité de conduite à garder envers les hommes ; nulle pitié de leurs maux. Ne vous plaignez pas, vous êtes faits pour les croix, vous y êtes attachés, vous n'en descendrez pas ; allez à la mort, tâchez seulement que votre patience vous fasse trouver quelque grâce aux yeux de l'Éternel. Rien de plus désespérant que cette doctrine, mélange de stoïcisme et de fatalité, qui n'est attendrie que par quelques accents de miséricorde qui s'échappent de la religion chrétienne. On sent comment Rancé vit mourir tant de ses frères sans être ému, comment il regardait le moindre soulagement offert aux souffrances comme une insigne faiblesse et presque comme un crime. Un évêque avait écrit à Rancé sur une abbesse qui avait besoin d'aller aux eaux, l'abbé lui répond :

« Le mieux que nous puissions faire, quand nous voyons mourir les autres est de nous persuader qu'ils ont fait un pas qu'il nous faut faire dans peu, qu'ils ont ouvert une porte qu'ils n'ont point refermée. Les hommes partent de la main de Dieu, il les confie au monde pour peu de moments ; lorsque ces moments sont expirés, le monde n'a plus droit de les retenir, il faut qu'il les rende. La mort s'avance, et l'on touche à l'éternité dans tous les instants de la vie. On vit pour mourir ; le dessein de Dieu, lorsqu'il nous donne la jouissance de la lumière est de nous en priver. On ne meurt qu'une fois, on ne répare point par une seconde vie les égarements de la première : ce que l'on est à l'instant de la mort, on l'est pour toujours. »

Cette langue du XVIIe siècle mettait à la disposition de l'écrivain, sans effort et sans recherche, la force, la précision et la clarté, en laissant à l'écrivain la liberté du tour et le caractère de son génie. On trouve cette description du silence imprimée dans la vingt-neuvième instruction de Rancé :

« La solitude est peu utile sans le silence, car on ne se sépare des hommes que pour parler à Dieu, en interrompant tout entretien avec les créatures.

» Le silence est l'entretien de la Divinité, le langage des anges, l'éloquence du ciel, l'art de persuader Dieu, l'ornement des solitudes sacrées, le sommeil des sages qui veillent, la plus solide nourriture de la providence, le lit des vertus ; en un mot, la paix et la grâce se trouvent dans le séjour d'un silence bien réglé. »

Rancé serait un homme à chasser de l'espèce humaine s'il n'avait partagé et surpassé les rigueurs qu'il imposait aux autres : mais que dire à un homme qui répond par quarante ans de désert, qui vous montre ses membres ulcérés, qui, loin de se plaindre, augmente de résignation à mesure qu'il augmente de douleur ? C'était ainsi qu'il fermait la bouche à ses adversaires, que Port-Royal et tous ses saints reculaient devant lui, qu'il faisait fuir ses ennemis en leur montrant la tête sanglante de la pénitence. Il voulait que tous les pécheurs mourussent avec lui ; comme les fameux capitaines, il ne comptait pas les morts, pourvu qu'il gagnât la victoire[26]. Je vous ai parlé de son fameux traité *De la sainteté monastique* : dans toutes ses pensées, extraites de ses différentes œuvres et recueillies par Marsollier, on ne retrouve que des redites de la même idée ; c'est toujours dur, mais admirablement exprimé. A la tête d'un manuscrit de deux cent six pages à vingt-six lignes la page, venu d'Alençon, où ce manuscrit avait été transporté après la destruction de la Trappe, est écrite, par un moine, la note suivante : « Ce livre est écrit de la propre main de notre révérend et très-saint père Dom Armand-Jean, notre réformateur de la Trappe, qui, pour notre malheur, mourut le mois passé, 31 octobre 1700, comme il avait vécu. » Moreri cite le 26 octobre, la *Gallia christiana* le 27, une lettre de Bossuet mentionne le 29, et la note ci-dessus le 31 octobre. Cette note me semblerait devoir faire autorité, et c'est ce que pense aussi le bibliothécaire d'Alençon sous la date du 3 août 1819 ; le Père Le Nain dit formellement que Rancé expira le 27 du mois d'octobre, à deux heures après midi, à l'âge de soixante-quinze ans, après en avoir passé trente-sept dans la solitude. Le manuscrit cité me semble être de la jeunesse de Rancé, et renferme ses études sur la Trinité, c'est-à-dire des recherches sur ce qu'en avaient dit Platon, Justin, Clément d'Alexandrie, sans oublier les hymnes d'Orphée ; grandes recherches que ne faisait point Rancé à la Trappe et qui sont visiblement de sa jeunesse. L'écriture de l'ouvrage inédit que je cote est d'un jeune homme ; le grec est facile à lire, presque toutes les lettres compliquées sont remplacées par des lettres simples. Rancé remarque que le Symbole de Nicée a ajouté au *Credo* le mot *fils*.

Rancé avait voulu l'obscurité, et c'est un moine, son

compagnon, qui ne signe point, qui se trompe même d'année, ayant mis 1600 pour 1700, qui nous apprend sa mort ; mort qui n'importe aujourd'hui à personne.

Rancé a écrit prodigieusement de lettres. Si on les imprimait jamais avec ses œuvres, on verrait qu'une seule idée a dominé sa vie ; malheureusement on n'aurait pas les lettres qu'il écrivait avant sa conversion et qu'au moment de sa vêture il ordonna de brûler. Ce serait seulement une étude remarquable par la différence des correspondants auxquels il s'adressa, mais toujours avec une idée fixe. Les réponses à ces lettres, les lettres qu'on lui écrivit à lui-même seraient plus variées et toucheraient à tous les points de la vie. Il s'est formé une solitude dans les lettres de Rancé comme celle dans laquelle il enferma son cœur.

Les recueils épistolaires, quand ils sont longs, offrent les vicissitudes des âges : il n'y a peut-être rien de plus attachant que les longues correspondances de Voltaire, qui voit passer autour de lui un siècle presque entier. Lisez la première lettre, adressée en 1715 à la marquise de Mimeure, et le dernier billet écrit le 26 mai 1778, quatre jours avant la mort de l'auteur, au comte de Lally-Tolendal ; réfléchissez sur tout ce qui a passé dans cette période de soixante-trois années. Voyez défiler la procession des morts : Chaulieu, Cideville, Thiriot, Algarotti, Genonville, Helvétius ; parmi les femmes, la princesse de Bareith, la maréchale de Villars, la marquise de Pompadour, la comtesse de Fontaine, la marquise du Châtelet, madame Denis, et ces créatures de plaisir qui traversent en riant la vie, les Lecouvreur, les Lubert, les Gaussin, les Sallé, les Camargo, Terpsichores *aux pas mesurés par les Grâces*, dit le poète, et dont les cendres légères sont aujourd'hui effleurées par les danses aériennes de Taglioni.

Quand vous suivez cette correspondance, vous tournez la page et le nom écrit d'un côté ne l'est plus de l'autre ; un nouveau Genonville, une nouvelle du Châtelet paraissent et vont, à vingt lettres de là, s'abîmer sans retour : les amitiés succèdent aux amitiés, les amours aux amours.

L'illustre vieillard, s'enfonçant dans ses années, cesse d'être en rapport, excepté par la gloire, avec les générations qui s'élèvent ; il leur parle encore du désert de Ferney, mais il n'a plus que sa voix au milieu d'elles. Qu'il y a loin des vers au fils unique de Louis XIV :

Noble sang du plus grand des rois
Son amour et notre espérance, etc.

aux stances à madame Du Deffant [27] :

Eh quoi ! vous êtes étonnée
Qu'au bout de quatre-vingts hivers
Ma muse, faible et surannée,
Puisse encor fredonner des vers !

. . . .

Quelquefois un peu de verdure
Rit sous les glaçons de nos champs ;
Elle console la nature,
Mais elle sèche en peu de temps.

Le roi de Prusse, l'impératrice de Russie, toutes les grandeurs, toutes les célébrités de la terre reçoivent à genoux, comme un brevet d'immortalité, quelques mots de l'écrivain qui vit mourir Louis XIV, tomber Louis XV et régner Louis XVI et qui, placé entre le grand roi et le roi martyr, est à lui seul toute l'histoire de France de son temps.

Mais peut-être qu'une correspondance particulière entre deux personnes qui se sont aimées offre encore quelque chose de plus triste ; car ce ne sont plus les *hommes*, c'est l'*homme* que l'on voit.

D'abord les lettres sont longues, vives, multipliées ; le jour n'y suffit pas : on écrit au coucher du soleil ; on trace quelques mots au clair de la lune, chargeant sa lumière chaste, silencieuse, discrète, de couvrir de sa pudeur mille désirs. On s'est quitté à l'aube ; à l'aube on épie la première clarté pour écrire ce que l'on croit avoir oublié de dire dans des heures de délices. Mille serments couvrent le papier, où se reflètent les roses de l'aurore ; mille baisers sont déposés sur les mots qui semblent naître du premier regard du soleil : pas une idée, une image, une rêverie, un accident, une inquiétude qui n'ait sa lettre.

Voici qu'un matin quelque chose de presque insensible se glisse sur la beauté de cette passion, comme une première ride sur le front d'une femme adorée. Le souffle et le parfum de l'amour expirent dans ces pages de la jeunesse, comme une brise le soir s'alanguit sur des fleurs : on s'en aperçoit, et l'on ne veut pas se l'avouer. Les lettres s'abrègent, diminuent en nombre, se remplissent de nouvelles, de descriptions, de choses étrangères ; quelques-unes ont retardé, mais on est moins inquiet ; sûr d'aimer et d'être aimé, on est devenu raisonnable ; on ne gronde plus, on se soumet à l'absence. Les serments vont toujours leur train ; ce sont toujours les mêmes mots, mais ils sont morts ; l'âme y manque : *je vous aime* n'est plus là qu'une expression d'habitude, un protocole obligé, le *j'ai l'honneur d'être* de toute lettre d'amour. Peu à peu le style se glace, ou s'irrite ; le jour de poste n'est plus impatiemment attendu ; il est redouté ; écrire devient une fatigue. On rougit en pensée des folies que l'on a confiées au papier ; on voudrait pouvoir retirer ses lettres et les jeter au feu. Qu'est-il survenu ? Est-ce un nouvel attachement qui commence ou un vieil attachement qui finit ? n'importe : c'est l'amour qui meurt avant l'objet aimé. On est obligé de reconnaître que les sentiments de l'homme sont exposés à l'effet d'un travail caché ; fièvre du temps qui produit la lassitude, dissipe l'illusion, mine nos passions, fane nos amours et change nos cœurs, comme elle change nos cheveux et nos années. Cependant il est une exception à cette infirmité des choses humaines ; il arrive quelquefois que dans une âme forte un amour dure assez pour se transformer en amitié passionnée, pour devenir un devoir, pour prendre les qualités de la vertu ; alors il perd sa défaillance de nature, et vit de ses principes immortels.

Il ne faut pas séparer des ouvrages de Rancé les instructions de saint Dorothée traduites du grec pour les instructions des pères de la Trappe. Saint Dorothée se convertit à la vue d'un tableau, comme Énée retrouva les souvenirs de Troie dans les palais de Carthage. Ce tableau représentait les divers tourments des pécheurs aux enfers : une dame d'une majesté et d'une beauté extraordinaires se montra tout à coup auprès de Dorothée, lui expliqua le tableau et disparut. On voit comme les souvenirs de Virgile s'étaient empreints jusque dans les imaginations de l'Orient, si toutefois l'Orient n'était pas à la source de ces souvenirs. Les intructions de saint Dorothée sur les jugements, sur les accusations de soi-même, sur le souvenir des injures, sur les habitudes, sont écrites dans la traduction de Rancé avec onction et intérêt. Un jour, selon une de ces histoires, un des frères vint trouver son abbé dans le désert et lui dit : « Ayez pitié de moi, mon père, parce que je dérobe et que je mange ensuite ce que j'ai dérobé. — Et pourquoi ? dit saint Dorothée, est-ce que vous avez faim ? — Oui, mon père, répondit-il ; ce que l'on donne à la table commune ne me suffit pas. » On doubla la pitance du solitaire, et il dérobait toujours. Ce pauvre frère savait que le larcin est un péché, il en pleurait, et toutefois il se laissait entraîner.

D'Andilly n'avait laissé à Rancé que l'histoire de Dorothée à traduire : c'était un mauvais grec du troisième siècle, difficile à entendre, et dont il n'existait qu'une paraphrase infidèle. J'ai vu entre Jaffa et Gaza le désert qu'avait habité Dorothée : il n'y avait point les soixante-dix palmiers et les douze fontaines.

Une suite de souffrances renouvelées obligèrent enfin Rancé de se démettre de son abbaye. On était si abattu sous la majesté de Louis XIV, que des solitaires mêmes ne pouvaient s'empêcher de faire entendre ce langage de la flatterie usité à Versailles. Ce n'était pas chose si aisée qu'on se l'imagine que de faire agréer la démission d'un trappiste ; derrière cette démission se reproduisait la question de l'*abbé commendataire* ou de l'*abbé régulier*. La sainteté inspirait à Rancé une adresse particulière sitôt que se renouvelaient des contestations : le chef de l'ordre de Cîteaux en appelait-il au pape, Rancé en appelait au roi. Louis XIV évoquait l'affaire à son conseil et, sans donner gain de cause à l'une des parties, rétablissait l'équilibre. La cour se partageait ; elle prenait un vif intérêt à ces démêlés du cloître ; un grand saint avait autant de crédit qu'un grand seigneur ; une gravité commune faisait que l'austérité de la religion communiquait de l'importance aux affaires du monde, et que les affaires du monde donnaient une vivacité utile aux intérêts de la religion.

Rancé avait consenti à se charger de la conduite spirituelle de l'abbaye des Clairets, monastère de femmes dépendant de la Trappe. Il était gouverné par Eugénie-Françoise d'Étampes de Valence, d'une plus illustre famille que celle de cette duchesse d'Étampes, appelée la plus savante des plus belles et la plus belle des savantes. On voit dans des lettres du temps qu'on y allait par Nogent-le-Rotrou [28].

La visite de Rancé aux Clairets est du 16 février 1690 ; on possède encore, avec la carte de sa visite, les discours d'ouverture et de clôture. L'abbesse avait fait sonner la grosse cloche de l'abbaye aussitôt que Rancé parut dans le voisinage ; cloche dont le son se perdit comme mille autres dans les bois qui n'existent plus ; on trouve on ne sait quel charme dans ces accents qui annonçaient à des échos, muets depuis long-temps, le passage d'un homme sur la terre. L'abbesse s'était jetée à genoux devant le Père à l'entrée de l'église. La carte de visite laissée dans le monastère faisait du bruit. Rancé avait dit que la lecture de l'ancien Testament ne convenait pas à des religieuses : « Que voulez-vous, disait-il, que des filles obligées à une chasteté consommée lisent le *Cantique des cantiques*, l'histoire de Suzanne, celle de Juda, de Thamar, de

Judith, d'Ammon, de la violence faite à la femme du lévite dans Gabaon, le Lévitique, Ruth ? »

La parole de Rancé, aussi persuasive que son caractère était inflexible, fut écoutée presque sans fruit aux Clairets ; il détruisait par sa voix l'effet qu'il produisait par sa parole : c'est pourquoi l'on trouve une lettre rude qu'il écrivit à une religieuse de ce monastère : « Je vous avoue que j'ai été tout à la fois surpris de vous voir dans les dispositions et les pensées auxquelles je ne me serais point du tout attendu ; car enfin qu'est-ce que Dieu pourrait faire davantage pour vous assurer contre la crainte de la mort, que de vous appeler dans un état qui doit vous donner de l'éloignement et du mépris pour la vie ? »

Fait pour le monde, l'abbé s'en séparait par la pénitence ; mais au milieu de toutes ces douleurs de femmes, il ne s'apercevait pas qu'en voulant faire retourner l'humanité aux rigueurs de l'Orient, il se trompait de siècle et de climat. Il n'avait pas de corbeaux pour nourrir ses anachorètes, de palmiers pour couronner leur tête, de lions pour creuser la fosse des Thaïs. Sa morale tombait dans ces méprises de notre poésie qui ne parle que de la cruauté des tigres, dans des forêts où nous n'apercevons que des chevreuils.

Rancé retourna à la Trappe par un orage ; les tonnerres accompagnaient majestueusement les faibles pas d'un vieillard. Les beaux temps du christianisme étaient finis : on croit entendre se refermer les portes d'un temple abandonné.

L'abbesse d'une célèbre abbaye de Paris ayant lu l'ouvrage *De la Sainteté et des devoirs de la vie monastique*, ne voulut plus consentir qu'on introduisît la musique dans son couvent : elle en écrivit à Rancé ; l'abbé répondit : « La musique ne convient point à une règle aussi sainte et aussi pure que la vôtre ; est-il possible que vos sœurs soient si aveugles et aient les yeux tellement fermés qu'elles ne s'aperçoivent pas qu'elles introduiraient un abus dont elles doivent avoir un entier éloignement ! »

Rancé était de l'avis des magistrats de Sparte : ils mirent à l'amende Terpandre pour avoir ajouté deux cordes à sa lyre. Les nonnes persistèrent ; le monde rit de ces discordes qui pensèrent renverser une grande communauté. Le ciel mit fin aux divisions, comme Virgile nous apprend que l'on apaise le combat des abeilles : un peu de poussière jetée en l'air fit cesser la mêlée. Il survint aux religieuses qui voulaient chanter, des rhumes : elles reconnurent que la main de Dieu s'appesantissait sur elles. Rancé du reste avait raison : la musique tient le milieu entre la nature matérielle et la nature intellectuelle ; elle peut dépouiller l'amour de son enveloppe terrestre ou donner un corps à l'ange : selon les dispositions de celui qui les écoute, ses mélodies sont des pensées ou des caresses[29].

Des médailles et des portraits de l'abbé de Rancé s'étant répandus donnèrent naissance à de nouvelles calomnies ; on le traita de superbe qui voulait éterniser sa mémoire. On fit courir les médailles portant d'un côté ces mots : *Restaurator monachorum ;* et de l'autre un moine mal fait avec cette devise : *Labor improbus.*

Le Père Lami, un des commensaux de la Trappe, était demi-philosophe ; il différait de Rancé sur beaucoup de sujets ; il passait pour être l'homme de son ordre qui écrivait le mieux en français : il avait développé avec clarté les idées de Descartes. Au sujet des *Études monastiques,* il eut une discussion avec Rancé devant madame de Guise, et Mabillon raconte que Lami l'emporta sur Rancé. Un ordre de Louis XIV imposa silence aux partis.

S'il y a des libelles imprimés contre Rancé, il y en a d'autres qui sont restés manuscrits, en particulier une dissertation sur les *humiliations,* par l'abbé Leroy ; elle se trouve à la bibliothèque de Sainte-Geneviève. L'abbé de Rancé répondait : « Vous savez combien de fois on m'a fait mort ; on a vu que je ne laissais pas de vivre ; on s'avise de dire que la vie de l'esprit est éteinte en moi, que véritablement j'ai une âme, mais que je ne raisonne plus. » On le pressait de mitiger la discipline de la Trappe, il répondait par ces quatre mots des Machabées : « *Moriamur in simplicitate nostra.* » On l'invitait à écrire les devoirs du chrétien, comme il avait écrit les devoirs de la vie monastique ; il en traça des pages, puis il s'arrêta, disant : « Il ne me reste que quelques instants à vivre ; le meilleur usage que j'en puisse faire, c'est de les passer dans le silence. »

Rancé habita trente-quatre ans le désert, ne fut rien, ne voulut rien être, ne se relâcha pas un moment du châtiment qu'il s'infligeait. Après cela put-il se débarrasser entièrement de sa nature ? ne se retrouvait-il pas à chaque instant comme Dieu l'avait fait ? Son parti pris contre ses faiblesses a fait sa grandeur ; il avait composé de toutes ses faiblesses punies un faisceau de vertus. Selon l'historien de saint Luc, saint Bernard bâtit son édifice sur le fondement d'une grande innocence ; Rancé, sur les ruines de son innocence perdue, mais réparée.

Le rhumatisme qui d'abord lui avait saisi la main gauche se jeta sur la droite, dans laquelle le chirurgien de madame de Guise travailla. Cette main devint inutile et contrefaite. Le malade avait une répugnance extrême de toute nourriture. Affligé d'une toux insupportable, d'une insomnie continuelle, de maux de dents cruels, d'enflures aux pieds, il se vit réduit pendant près de six années à passer ses jours à l'infirmerie dans une chaise, sans presque jamais changer de posture. Un frère convers le pressant de prendre un peu de nourriture, Rancé dit avec un sourire : « Voilà mon persécuteur. » Il n'employait ses frères qui regardaient comme un bonheur de le servir, qu'avec une extrême discrétion. Il souffrait la soif n'osant leur demander à boire de peur de les fatiguer. Lorsqu'on lui avait donné quelque chose, il en témoignait aussitôt sa reconnaissance par une inclination de tête en se découvrant. Il souffrait des douleurs aiguës que l'on n'aurait pas remarquées si l'on n'eût aperçu quelques changements sur son visage. Il avait fait mettre vis-à-vis de sa chaise dans l'infirmerie ces paroles du prophète : « Seigneur, oubliez mes ignorances et les péchés de ma jeunesse. » Ce fut pendant cette perpétuelle agonie qu'il composa son livre intitulé : *Réflexions sur les quatre évangélistes*.

Rancé ne rencontra pas toujours des Mabillon, il eut des adversaires plus ignorants, par conséquent plus sûrs d'eux-mêmes. On lui apporta un matin une satire contre sa personne ; il la lut, loua ce qu'il y trouva de bien et dit : « Voilà une excellente préparation pour la messe. » Il allait à l'autel.

Dans le remuement des choses, il conservait sa paix. Pendant ses voyages, il se détournait le plus qu'il pouvait des grands chemins. Il suivait des sentiers au milieu des blés, tenant les yeux attachés sur le soleil prêt à se coucher parmi les moissons. Si par hasard il rencontrait quelque banne, il demandait la permission d'y monter. « Ce serait plutôt à moi, disait-il, de conduire cette charrette qu'à ce paysan, parce que, quoiqu'il soit pauvre, c'est un homme de bien. Moi, je suis toujours le plus malheureux de tous les pécheurs. » Il avertit ses frères des maux dont la maison était menacée. A l'anniversaire de sa profession d'abbé, des moines assemblés en chapitre firent à genoux cette protestation : « Nous protestons de garder notre sainte règle dans toute son étendue. » Rancé commença : il renonça de nouveau au monde pour ne s'occuper que des années éternelles.

Les solitaires écrivirent en même temps au pape : « Il y a plusieurs années, très-saint père, que nous jouissons d'un grand et précieux trésor dans la personne de notre père abbé ; mais il va nous être enlevé si votre sainteté ne se hâte de nous secourir. Il va à la mort avec joie ; il ne veut rien prendre de ce qui pourrait réparer ses forces ; il chante avec l'apôtre : Si la maison de terre que nous habitons vient à se dissoudre, Dieu nous donnera dans le ciel une demeure qui durera éternellement. Qu'il nous survive, qu'il nous ferme les yeux ! » Le cardinal Cibo répondit au nom du pape que sa sainteté ordonnait que l'abbé de la Trappe eût à suspendre des austérités qui compromettaient sa vie.

Le 2 de novembre de l'année 1694, Rancé mandait à l'abbé Nicaise : « Voilà M. Arnauld mort après avoir poussé sa carrière aussi loin qu'il l'a pu. Il a fallu qu'elle se soit terminée ; voilà bien des questions finies. L'érudition de M. Arnauld et son autorité étaient d'un grand poids pour le parti heureux qui n'en a point d'autre que celui de Jésus-Christ ; qui, mettant à part tout ce qui pourrait l'en séparer ou l'en distraire, même pour un moment, s'y attache avec tant de fermeté que rien ne soit capable de l'en déprendre. » Ce passage de la lettre de Rancé, si différent de ce qu'il avait écrit à M. de Brancas sur Arnauld, étant connu, ressuscita toutes les ardeurs. Rancé lui-même fut surpris du fracas que causaient ces quatre lignes. Au milieu de cette agitation, il écrivit de nouveau, le 27 janvier 1695, à l'abbé Nicaise : « J'ai reçu depuis deux jours une lettre de plus de vingt pages de votre bon ami le Père Quesnel : elle est toute remplie d'une dureté et d'une vivacité incompréhensibles ; il prétend me prouver que j'ai flétri le nom de M. Arnauld, que je lui ai donné un coup de poignard après sa mort, que j'ai fait, autant qu'il était en mon pouvoir, une plaie mortelle à sa mémoire, et une infinité d'autres choses plus violentes les unes que les autres. Je n'ai jamais entendu parler d'une imagination aussi extraordinaire. Quand j'aurais écrit un volume contre la vie, la conduite et les sentiments de M. Arnauld, que je me fusse servi pour cela des expressions les plus injurieuses, il ne me traiterait pas d'une autre manière ; il me demande des rétractations et des déclarations publiques, comme si j'avais de mon plein pouvoir rejeté hors de l'Église M. Arnauld après sa mort ; il ajoute que toute la France attend une réparation de ma part, et si j'avais mis le feu à Port-Royal ou que je l'eusse renversé de fond en comble, il ne m'en dirait pas davantage. »

Rancé avait raison, il n'avait pas mis le feu à Port-Royal. Quant à la convenance de ses prévisions, c'était une convenance que se donnent facilement les hommes accoutumés à se servir de la plume. Pour ce qui est du grand Arnauld dont on ne lit plus les ouvrages, les dernières années de sa vie avaient affaibli le sérieux qui lui servait de bouclier. Caché à l'hôtel de Longueville, déguisé sous un habit gris, l'épée au côté, affublé d'une grande perruque, le vieux janséniste était nourri dans une chambre haute par l'aventurière de la Fronde. Il commettait mille imprudences. Madame de Longueville disait qu'elle aurait mieux aimé confier ses secrets à un libertin. Il ne voulait point de paix ; il avait, disait-il, pour se reposer l'éternité tout entière. Lorsqu'on jouit d'une imposante renommée, il faut éviter les travestissements peu dignes.

Au surplus, les vertus de Rancé ôtaient la force à tous ses ennemis. Le Père Quesnel même, désavouant la lettre haute qu'il avait écrite à l'abbé de la Trappe, disait : « Ce n'est pas seulement parce qu'il y a plus de trente ans que je fais profession de l'honorer, mais plus encore parce qu'on doit du respect à l'esprit de Dieu qui règne dans ses serviteurs, de ne les pas contrister, de ne pas nuire à ses œuvres en diminuant la réputation des ouvriers qu'il a daigné employer ; je puis bien ne pas convenir de leur sentiment ni approuver toutes leurs démarches, mais je ne me dois jamais dispenser de les traiter avec respect. »

Les tracasseries continuaient contre Rancé auprès et au loin, et il disait : *Ego sum vermis et non homo*. On voit des couplets contre lui dans le recueil de chansons.

Un témoin, ami de Rancé, le Père Le Nain, nous décrit ainsi ses travaux et les inquiétudes de son monastère :

« Qui l'aurait pu croire, dit-il, si on ne l'avait vu de ses yeux ! cet homme, qui semblait ne vivre que de souffrances et de peines, comme s'il eût eu un corps de diamant et tout à fait insensible, ou plutôt s'il eût été un pur esprit, était toujours dans l'action du matin jusqu'au soir ; il écrit, il dicte des lettres, il compose ses ouvrages, il étudie, il écoute ses religieux, répond à toutes leurs difficultés ; il conduit quatre-vingts personnes qui composent sa communauté, tant novices que profès ; il ordonne tout ce qui les regarde, soit pour leur intérieur, soit pour leurs besoins extérieurs. Tantôt il va à l'infirmerie, de l'infirmerie aux hôtes, des hôtes au cloître, et du cloître vers ses frères ; tantôt il visite les cellules pour voir si chacun s'occupe, tantôt il descend au chœur pour examiner avec quelle piété on y célèbre les divins offices, et tantôt il retourne à sa chambre où quelque frère l'attend ; mais souvent il y retourne tellement fatigué qu'il ne peut plus se soutenir sur ses pieds, et à peine y est-il un moment qu'une visite d'hôte l'oblige d'en sortir : il ne discontinue pas même ses occupations dans le temps destiné au repos. On le voit, entre les Matines et Prime, faire un tour dans le monastère, ou aller à la cour des frères convers, ou parcourir le dortoir pour voir si chacun est couché ; car il disait que ce n'était pas une moindre faute contre la règle de ne se pas retirer pour se reposer sitôt que la retraite est sonnée, que de ne se pas lever aussitôt qu'on entend la cloche du réveil. »

A ces fatigues du corps Rancé joignait celles de l'esprit, ressentant dans son âme toutes les peines et toutes les tentations de ses enfants, leurs faiblesses et leurs misères ; et comme un autre saint Paul, se faisant tout à tous, il les portait dans ses entrailles ; il était triste avec ceux qui l'étaient, malade avec les malades, se chargeant par le pur effet de sa charité de tous leurs maux corporels et spirituels.

Ses amis lui représentaient qu'il prenait trop de peine pour un monastère qui ne subsisterait pas ; il répondait : « La Trappe aura la durée qu'elle doit avoir selon les déterminations éternelles. Si l'on s'était conduit dans les âges supérieurs par cette considération qu'il n'y a rien qui ne change, on se serait tenu dans l'inaction, le champ de Jésus-Christ serait un désert stérile privé de tous ces grands ouvrages qui en font l'ornement et la beauté. Dieu se moque de la diligence des hommes qui prennent tant de peine pour conserver leur vie à la veille de leur mort. »

Le serviteur de Dieu fut exposé aux épreuves dont

les histoires de ces temps nous parlent ; histoires qu'on retrouve dans tous les monastères et que Rancé avait souvent rappelées dans les Vies particulières de quelques-uns de ses religieux. Un jeune possédé avait déclaré que des légions de démons assiégeaient la Trappe. On croyait qu'il n'y avait point de solitude vide ; on habitait au milieu d'un monde d'esprits ; mais ces esprits avaient leur domicile dans les cloîtres : le merveilleux achevait d'agrandir la poésie. Rancé oyait des bruits aigres et perçants ; ses moines lui racontaient qu'ils éprouvaient, la nuit, les secousses d'une force étrangère. On entendait dans les dortoirs des tintamarres affreux, comme des personnes qui se battaient ; on frappait aux portes des cellules, ou bien il semblait qu'un homme marchât seul à grands pas ; une main de fer passait et repassait sur le chevet des lits. Étaient-ce ces souvenirs changés seulement de formes que l'on rencontre dans les élégies de Tibulle :

Quam juvat immites ventos audire cubantem.

Faut-il attribuer ces effets aux tempêtes de la nuit dans les désolations de la Trappe, ou aux illusions de l'astrologie que le Père Le Nain reprochait à Rancé ? Étaient-ce des gestes de cette femme que le père de la Trappe avait vue à Véretz au milieu des flammes, ou enfin était-ce le ressac des flots du temps contre le rivage de l'éternité ? Rancé se préparait à exorciser la maison ; mais vers la fin de l'année 1683 les bruits cessèrent. En ce temps-là les hommes qui avaient aimé ne croyaient pas que des tombes fussent inhabitées.

Les soucis intérieurs de la communauté n'empêchaient nullement Rancé de s'occuper de ce qui se passait au dehors ; il prit une grande part à la mort de la princesse palatine, arrivée au mois de juillet 1684. Anne de Gonzague de Clèves avait plusieurs fois consulté Rancé sur des difficultés de conscience ; son nom rappelait un charmant ouvrage de madame de La Fayette, et c'est sur Anne de Gonzague que Bossuet a composé une de ses plus belles Oraisons funèbres. Après s'être plongée dans les idées du siècle, idées qui s'éloignaient du temps où elle vivait, la princesse palatine avait commencé par les idées cartésiennes ; de là elle avait passé à ne plus rien croire, et ayant achevé le tour du cadran, elle avait remonté elle-même vers la religion comme plusieurs esprits forts ou libertins de cette époque. Dans son séjour en France elle avait vu la Fronde qui, selon Bossuet, était un travail de la France prête à enfanter le règne miraculeux de Louis.

« Et qu'avaient-ils vu, s'écrie le grand orateur, rappelant la philosophie de la princesse palatine, qu'avaient-ils vu ces rares génies plus que les autres ? Ils n'ont rien vu, ils n'entendent rien, ils n'ont pas même de quoi établir le néant auquel ils aspirent après cette vie. »

Bossuet conte ce que la princesse palatine raconta elle-même au saint abbé. « Une nuit, dit-elle, que je croyais marcher seule dans une forêt, je rencontrai un aveugle dans une petite loge ; je lui demandai s'il était aveugle de naissance, ou s'il l'était devenu par accident. Il me répondit qu'il était né aveugle. Vous ne savez donc pas, lui dis-je, ce que c'est que la lumière qui est si belle et si agréable ? Non, me répondit-il, cependant je ne laisse pas de croire que c'est quelque chose de très beau. Alors il me semblait que cet aveugle changea tout à coup de voix, et me parlant avec autorité, me dit : « Cela doit vous apprendre qu'il y a des choses excellentes quoiqu'on ne les puisse comprendre. »

Bossuet, dans son Oraison funèbre, parle de son ami Rancé : « Un saint abbé dont la doctrine et la vie sont un ornement de notre siècle, ravi d'une conversion aussi admirable et aussi parfaite que celle de notre princesse, lui ordonna de l'écrire pour l'édification de l'Église ; elle commence ce récit en confessant son erreur : Vous, Seigneur, dont la bonté infinie n'a rien donné aux hommes de plus efficace pour effacer leurs péchés que la grâce de les reconnaître, recevez l'humble confession de votre servante. »

Anne de Gonzague était une de ces mortelles dont la beauté avait rôdé dans les bois de la Trappe : elle avait inspiré à Henri de Guise, archevêque de Reims, une passion qu'elle partagea. Elle se mêla, dit madame de Motteville, à presque tout ce qui se fit alors, elle soutint le cardinal de Mazarin qui n'en fut pas fort reconnaissant. On a une lettre d'elle, insérée parmi les lettres de Bussy-Rabutin. Malheureusement on n'a pas les autres lettres qu'elle écrivit à la maréchale de Guébriant, ni le traité sur *l'Art de juger la vérité des sentiments*. Les dames philosophes de ce temps, qui déclinèrent peu à peu vers le matérialisme, commencèrent par être cartésiennes et s'en allaient à Dieu, les pensées inclinées vers la raison, au lieu de les lui remettre comme des fleurs. Anne de Gonzague n'était pas insensible à l'argent ; elle avait reçu des sommes assez considérables pour faire réussir des mariages qui n'eurent pas lieu. Elle ne rendit point ces sommes, ou présenta des comptes qui les absorbaient.

Après sa mort, la princesse palatine fut enterrée au Val-de-Grâce, à côté de Bénédicte, sa sœur. Quand on exhuma les morts, les déterreurs insultèrent ces dépouilles, comme on jette au vent des feuilles de roses séchées. Retz dit que la princesse palatine estimait autant la galanterie qu'elle en aimait le solide, et qu'elle avait autant de capacité qu'Élisabeth pour conduire un État.

Rancé, au milieu de toutes ces tribulations, n'avait d'autre refuge que la patience chrétienne. On écrivit contre lui, on prêcha même contre lui ; on attaqua sa doctrine et sa conduite ; on s'efforça de le faire passer pour un hérétique ou pour un fanatique ; on publia qu'il tenait dans son monastère des assemblées contre la religion et contre l'État. La Trappe fut au moment d'être détruite comme Port-Royal : Rancé, au milieu de toutes ses afflictions d'esprit, fut livré à des infirmités qui ne lui permettaient aucun repos ; il fut maltraité de ceux-là mêmes auxquels il avait fait le plus de bien. Arrivé à ce comble de douleur qu'il avait tant désiré pour ressembler à Jésus-Christ son maître, on lui proposait de le guérir par le secours des médecins : « Je suis, répondit-il, entre les mains de Dieu ; c'est lui qui donne la vie, c'est lui qui l'ôte : il saura bien me guérir si sa volonté est que je vive. Mais pourquoi bon me guérir ? A quoi suis-je bon ? Que fais-je en ce monde, qu'offenser Dieu ? » Quand il y avait quelque relâche à ses souffrances et qu'on le félicitait, il disait : « De quoi me félicitez-vous ? De ce que je suis retenu en prison, de ce que, mes liens étant près de se rompre, on m'a chargé de nouveaux fers ? »

Rancé brûla une quantité de lettres remplies de témoignages d'admiration ; il en conserva d'autres en marge desquelles étaient écrits de sa main ces deux mots : *Lettres à garder*. C'étaient des lettres diffamatoires contre lui. Était-ce humilité ou orgueil ? Le Père de Monty était venu le voir et le força d'appeler un médecin. « Il faut s'écrier comme Job, disait-il : Que celui qui a commencé achève de me réduire en poussière. » On le conjurait de quitter pour quelque temps l'air de sa retraite. « J'ai dit en entrant ici, répondait-il : *Haec requies mea.* »

A ceux qui lui objectaient le peu de certitude de la durée de la Trappe, il répondait : « Elle durera ce qu'elle doit durer. Si, dans les âges supérieurs, on s'était conduit par cette considération qu'il n'y a rien qui ne soit sujet à la décadence, où en serait aujourd'hui le champ de Jésus-Christ ? »

Au mois d'octobre 1695, Rancé envoya sa démission au roi ; on remarqua ces mots touchants dans sa lettre : « Sire, comme je me sens pressé d'exécuter le dessein que Dieu m'inspire depuis long-temps de passer ma vie dans une retraite austère, et de me préparer à la mort ; que ma santé, qui diminue tous les jours, me met dans l'impuissance de donner toute l'application que je dois à la conduite de mes frères, m'avertit que mes derniers moments ne peuvent être éloignés, j'ai cru que le premier pas que je devais faire était de quitter la charge de cette abbaye que je tiens de votre bonté royale, en vous envoyant, comme je fais, la démission pure et simple. »

Louis XIV reçut cette démission des mains de M. de Paris ; il dit à l'archevêque : « Renvoyez à la Trappe le frère porteur de la lettre ; que M. l'abbé examine la chose devant Dieu, et qu'il me dise sincèrement ce qu'il croit être le mieux. » L'archevêque de Paris manda à Rancé : « Je vous félicite de tout mon cœur de tous les engagements qui ont accompagné la grâce que le roi vous a faite dans cette dernière rencontre ; j'y ai pris toute la part imaginable comme le plus passionné et le plus fidèle de vos serviteurs. » Le roi nomma pour remplacer Rancé Dom Zozime, prieur de ladite abbaye et ami de Rancé. Les bulles étant arrivées de Rome, le 19 septembre de l'année 1695 [30], le nouvel abbé fut installé le 28 du même mois. L'ancien abbé, pouvant à peine se soutenir, se prosterna aux pieds du nouvel abbé et lui dit : « Mon Père, je viens vous promettre l'obéissance que je vous dois en qualité de mon supérieur, et vous prier de me traiter comme le dernier de vos religieux. » L'abbé Zozime tomba à genoux, et lui répondit : « Et moi, mon Père, je vous renouvelle l'obéissance que je vous ai vouée dès mon entrée dans cette sainte maison. » Majestueuse abnégation, et qui donnait une proportion inconnue à la nature humaine.

Ce n'était point deux hommes à genoux l'un devant l'autre, c'étaient deux saints appartenant à ces visions que l'on entrevoit dans les enfoncements du ciel.

Rancé, devenu simple religieux, continua d'édifier par ses exemples le monastère qu'il avait rendu saint par ses ordres. A Rancé abattu et par conséquent plus puissant, Bossuet continua de s'adresser pour le soulagement spirituel de ses amis : « Je vous recommande, lui écrivait-il, trois de mes principaux amis, et qui m'étaient le plus étroitement unis depuis plusieurs années, que Dieu m'a ôtés dans quinze jours par des accidents divers. Le plus surprenant est celui qui a emporté l'abbé de Saint-Luc, qu'un cheval a jeté par terre si rudement qu'il en est mort une heure après à trente-quatre ans. »

Dom Zozime disparut vite. « Un carme déchaussé

s'était jeté à la Trappe depuis plusieurs années ; il s'appelait dom Gervaise : ses talents, sa piété séduisirent M. de la Trappe, et le témoignage de M. de Meaux acheva de le déterminer. Le nouvel abbé, continue Saint-Simon, ne tarda pas à se faire mieux connaître après qu'il eut eu ses bulles ; il se crut un personnage, chercha à se faire un nom, à paraître et à n'être pas inférieur au grand homme auquel il devait sa place et à qui il succédait. Au lieu de le consulter, il en devint jaloux, chercha à lui ôter la confiance des religieux, et, n'en pouvant venir à bout, à l'en tenir séparé. Il arriva que dom Gervaise tomba dans une faute : l'abbé de la Trappe, épouvanté, le fit chercher partout, et craignit qu'il ne fût allé se jeter dans les étangs. On le trouva caché sous les voûtes de l'église et baigné de larmes : il offrit sa démission. M. de la Trappe, qui jusqu'alors ne l'avait point voulu accepter, l'accepta. Bientôt dom Gervaise voulut retirer sa démission ; il alla parler à Fontainebleau au Père Lachaise, se prévalant d'un certificat que lui avait donné l'ancien abbé et disant que l'esprit de M. de la Trappe était tout à fait affaibli, qu'il avait auprès de lui un secrétaire extrêmement janséniste. Le Père Lachaise eut peur, il changea d'opinion sur l'ancien solitaire. »

Saint-Simon vit M. de Chartres ; M. de Chartres en écrivit à madame de Maintenon. Frère Chauvier, envoyé à la Trappe, assura qu'il avait trouvé tout entier l'esprit de l'ancien abbé. La démission de dom Gervaise fut maintenue ; pendant ce temps-là dom Gervaise écrivait en chiffres à une religieuse qu'il avait aimée. « C'était un tissu de tout ce qui peut s'imaginer d'ordures et les plus grossières par leur nom, avec de basses mignardises de moine raffolé et débordé à faire trembler les plus abandonnés. Leurs plaisirs, leurs regrets, leurs désirs, leurs espérances, tout y était dit au naturel et au plus effréné. Je ne crois pas qu'il se dise tant d'abominations en plusieurs jours dans les plus mauvais lieux. »

Voilà de ces passages qui détruisent l'autorité de la

vérité dans les *Mémoires* de Saint-Simon. Imaginer qu'un religieux de la Trappe ose écrire de pareilles choses à une religieuse, même en chiffres, est une telle absurdité qu'on ne saurait le croire. S'il y avait quelque chose de vrai dans toutes ces ribauderies, il serait plus simple d'imaginer que le déchiffreur a voulu s'amuser et amuser ses maîtres. Tous les autres écrivains du temps parlent de dom Gervaise comme d'un homme d'imagination, qui mérita peut-être la sévérité de Louis XIV, mais aucun ne raconte de lui ce qu'en dit Saint-Simon. L'amitié a ses excès, et dans ce temps la parole ne ménageait ni ses pensées ni ses expressions.

Le roi, avançant à travers ces démêlés, nomma à l'abbaye de la Trappe dom Jacques de Lacour, après avoir envoyé le Père de Lachaise prendre des informations auprès de Rancé. Louis XIV descendait à ces détails de la société d'alors, comme Bonaparte entra dans les menues choses de la société d'aujourd'hui ; mais il y avait cela de grand dans la société passée, qu'elle s'appuyait à l'autel.

Le quiétisme était né dans l'année 1694, et il continua dans sa force jusqu'à l'année 1697. « Ce monde, dit Bossuet, semblait vouloir enfanter quelque étrange nouveauté : il faut aimer, disait ce monde, comme si l'on était sans rédemption et sans Christ. »

Le nom de madame Guyon se trouvait mêlé à la controverse. Née à Montargis, elle avait pu voir en naissant le tombeau de Jean l'aveugle, tué à la bataille de Crécy. Restée veuve à l'âge de vingt-deux ans, elle parut à Paris en 1680. Ce fut pendant ses voyages en province qu'elle se tourna vers les idées mystiques, et qu'elle composa *le Moyen court.* Arrivée à Paris, l'archevêque l'enferma par piété dans le couvent de la Visitation au faubourg Saint-Antoine. C'était pendant ce temps-là que le saint archevêque enfermait avec lui bien d'autres femmes à Conflans. Madame de Maintenon, qui se mêlait alors de questions religieuses, avait vu madame Guyon, et la fit rendre à la liberté ; celle-ci rencontra à Saint-Cyr Fénelon, et il dériva au quiétisme, renouvellement de l'hérésie des Gnostiques. Madame Guyon a laissé des cantiques spirituels et un écrit intitulé *des Torrents* : ils l'emportèrent. Bientôt s'ouvrirent à Issy sur le quiétisme des conférences entre Bossuet et Fénelon, où l'abbé de Rancé fut nommé juge ; mais il n'y vint point. Placée à Vaugirard dans une maison sous la direction de M. de Lachétardie, curé de Saint-Sulpice, madame Guyon donna une déclaration signée par Fénelon et par M. Tronson, à la fin de janvier 1697. Les *Maximes des Saints* parurent la même année.

Bossuet, à propos des *Maximes*, disait : « Qui lui conteste (à Fénelon) de l'esprit ? Il en a jusqu'à faire peur. » Les *Maximes des Saints* furent condamnées à Rome, et Fénelon, avec plus d'habileté que l'humilité, désavoua en chaire son ouvrage. Leibnitz, parlant du livre de M. de Cambrai, attribue à l'abbé de la Trappe une lettre très-solide dans laquelle il attaquait les faux mystiques. « Ils s'imaginent, disait Leibnitz, qu'une fois uni à Dieu par un acte de foi pure et de pur amour, on y demeure uni tant qu'on ne révoque pas formellement cette union. » J'ai remarqué dans ces lettres de Rancé, écrites à l'abbé Nicaise à propos de ces derniers débats religieux, ce beau trait sur Cromwell : « Nous voyons un homme vivant jouer le personnage de la mort et d'une faux invisible renverser un trône. »

Le quiétisme fit plus de ravages en Italie qu'en France. On disait que Rancé pouvait seul répondre au livre des *Maximes des Saints*. L'abbé de la Trappe en écrivit à Bossuet, qui fit courir sa lettre, pour s'appuyer d'une si grande autorité : « Le livre de M. de Cambrai, mandait Rancé en 1697, m'est tombé entre les mains ; je n'ai pu comprendre qu'un homme de sa sorte fût capable de se laisser aller à des imaginations si contraires à ce que l'Évangile nous enseigne. » « Il n'y a rien, écrivait-il en même temps à l'abbé Nicaise, qui me fasse plus d'horreur que les extravagances et les dogmes impies que l'on attribue aux quiétistes. Dieu veuille que l'on en arrête le cours, que le mal qu'ils ont commencé de faire dans les lieux où ils se sont introduits ne passe pas plus loin ! »

Le 3 octobre 1688[31], Rancé disait : « Les hommes ne se lasseront-ils jamais de parler de moi ? Ce serait une chose bien douce d'être tellement dans l'oubli que l'on ne vécût plus que dans la mémoire de ses amis », cris de tendresse qui rarement échappent à l'âme fermée de Rancé.

« On sait ce que vous avez écrit contre le monstrueux système de quiétisme, dit Rancé dans une lettre à Bossuet, car tout ce que vous écrivez, monseigneur, sont des décisions. Si les chimères de ces fanatiques avaient lieu, il faudrait fermer les livres des divines Écritures, comme si elles ne nous étaient d'aucune utilité. » Ces lettres de Rancé furent mal reçues ; Fénelon avait de nombreux partisans. « Ce prélat, dit Saint-Simon, était un grand homme, maigre, bien fait, pâle, avec un grand nez, des yeux dont le feu et l'esprit sortaient comme un torrent, et une physionomie telle que je n'en ai point vu qui y ressemblât, et qui ne se pouvait oublier quand on ne l'aurait vue qu'une fois. Elle rassemblait tout, et les contrastes ne s'y combattaient point. Elle avait de la gravité et de la galanterie, du sérieux et de la gaieté ; elle sentait également le docteur, l'évêque et le grand seigneur ; ce qui y surnageait, ainsi que dans toute sa personne, c'était la finesse, l'esprit, les grâces, la décence, et surtout la noblesse. Il fallait effort pour cesser de le regarder. »

Un homme, qui exerçait un empire aussi puissant sur la société, devait avoir des fanatiques. Il a fallu que la révolution vînt nous éclairer, pour que nous comprissions enfin cette expression de chimérique, que Louis XIV appliquait à Fénelon.

Le duc de Nevers, Mancini, petit Italien devenu grand seigneur français par la vertu des richesses du duc de Mazarin, accusa Rancé, à propos de la querelle du quiétisme, de vouloir faire du bruit par vanité. Il avait appris à faire des vers ; il disait :

Cet abbé qu'on croyait pétri de sainteté,
Vieilli dans la retraite et dans l'humilité,
Orgueilleux de ses croix, bouffi de sa souffrance,
Rompt ces sacrés statuts en rompant le silence ;
Et, contre un saint prélat s'animant aujourd'hui,
Du fond de ses déserts déclame contre lui.

Au reste, il y avait quelque excuse dans ces emportements du duc de Nevers. Comment aurait-il pu s'empêcher de croire aux regrets de Rancé ? Mancini avait vu Mazarin dans sa robe de chambre de camelot fourrée de petit-gris, un bonnet de nuit sur la tête, traîner ses pantoufles dans sa galerie, regarder en passant ses tableaux et dire : « Il faut quitter tout cela. »

Le quiétisme semblait dériver du molinisme. Rancé s'en était aperçu ; il connaissait, disait-il, une ville tout entière où s'étaient passées des choses effroyables introduites par un saint du caractère de Molinos.

La condamnation du saint-siège contre les *Maximes des Saints* fut publiée par des huissiers en 1699 en latin et en français ; elle prohibe ces *Maximes* : « Dans l'état de la sainte indifférence, l'âme n'a plus de désirs volontaires et délibérés dans son intérêt ; dans l'état de la sainte indifférence, on ne veut rien pour soi, on veut tout pour Dieu. La partie inférieure de Jésus-Christ sur la croix ne communiquait pas à la supérieure son trouble involontaire. Les saints mystiques ont exclu de l'état des âmes transformées les pratiques de la vertu. » Ainsi passent les siècles dans cette condamnation d'un évêque. Elle est signée du cardinal Albano et publiée à la tête du Champ de Flore.

La société que Rancé avait quittée lui en voulait de sa pénitence. Une princesse malicieuse appliquait à l'abbé ces paroles de l'Évangile : *Vae nutrientibus !* Malheur à ceux qui ont des enfants à nourrir ! par allusion aux moines de la Trappe.

Saint-Simon, qui n'aimait pas Fénelon et qui se disait chaud partisan de Rancé, eut une querelle avec Charost. Charost disait que M. de la Trappe était le patriarche de Saint-Simon, devant qui tout autre n'était rien. Saint-Simon répondait que M. de Cambrai avait été repris de justice, et qu'il y avait longtemps qu'il avait été condamné à Rome. « A ce mot, dit Saint-Simon, voilà Charost qui chancelle, qui veut répondre et qui balbutie ; la gorge s'enfle, les yeux lui sortent de la tête et la langue de la bouche ; madame de Nogaret s'écrie ; madame de Chastenet saute à sa cravate qu'elle lui défait et le col de sa chemise ; madame de Saint-Simon court à un pot d'eau, lui en jette, tâche de l'asseoir et de lui en faire avaler. J'y gagnai que Charost ne se commit plus à quoi que ce soit sur M. de la Trappe. »

Le monde accourait à la Trappe ; la cour pour voir le vieil homme converti, pour en rire ou pour l'admirer ; les savants pour causer avec le savant ; les prêtres pour s'instruire aux leçons de la pénitence. Jean-Baptiste Thiers fut du nombre des pèlerins ; il se moquait de tout, même lorsqu'il était sérieux. L'abstinence des Trappistes et leur vie muette ne lui convenaient guère ; mais il y trouvait du nouveau, et la nouveauté l'alléchait : il écrivit l'*Apologie de l'abbé de la Trappe*. Rancé s'y opposait assez, quoiqu'il fût bien aise d'avoir un défenseur de l'esprit et du savoir de Thiers. Cette apologie fut supprimée par l'autorité. Rancé écrivait à l'abbé Nicaise, en 1694 : « Il est arrivé une aventure au pauvre M. Thiers ; je lui avais écrit avec beaucoup d'instance pour le prier de supprimer ma défense. Le pauvre homme, qui est plein d'amitié et de zèle pour tout ce qui me regarde, ne put se laisser persuader à ce que je lui demandais. On a découvert que son livre s'imprimait à Lyon ; et on a enlevé tous les exemplaires par ordre de M. le chancelier. Vous jugez bien de la peine qu'en a eue l'auteur. Il ne se peut pas que je ne la ressente vivement, y étant obligé par justice et à titre de reconnaissance. »

Le *pauvre homme* riait.

Dans l'*Apologie de l'abbé de la Trappe*, Thiers tombe sur le père Sainte-Marthe, il se gaudissait de lui comme ayant dit que madame de Maintenon lui faisait l'honneur de le regarder comme son parent. L'apologie est écrite avec vivacité. L'apologiste cite des vers ridicules contre Rancé, écrits, dit-il, par le premier des poètes bénédictins. Thiers, se justifiant lui-même, assure qu'on serait moins acharné contre lui s'il ne s'était élevé contre les archidiacres, dans son livre de l'*Étole,* dans son traité de la *Dépouille des curés* et dans son *Factum* contre le chapitre de Chartres. Il finit son apologie, trop longue puisqu'elle est composée de cinq cents pages, pour la défense de Rancé, par ces mots : « En voilà assez, mon révérend père Sainte-Marthe, pour vous faire rentrer en vous-même, et vous retirer de la bonne opinion que vous avez de votre petite personne. »

Thiers était curé de Champron. Dans une foule de pamphlets français et latins contre le chapitre de Chartres, Thiers avait attaqué le grand-archidiacre de ce chapitre. Robert prétendait qu'un curé ne pouvait porter l'étole devant lui ; Thiers écrivit la *Sauce Robert* et la *Sauce Robert justifiée.* Le chapitre de Chartres obtint un décret d'arrestation contre le curé. Thiers donna à boire aux archers ; et ayant secrètement fait ferrer son cheval à glace, il leur échappa en passant sur un étang glacé : il se réfugia dans le diocèse du Mans. L'évêque, de Tressan, nomma Thiers curé de Vibraye ; et c'est là que le curé fugitif et renouvelé écrivit l'*Histoire des perruques.* Thiers se montra aussi savant, aussi joyeux que le curé de Meudon, *abstracteur de la vie inimitable du grand Gargantua.* Son choix eût été bientôt fait, si on eût proposé à Thiers d'être Rabelais ou roi de France. C'étaient là les petites pièces qui se jouaient à la suite du grand drame de la Trappe.

Une demoiselle Rose était venue à la Trappe. Thiers avait été chargé d'examiner cette demoiselle ; il lui demanda « si elle était mariée », elle répondit « qu'elle ne s'en souvenait pas ».

« C'était une vieille Gasconne, dit Saint-Simon, ou plutôt du Languedoc, qui avait le parler à l'excès, carrée, entre deux tailles, fort maigre, le visage jaune, extrêmement laid, des yeux très vifs, une physionomie ardente, mais qu'elle savait adoucir ; vive, éloquente, savante, avec un air prophétique qui imposait. Elle dormait peu et sur la dure, ne mangeait presque rien, assez mal vêtue, pauvre et qui ne se laissait voir qu'avec mystère. Cette créature a toujours été une énigme ; car il est vrai qu'elle était désintéressée, qu'elle a fait de grandes et surprenantes conversions, qui ont tenu. »

Six semaines durant, M. de la Trappe se défendit de voir mademoiselle Rose. Elle partit comme elle était venue.

La Bruyère fait ainsi le portrait d'un autre homme qui fréquentait la Trappe :

« Concevez, dit La Bruyère, un homme facile et doux, complaisant, traitable, et tout d'un coup violent, colère, fougueux, capricieux : imaginez-vous un homme simple, ingénu, crédule, badin, volage, un enfant en cheveux gris ; mais permettez-lui de se recueillir, ou plutôt de se livrer à un génie qui agit en lui, j'ose dire sans qu'il y prenne part et comme à son insu, quelle verve ! quelle élévation ! quelles images ! quelle latinité ! Parlez-vous d'une même personne ? me direz-vous. Oui, du même, de Théodas, et de lui seul. Il crie, il s'agite, il se roule à terre, il se relève, il tonne, il éclate ; et du milieu de cette tempête il sort une lumière qui brille et qui réjouit ; disons-le sans figure, il parle comme un fou et pense comme un homme sage, il dit ridiculement des choses vraies, et follement des choses sensées et raisonnables ; on est surpris de voir naître et éclore le bon sens du sein de la bouffonnerie, parmi les grimaces et les contorsions. Qu'ajouterai-je davantage ? Il dit et il fait mieux qu'il ne sait : ce sont en lui comme deux âmes qui ne se connaissent point, qui ne dépendent point l'une de l'autre, qui ont chacune leur tour ou leurs fonctions toutes séparées. Il manquerait un trait à cette peinture si surprenante, si j'oubliais de dire qu'il est tout à la fois avide et insatiable de louanges, près de se jeter aux yeux de ses critiques, et dans le fond assez docile. »

Santeuil, dont La Bruyère trace ainsi le portrait, allait à la Trappe et s'asseyait au chœur parmi les moines comme un petit sapajou. « J'ai vu, dit Rancé à l'abbé Nicaise, les hymnes de M. de Santeuil pour le jour de Saint-Bernard ; elles valent beaucoup mieux que les anciennes. Il y en a pourtant de ces anciennes qui, pour n'être pas si polies, ne laissent pas d'imprimer du respect et de la révérence. »

Santeuil, allant à Dijon avec le prince de Condé, fut attaqué du mal dont il mourut. « Je loue Dieu de la patience qu'il a donnée à M. de Santeuil dans un mal aussi douloureux que celui dont il a été attaqué. Tout ce qui part de sa plume a un caractère qui frappe et qui plaît tout ensemble ; je ne doute point qu'il ne se fasse remarquer dans ses derniers vers, qui peuvent être considérés comme une production de sa douleur. » Ce moine de Saint-Victor mourut à Dijon le 5 d'août 1697, à deux heures après minuit. Au même moment Ménage, qui ne le croyait pas si malade, s'amusait à faire des vers sur sa mort pour les montrer à Santeuil et le faire rire. Ayant fait un voyage à Cîteaux, Santeuil y cherchait la Mollesse du *Lutrin* : « Elle y logeait autrefois, lui dit un moine, aujourd'hui c'est la folie. »

32 Après le roi d'Angleterre, Monsieur, frère du roi, vint visiter la Trappe. Dans l'enthousiasme de ce qu'il avait vu, il dit à Louis XIV « que la vie qu'on menait dans cette solitude n'édifiait pas seulement la France, mais toute l'Europe, et qu'il était avantageux à l'État de la maintenir ». Monsieur était tout le contraire de la sublimité de cette vie. Il fut père du duc d'Orléans. Il avait d'effroyables mœurs dont aurait pu témoigner le chevalier de Lorraine, de la fière maison des Guise. Plongé dans le repos, il s'abandonna à des femmes dont madame de Fresnes lui disait : « Vous ne déshonorez pas les femmes qui vous hantent, ce sont elles qui vous déshonorent. » Il se donnait la détestable privauté d'étendre la main sur un siège où venait

s'asseoir une femme. Il était fou du bruit des cloches; il empoisonna peut-être sa première femme, Henriette d'Angleterre. Sa seconde femme fut Charlotte-Élisabeth, fille de Charles-Louis, électeur de Bavière. Celle-ci, aussi laide que Henriette avait été agréable, était grossière : elle avait beaucoup d'esprit en allemand ; elle est connue par le cynisme avec lequel elle parle d'elle-même et du grand roi son beau-frère. Elle écrivait : « Dans tout l'univers entier on ne peut, je crois, trouver de plus laides mains que les miennes ; mes yeux sont petits, j'ai le nez court et gros, les lèvres longues et plates, de grandes joues pendantes, une figure longue ; je suis très petite de stature ; ma taille et ma jambe sont grosses. » S'étant arrangée de cette façon, on peut juger qu'elle était à l'aise pour parler de son prochain ; une imagination romanesque était renfermée dans ce qu'elle appelle ce vilain petit laideron.

Le cardinal de Bouillon suivit Monsieur. « Sa naissance, dit Pellisson, ses mœurs, son esprit le rendaient digne d'être cardinal, et le roi cherchait à récompenser et à honorer par cette faveur les services du vicomte de Turenne dans la personne de son neveu. » Ce n'est pas l'opinion de Saint-Simon qui maltraite fort le cardinal de Bouillon, assurant qu'il avait des mœurs infâmes : « Ses regards louches venaient se rejoindre et s'arrêter au bout de son nez. Dépouillé du cordon bleu par le roi, il le portait sous ses habits. Exilé à Clauk[33], il passa chez les ennemis ; de là il retourna à Rome ; il y mourut délaissé, après avoir obtenu que les cardinaux conserveraient leur calotte sur la tête en parlant au pape. » Quand il passa à la Trappe, Rancé écrivait à l'abbé Nicaise : « M. le cardinal de Bouillon est depuis trois jours ici, il a vu de près tout ce qui s'y passe, il n'a rien vu qu'il n'ait approuvé et qui ne l'ait touché. Il s'en retourne demain. »

Le cardinal de Bouillon s'écriait en répondant à M. de Saint-Louis, à la Trappe, qui lui tenait de bons propos. « Point de mort ! point de mort, M. de Saint-Louis, je ne veux point mourir. » Le cardinal de

Bouillon avait un frère, lequel disait de Louis XIV : « Ce n'est qu'un vieux gentilhomme de campagne dans son château : il n'a plus qu'une dent, et il la garde contre moi. » Ce chevalier fit établir, sous la régence, un bal à l'Opéra. Le régent s'y montrait ivre et le chevalier reçut pour ce service six mille livres de pension. On élargissait dans la bourse du peuple la déchirure par où devait passer la France.

Il ne manquait plus qu'un roi à la Trappe : il y vint ; il avait porté trois couronnes. Jacques II, chassé de son trône, avait débarqué sur les côtes de France, menant son fils naturel : personne ne fut frappé de cette confusion de mœurs ; Louis XIV donnait l'exemple. Les enfants illégitimes étaient alors fort considérés, excepté du prince d'Orange ; on lui voulait faire épouser mademoiselle de Conti (mademoiselle de Blois), fille de madame de La Vallière ; il répondit : « Les princes d'Orange ne sont pas accoutumés à épouser des bâtardes. »

En voyant Jacques II, on ne songea qu'à la générosité du roi sur le trône, et au malheur du roi détrôné. De retour de son expédition d'Irlande, Jacques se vint consoler à la Trappe. Le canon qui l'avait chassé à la Boyne le repoussa parmi les morts : il y arriva le 21 novembre 1690. Les lieux communs sur le néant des grandeurs ne manquèrent pas aux banalités de l'éloquence : il y eut pourtant cela de vrai à l'adresse de Jacques, que sa piété était sincère. Rancé le conduisit à l'église. Le prince assista à ces complies si religieusement et si tristement chantées. Il partagea le repas commun et demanda à l'abbé ce qui se passait dans la solitude. Le lendemain il communia, puis parcourut entre deux étangs une chaussée où se promenait Bossuet avec Rancé. Jacques était un de ces oiseaux de mer que la tempête avait jeté dans l'intérieur des terres. Il alla avec plusieurs gentilshommes de son ancienne cour visiter un solitaire jadis soldat de Louis XIV et qui s'était retiré dans les bois de la Trappe. « A quelle heure entendez-vous la messe ? dit le roi. — A trois heures et demie du matin, répondit l'ermite. — Comment pouvez-vous faire, dit lord Dumbarton, dans les temps de pluie et de neige où l'on ne peut distinguer les sentiers ? — Je rougirais, répondit le soldat, de compter pour quelque chose des peines légères qui se rencontrent dans le service que je tâche de rendre à mon Dieu, après que j'ai méprisé celles qui se pouvaient rencontrer dans le service que je rendais à mon roi. — Vous avez bien raison, dit Jacques, on ne peut assez s'étonner qu'on fasse tant pour un roi de la terre et presque rien pour le roi du ciel. — Mais, répondit lord Dumbarton, ne vous ennuie-t-il point dans cette solitude ? — Je pense à l'éternité. — Votre état, ajouta le roi, prenant la parole, est plus heureux que celui des grands : vous mourrez de la mort des justes. » Puis il regarda le solitaire, comme s'il eût envié son bonheur. Ensuite le saluant, il lui dit : « Adieu, monsieur ; priez pour moi, pour la reine et pour mon fils. » Le gentilhomme lui fit une profonde révérence et le roi regagna l'abbaye en passant par des prés bas et humides. Ce sont là de belles histoires : Dieu, un roi détrôné, un soldat devenu ermite[34].

La reine de la Grande-Bretagne vint à son tour visiter la solitude. L'aumônier de S.M. écrivit le 2 juin 1692, à Rancé : « Vous avez entièrement gagné le cœur de la reine par les saintes impressions que Dieu a faites par votre ministère sur le cœur du roi son époux ; car elle m'a fait l'honneur de me dire plus d'une fois qu'elle ne pouvait assez louer Dieu des grâces qu'il avait reçues à la Trappe. Il n'en fallait pas moins pour le soutenir dans les grandes et presque continuelles disgrâces qu'il a essuyées depuis si longtemps, et qui semblaient augmenter à un point de mettre toute sa vertu à l'épreuve. »

Le roi d'Angleterre revint une seconde fois à la Trappe avec le maréchal de Bellefonds, introducteur aux ruines ; il avait vu du rivage le combat de La Hogue. La Trappe méprisait le monde et contemplait des chutes d'empire qui justifiaient son mépris. On venait chercher dans cet abri des raisons d'aimer le désert.

« Le roi d'Angleterre, dit Rancé, soutint la perte de trois royaumes avec une constance comparable à tout ce que nous lisons de plus grand dans les histoires. Il parle de ses ennemis sans chaleur ; il garde une douceur dans toute sa conduite, qui ferait croire qu'il est dans le monde sans peine et sans affliction. La reine n'a point de sentiments qui ne soient conformes à ceux du roi son époux. Elle ne voit ce qu'on appelle les biens de ce monde que comme des lueurs qui ne font que passer et qui trompent ceux qui s'y arrêtent. »

Jacques II était un pauvre souverain ; mais Rancé prenait son point de vue du ciel : qu'un homme soit rédimé au prix des plus grands malheurs, son rachat vaut mieux que tous ces malheurs ; qu'une révolution renverse un État ou en change la face, vous croyez qu'il s'agit des destinées du monde ? Pas du tout : c'est un particulier, et peut-être le particulier le plus obscur, que Dieu a voulu sauver : tel est le prix d'une âme chrétienne. Si des États sont bouleversés, c'est, dit l'apôtre, afin que les élus éprouvés parviennent à la gloire. Tout est pour les prédestinés, tout est subordonné à leur consommation ; et quand leur nombre sera rempli, on verra de nouveaux cieux et une nouvelle terre.

Telle est la fatalité chrétienne : la fatalité antique vient de l'objet extérieur, la fatalité chrétienne vient de l'homme ; je veux dire que le chrétien fait disparaître la nécessité par sa vertu ; il ne détruit pas le mal, mais il en est le maître[35].

On conservait à la Trappe les portraits de Sa Majesté britannique ; il était là conservé[36] dans son écrin d'oubli. Dans sa jeunesse, Charles X vint apprendre à la Trappe la pénitence de Jacques II. La Trappe elle-même s'ensevelit sous ses ruines, puis elle a été déblayée ; mais que sert, après un demi-siècle, de relever un vaisseau naufragé, quand ceux qui l'avaient chargé de leur fortune et de leurs espérances ne sont plus ? Pendant ces jours de submersion que d'autres grandeurs ont disparu ! On ne s'arrête plus pour écouter les échos des vieux malheurs.

Dans une lettre qui ne parvint à la Trappe qu'après la mort de Rancé, lord Perth mandait à l'abbé que Jacques avait dit avant d'expirer : « Je n'ai rien quitté ; j'étais un grand pécheur : la prospérité m'aurait gâté le cœur, j'aurais vécu dans le désordre. » Jacques, plus heureux que Marie Stuart, nous a laissé sa dépouille : Marie, voyant s'éloigner les côtes de Normandie, s'écriait : « Adieu, France, adieu ; je ne te reverrai plus ! » Le bourreau, en tranchant la tête à la reine d'Écosse, lui enfonça d'un coup de hache sa coiffure dans la tête, comme un effroyable reproche à sa frivolité [37].

Au reste Rancé, tout vieux et tout malade qu'il était, ne déclinait jamais le combat, mais aussitôt qu'il avait repoussé un coup, il plongeait dans la pénitence : on n'entendait plus qu'une voix au fond des flots, comme ces sons de l'harmonica, produits de l'eau et du cristal, qui font mal.

Tel fut Rancé. Cette vie ne satisfait pas, il y manque le printemps : l'aubépine a été brisée lorsque ses bouquets commençaient à paraître. Rancé s'était proposé de courir le monde pour chercher des aventures. Qu'eût-il trouvé ? Les félicités qu'il se forgeait à Véretz étaient dans son âme. Supposez que prenant l'existence pour une ironie du ciel, que devançant les idées de son époque, il eût rejeté cette existence, son sang eût à peine humecté quelques brins de bruyère. Si, s'embarrassant peu de l'avenir, il eût préféré à l'éternité des nuits heureuses : autre mécompte ; demain il n'aurait plus aimé.

Les hommes qui ont vieilli dans le désordre pensent que quand l'heure sera venue, ils pourront facilement renvoyer de jeunes grâces à leur destinée, comme on renvoie des esclaves. C'est une erreur ; on ne se dégage pas à volonté des songes ; on se débat douloureusement contre un chaos où le ciel et l'enfer, la haine et l'amour, l'indifférence et la passion se mêlent dans une confusion effroyable. Vieux voyageur alors, assis sur la borne du chemin, Rancé eût compté les étoiles en ne se fiant à aucune, attendant l'aurore qui ne lui eût apporté que l'ennui du cœur et la disgrâce des années. Aujourd'hui il n'y a plus rien de possible, car les chimères d'une existence active sont aussi démontrées que les chimères d'une existence désoccupée. Si le ciel eût mis au bras de Rancé les fantômes de sa jeunesse, il se fût tôt fatigué de marcher avec des Larves. Pour un homme comme lui il n'y avait que le froc ; le froc reçoit les confidences et les garde ; l'orgueil des années défend ensuite de trahir le secret, et la tombe le continue. Pour peu qu'on ait vécu, on a vu passer bien des morts emportant dans leurs bras leurs illusions. Heureux celui dont la vie est *tombée en fleurs* : élégances de l'expression d'un poète qui est femme[38].

Depuis long-temps malade à l'infirmerie, les derniers moments de Rancé s'approchaient ; il n'y avait personne pour porter la main sur le cœur de ce Christ. Lorsque Jésus pria son Père d'éloigner de lui le calice, qui tenait son doigt sur le pouls du Fils de l'homme pour savoir si des larmes sanglantes venaient de la faiblesse humaine ou de l'épanouissement d'un cœur qui se fendait de charité ?

Les religieux se pressaient à sa porte ; il dicta une lettre dont le Père abbé Jacques de La Cour leur fit lecture : « Dieu, disait-il, connaît seul mes forces et la joie que j'aurais de vous voir ; cependant quoique ce sentiment soit dans mon cœur plus que jamais, je suis contraint de vous dire que, dans l'état où je me trouve, il m'est impossible de satisfaire à cette joie autant que je le voudrais. Priez pour moi, mes frères ; demandez à Dieu que si je vous suis encore bon à quelque chose, il me rende à la santé, sinon qu'il me retire de ce monde. »

On envoya chercher l'évêque de Séez, l'ami et le confesseur de Rancé. Rancé témoigna beaucoup de joie en l'apercevant ; il saisit la main du prélat, la porta à son front pour commencer le signe de la croix ; il fit ensuite une confession générale. Il supplia l'évêque de Séez d'obtenir la protection royale en faveur de la discipline monastique de l'abbaye, ajoutant que dans toutes les autres choses, il souhaitait que la Trappe fût complètement oubliée.

Cette famille de la religion autour de Rancé avait la tendresse de la famille naturelle et quelque chose de plus ; l'enfant qu'elle allait perdre était l'enfant qu'elle allait retrouver : elle ignorait ce désespoir qui finit par s'éteindre devant l'irréparabilité de la perte. La foi empêche l'amitié de mourir ; chacun en pleurant aspire au bonheur du chrétien appelé ; on voit éclater autour du juste une pieuse jalousie, laquelle a l'ardeur de l'envie, sans en avoir le tourment.

Rancé, apercevant un religieux qui pleurait, lui tendit la main et lui dit : « Je ne vous quitte pas, je vous précède. » Le Tasse avait adressé les mêmes mots aux frères qui l'environnaient à Saint-Onuphre. Rancé demanda d'être enterré dans la terre la plus abandonnée et la plus déserte : sur un champ de bataille où l'on n'entend plus de bruit, on voit sortir du sol les pieds de quelques soldats.

Job mourut dans le petit réduit qu'il s'était fait, comme le palmier dont les branches sont chargées de rosée. Rancé entretint le prélat de l'empressement que ses frères avaient mis à le soulager : « Voilà, dit-il, comme Dieu a pris plaisir à me favoriser dans tous les temps de ma vie, et je n'ai été qu'un ingrat. » Le Père abbé Jacques de La Cour entrait dans ce moment ; Rancé lui dit : « Ne m'oubliez pas dans vos prières, je ne vous oublierai pas devant Dieu. » Il chargea Jacques de La Cour de faire ses excuses au roi d'Angleterre : il avait commencé une lettre pour ce monarque exilé qu'il n'avait pas pu achever. La nuit suivante fut mauvaise ; Rancé la passa assis sur une chaise de paille : il avait mis les sandales d'un religieux mort avant lui : il allait achever le voyage qu'un autre n'avait pu finir.

L'évêque de Séez lui ayant demandé s'il avait toujours eu pour ses religieux la même charité : « Oui, monseigneur, répondit le saint homme. Depuis quelques années, par la grâce de Dieu, je ne suis plus qu'un simple religieux comme les autres ; ils sont tous mes frères et ne sont plus mes enfants. S'il m'était permis de regretter la perte de ma voix, ma douleur serait de ne pouvoir leur faire entendre combien je les aime ; je les conserve au fond de mon cœur et j'espère les y porter devant Dieu. » Sur les huit heures du soir Rancé se découvrit, il pria un frère de le mettre à genoux pour recevoir la bénédiction de son évêque, il fit une confession générale. L'évêque de Séez[39] dit qu'il avait connu dans cette occasion plus qu'en aucune autre que ce grand homme avait reçu de Dieu un esprit élevé, vif, pénétrant, une âme simple et d'une candeur admirable.

Plus Rancé s'était avancé vers le terme, plus il était devenu serein ; son âme répandait sa clarté sur son visage : l'aube s'échappait de la nuit. On présenta le crucifix au mourant ; il s'écria : « Ô éternité ! quel bonheur ! » et il embrassa le signe du salut avec la plus vive tendresse ; il baisa la tête de mort qui était au pied de la croix. En remettant cette croix à un moine, il remarqua que celui-ci ne l'imitait pas, il dit : « Pourquoi ne baisez-vous pas la tête de mort ? c'est par elle que finit notre exil et notre misère. » Rancé se souvenait-il de la relique que la tradition disait être placée auprès de lui ? Dans les âges les plus fervents, les chrétiens pratiquaient encore quelques rites du culte des faux dieux.

Le lit de cendres était préparé ; Rancé le regarda tranquille avec une sorte d'amour, puis il s'aida lui-même à se coucher sur le lit d'honneur ; l'évêque de Séez dit : « Monsieur, ne demandez-vous pas pardon à Dieu ? — Monsieur, répondit l'abbé, je supplie Dieu très humblement du fond de mon cœur de me remettre mes péchés et de me recevoir au nombre de ceux qu'il a destinés à chanter éternellement ses louanges. » Les forces venant à lui manquer, il s'arrêta. L'évêque dit : « Monsieur, me reconnaissez-vous ? — Monsieur, répliqua l'abbé, je vous connais parfaitement ; je ne vous oublierai pas. »

L'évêque de Séez s'étant enquis si l'on avait donné quelque chose au mourant pour le soutenir, l'abbé de Rancé fit lui-même la réponse : « Rien n'a manqué à l'attention de leur charité. »

Il s'établit par les paroles de l'Écriture un dernier dialogue entre l'agonisant et l'évêque.

L'ÉVÊQUE. — Le Seigneur est ma lumière et mon salut.

L'ABBÉ. — Je mettrai en lui toute ma confiance.

L'ÉVÊQUE. — Seigneur, c'est vous qui êtes mon protecteur et mon libérateur.

L'ABBÉ. — Ne tardez pas, mon Dieu, hâtez-vous de venir.

Ce furent les dernières paroles de Rancé. Il regarda l'évêque, leva les yeux au ciel, et rendit l'esprit. Il fut enterré dans le cimetière commun des religieux.

Ainsi se consomma le sacrifice. Le repentir vous isole de la société et n'est pas estimé à son prix. Toutefois l'homme qui se repent est immense ; mais qui voudrait aujourd'hui être immense sans être vu ? Rancé passa de sa hutte d'argile à la maison de Dieu, maison magnifique.

Rancé fut porté à l'église et placé sous la lampe. Son visage, qui avait paru décharné, parut vermeil et beau. Il demeura dans l'église depuis le 27 octobre jusqu'au 29. Les moines se tenaient debout ou fondaient en larmes : c'était à qui ferait toucher au corps des linges et des chapelets. Trente religieux chantaient les psaumes : des messes se célébraient successivement dans l'église. Lorsqu'on le mit dans la fosse, le chœur récitait ce verset du psaume CXXXI : « C'est là que j'habiterai, parce que je l'ai choisi. » On l'inhuma dans le cimetière. Le pasteur avait voulu, même après sa mort, se trouver au milieu de ses brebis. Des témoignages authentiques furent rendus à Rancé, qui pourraient servir aujourd'hui à sa canonisation. Il apparut après sa mort à diverses personnes dans une grande gloire. Les rois témoignèrent de leur douleur, soit qu'ils fussent tombés, soit qu'ils occupassent encore le trône. Jacques écrivait : « J'irai dans votre sainte solitude pour l'amour de moi-même, pour m'encourager dans l'état où je suis et où Dieu me tient. »

« C'était une voix de tonnerre, dit le Père Le Nain, qui retentissait de tous côtés pour inspirer aux hommes le mépris du monde, le néant de ses grandeurs, la solidité des biens de la vie future. » Des conversions éclatantes s'opérèrent. Un religieux avait entendu dans son sommeil une sainte hostie qui criait : « Tremblez, tremblez, tremblez ! » et il fut saisi de terreur, qu'on fut long-temps à le faire revenir. Des épileptiques furent guéris en s'appliquant des linges qui avaient servi à la main du réformateur. Les certificats ont été conservés, et Rome n'aura pas besoin d'une longue procédure pour le placer au rang des saints. Son cœur était dans le repos, et l'Esprit divin avait rempli son âme de splendeur.

Saint-Simon dit en s'interrompant : « Ces mémoires sont trop profanes pour rapporter rien ici d'une vie aussi sublimement sainte. Je m'arrête tout court : tout ce que je pourrais ajouter serait ici trop déplacé. »

Né le 9 janvier 1626, seize ans après la mort d'Henri IV, mort en 1700, quinze ans avant la mort de Louis XIV, Rancé avait été soixante-quatorze ans sur la terre, dont il avait vécu trente-sept ans dans la solitude, pour expier les trente-sept qu'il avait passés dans le monde.

Lorsqu'il disparut, une foule d'hommes fameux avaient déjà pris les devants, Pascal, Corneille, Molière, Racine, La Fontaine, Turenne et Condé : le vainqueur de Rocroi avait reçu de Bossuet sa dernière couronne. Bossuet, dont je vous ai déjà dit la mort, penchait vers sa ruine qu'il avait annoncée avec une simplicité si magnifique. Ce siècle est devenu immobile comme tous les grands siècles ; il s'est fait le contemporain des âges qui l'ont suivi. On ne voit pas tomber quelques pierres de l'édifice sans un sentiment de douleur. Quand Lous XIV descend le dernier au cercueil, on est atteint d'un inconsolable regret. Parmi les débris du passé se remuaient les premiers nés de l'avenir : quelques renommées commençaient à poindre sous la protection d'un roi décrépit encore debout. Voltaire naissait ; cette désastreuse mémoire avait pris naissance dans un temps qui ne devait point passer : la clarté sinistre s'était allumée au rayon d'un jour immortel.

L'ouvrage de Rancé subsiste. Rancé s'est éloigné de sa solitude comme Lycurgue de la vallée de Lacédémone, en faisant promettre à ses disciples qu'ils garderaient ses lois jusqu'à son retour. Rancé est parti pour le ciel ; il n'est point revenu sur la terre ; ses lois sont religieusement observées par son petit peuple. Les Trappistes ont vu tomber autour d'eux les autres ordres ; ils ont vu passer la Révolution et ses crimes, Bonaparte et sa gloire, et ils ont survécu ; tant il y avait de force dans cette législation surhumaine[40] ! La cryptie de Sparte était la mort des esclaves ; la cryptie de la Trappe était la mort des passions. Ce phénomène est au milieu de nous, et nous ne le remarquons pas. Les institutions de Rancé ne nous paraissent qu'un objet de curiosité, que nous allons voir en passant.

VARIANTES RETENUES

1. Titre : AVERTISSEMENT DE LA PREMIÈRE ÉDITION. — La seconde édition donne en outre, à la page qui précède, ces quelques lignes :

AVERTISSEMENT

DE CETTE SECONDE ÉDITION.

J'ai suivi dans cette édition tous les changements qui m'ont été indiqués. On ne peut me faire plus de plaisir que de m'avertir quand je me suis trompé : on a toujours plus de lumière et plus de savoir que moi.

2. languit et disparut : on entendit.

3. Banchefort, « *arraché comme* ».

4. le vocabulaire de cette région énigmatique

5. et de goût :

« Je crois comme vous, dit-elle à Saint-Évremont, que les rides sont les marques de la sagesse. Je suis ravie que vos vertus extérieures ne vous attristent point. »

Madame de Sévigné aurait-elle parlé plus agréablement de ses *vertus extérieures* ?

Le siècle de Louis XIV achève.

6. d'Hocquincourt.

L'*Anacréon du Temple*, ainsi appelait-on Chaulieu, parlant de la vieille.

7. Les temps de Louis XIV ne rendent pas innocent ce qui sera éternellement coupable, mais ils agrandissent tout ; placez-la hors de ces temps, que serait-ce aujourd'hui que Ninon ?

8. *Les deux éditions donnent par erreur 1645 au lieu de 1655.*

9. à son retour. » « En montant tout droit à l'appartement de la duchesse où il lui était permis d'entrer à toute heure, au lieu des douceurs dont il croyait aller jouir, il y vit pour premier objet un cercueil qu'il jugea être celui de sa maîtresse en remarquant sa tête toute sanglante qui était par hasard tombée de dessous le drap dont

on l'avait couverte avec beaucoup de négligence, et qu'on avait détachée du reste du corps, afin de gagner la longueur du col, et éviter ainsi de faire un nouveau cercueil qui fût plus long que celui dont on se servait. [1] » [*En note :* (1) Entretiens de Timocrate et de Philandre.]

« Il n'y a rien de vrai », dit Saint-Simon, rappelant cette version, « dans ce qu'on rapporte de madame de Montbazon, mais

10. Au lieu de s'expliquer, Saint-Simon s'occupe du récit des

11. depuis Georges IV qui

12. de la chrétienté.

En 1660, Pomponne fut disgracié. Rancé lui écrivit des compliments de condoléance. Les considérations qu'il lui fournit sont prises de haut. Arnauld d'Andilly, frère de Pomponne, avait traduit une foule de vies qui formèrent l'histoire des Pères du désert. Louis XIV visita depuis le bonhomme dans sa retraite, où j'ai moi-même passé lorsque j'allai voir madame la duchesse de Duras : elle avait l'intention de me laisser un petit réduit qu'elle avait acheté sur les collines de la forêt de Montmorency. Ces liaisons de la Trappe et de Port-Royal, qui s'altérèrent dans la suite, causent de l'attendrissement. Louis XIV aimait son ancien ministre : mais il trouvait que M. de Pomponne n'avait pas assez de grandeur pour lui.

A Véretz, où il revenait

13. son prieuré de Boulogne-Chambor, qui lui plaisait, parce qu'il était dans des bois ; mais

14. de Boulogne, puis il partit pour la Trappe, résolu de s'ensevelir

15. en Italie. Prières était une abbaye de Bernardins fondée en 1250, à trois lieues de la Roche-Bernard, à l'embouchure de la Vilaine, dans ma pauvre patrie. Bien que Rancé

16. La seconde édition porte ici le titre suivant : LIVRE TROISIÈME, et modifie la première en introduisant après les deux points : « nous entrons dans la région du profond silence. Rancé rompt »

17. dans tout le chœur.

En 1672, on rétablit à la Trappe l'ancienne manière de jeûner le carême, de ne faire qu'un seul repas et de ne manger qu'à quatre heures du soir.

Par ces règlements

18. l'ancien évêque de Blois, approbateur de la mort et quasi-juge dans le procès de Louis XVI.

19. LIVRE QUATRIÈME.

20. *Les deux éditions donnent la même coquille :* « les couvents et les rochers »

21. *On trouve la même erreur* (les religieux) *dans les deux éditions.*

22. *Autre erreur commune aux deux éditions :* « contre l'extirpation » *au lieu de* « pour l'extirpation ».

23. *La deuxième édition supprime ces trois paragraphes* (Les temps transforment… que par le travail) *et les remplace par les cinq autres que voici* :

La renommée de l'abbaye de la Trappe avait franchi les mers ; un missionnaire était arrivé de la Chine tout exprès pour voir le saint solitaire. Prêt à retourner aux Indes, Rancé lui écrivit ; et M. de Chaumont, ainsi se nommait-il, emporta cette lettre comme une relique protectrice : « Je ne saurais penser qu'avec étonnement, dit Rancé, qu'étant près de faire naufrage, la Trappe vous ait été présente, et que contre toute votre attente vous ayez espéré vous y voir. Le moyen, après cela, de ne pas vous suivre jusqu'aux extrémités de la terre ? Allez donc, monsieur, où Dieu vous a destiné ; ne doutez pas qu'en lui gagnant des âmes vous ne sauviez la vôtre, et que vous ne soyez du nombre de ceux qu'il a promis de couvrir de sa protection par l'entremise de ses anges. »

Le P. Chaumont lui répondit : « Je conserverai votre chère lettre comme le gage précieux de la part que vous voulez bien me donner et à tous mes chers confrères dans vos travaux et dans vos prières ; elle me sera comme un pilote assuré et comme ma garde fidèle dans le cours de mon voyage, et un puissant asile dans toutes les adversités qui me pourront survenir. J'en laisserai une copie dans le monastère de Siam ; quant à l'original, je ne le quitterai jamais qu'à la mort. »

M. de Chaumont écrivit en 1691 à un religieux de la Trappe : Passant de la côte de Coromandel à la Chine, et faisant route par le vieux détroit de Sineanpou, le 24 août notre navire se trouva à sec sur des rochers depuis la proue jusqu'au grand mât, quoiqu'il y eût plusieurs brasses d'eau sous la poupe ; il fut tellement renversé que le grand mât touchait presque à l'eau. Alors tous se crurent perdus, nonobstant leurs efforts. Pendant ce temps-là, les charitables et obligeantes promesses que notre saint abbé m'avait fait de faire des prières particulières pour moi me revinrent si vivement dans la pensée, qu'elles me causèrent une confiance extraordinaire ; et dans mes prières j'avais une idée si forte de ce saint homme qu'il me semblait le voir et sentir qu'il fortifiait l'espérance que j'avais d'aborder à la Chine. Ce qui me faisait dire à mon confrère qu'il eût bon courage, et qu'avec le secours de Notre-Seigneur et les prières du saint abbé de la Trappe nous arriverions. Tout à coup le navire retourna dans son assiette, à la faveur de la marée, sans avoir fait aucune perte. »

Le P. Chaumont appartenait à ces grandes missions des jésuites de la Chine qui pensèrent nous ouvrir la route de Nankin.

Ainsi les mers et les naufrages entrent à la Trappe, comme le siècle de Louis XIV y était entré par des bois où l'on entend à peine un son. La manière dont les hommes de ce temps voyaient le monde ne ressemblait pas à celle dont nous l'apercevons aujourd'hui. Il ne s'agissait jamais pour ces hommes d'eux-mêmes ; c'était toujours de Dieu dont ils parlaient. Ces souvenirs que Rancé envoyait aux océans par un missionnaire se rattachaient à son arrière-vie, lorsqu'il avait songé à cacher ses blessures parmi les pasteurs de l'Himalaya. Tous les rivages sont bons pour pleurer. Il aurait vu, s'il avait suivi ses premiers desseins, ces rizières abandonnées quand l'homme qui les sema est passé depuis longtemps ; il aurait suivi des yeux ces Aras blancs qui se reposent sur les manguiers du tombeau de

Tadjmahal ; il aurait retrouvé tout ce qu'il eût aimé dans son jeune âge, la gloire des palmiers, leur feuillage et leurs fruits : il se serait associé à cet Indien qui appelle ses parents morts aux bouches du Gange, et dont on entend la nuit les chants tributaires qu'accompagnent les vagues de la mer Pacifique.

On ne sait si Rancé avait entretenu

24. Il s'agit, bien entendu, du XVIIe siècle.

25. a pris ses mains dans les miennes ;

26. il ne comptait pas les morts, mais la victoire.

27. aux stances à madame Lullin, et non pas madame Du Deffant :

28. par Nogent-le-Rotrou.

L'abbesse des Clairets était d'une morgue presque ridicule, même dans ces temps d'aristocratie. Elle disait de dom Zozime qu'il ne méritait pas seulement d'être son laquais, parce que ce n'était que le fils d'un bourgeois de Bellème.

La visite de Rancé

29. ses accords sont des pensées ou des caresses. A peine les poètes chrétiens de l'antiquité ont-ils permis qu'on fît entendre cette mélodie après eux, lorsqu'ils avaient réuni leur vie aux faisceaux des lyres brisées.

Des médailles et des portraits

30. l'année 1696,

31. Le 3 octobre 1689,

32. *D'après Letessier, à partir d'ici, indépendamment des habituelles variantes de détail, la seconde édition présente dans la suite des alinéas, un ordre sensiblement différent de celui adopté par la première. Après les anecdotes sur Santeuil, on lit dans la seconde édition les pages concernant Jacques II d'Angleterre et la fatalité chrétienne* (Il ne manquait plus qu'un roi à la Trappe... on ne s'arrête plus pour écouter les échos des vieux malheurs. *Soit 9 paragraphes, dont un ne figure pas dans la première édition*). *Viennent ensuite (ce qui est plus logique) les 3 alinéas sur Monsieur et le cardinal de Bouillon* (Après le roi d'Angleterre, Monsieur, frère du roi, vint visiter la Trappe... la déchirure par où devait passer la France). *Enfin la seconde édition donne, assez maladroitement, l'alinéa où il est question des morts de Jacques II et Marie Stuart* (Dans une lettre qui ne parvint à la Trappe... un effroyable reproche à sa frivolité), *et ajoute celui sur Boivin, avant de revenir à la disposition de la première* (*à partir de :* Au reste, Rancé tout vieux et tout malade qu'il était...).

33. Il faut lire « Cluny » ; on retrouve la même erreur dans la seconde édition.

34. un soldat devenu ermite.

Jacques II assista à une grand'messe du jour à la Maison-Dieu. Il se leva à l'Évangile, tira son épée, et la tint élevée pendant tout le temps qu'on chantait l'Évangile. C'était un droit qu'avait accordé la cour de Rome à la cour de Londres, lorsque les rois d'Angleterre reçurent du saint-siège le titre de défenseurs de l'Église catholique. Henri VIII, qui a détruit l'Église catholique en Angleterre, avait obtenu ce titre quand il eut composé son ouvrage contre Luther.

Que de ruines ! Jacques II, se disant roi à la Trappe, reprenait dans un désert des droits que ne reconnaissait plus l'Angleterre ! Mais nous, avons-nous remporté ces victoires dont nos misérables générations lisent les noms, comme des vérités qui les regardent, gravés aux parois de l'Arc-de-Triomphe ? Les générations se disent héritières des grandeurs qui les ont précédées ; les Barbares méprisaient souverainement ces Romains qui prétendaient descendre des légions de l'Empire, parce qu'ils traversaient les voies romaines que ces légions avaient construites et foulées.

La reine de la Grande-Bretagne visita à son tour la solitude. L'aumônier

35. je veux dire que le chrétien crée la nécessité par sa vertu ; il ne détruit pas le mal ; il en est le maître.

On gardait à la Trappe

36. il était conservé là dans

37. à sa frivolité.

Boivin est un dernier des hommes du siècle avec qui Rancé eut affaire. Il écrivait le 18 octobre 1696 à l'abbé Nicaise : « Je ne sais comment vous avez pu avoir l'arrêt du parlement de Rouen contre le sieur Boivin ; mais si vous connaissiez jusqu'où va sa violence et son emportement, vous auriez peine à croire qu'un homme d'étude comme lui pût tomber dans de si grands excès. » Le procès que Boivin eut avec la Trappe était pour une redevance de vingt-quatre sous, il dura douze ans et coûta douze mille livres. « Je l'ai gagné pendant douze ans, écrivait Boivin, et je ne l'ai perdu qu'un seul jour. »

Au reste Rancé, tout vieux

38. d'un poète qui est femme.

Ce que l'on serait souvent tenté de prendre dans Rancé pour les allures et les pensées d'un tout jeune homme, n'était que le sentiment d'un vieillard décrépit qui ne marchait plus et dont la tête était enfoncée dans un froc, comme une de ces momies de moine que renfermaient les caveaux de quelques anciens monastères. Les os de Rancé s'étaient cariés ; il ne possédait plus que deux grands yeux où avait circulé la passion et où se montrait encore l'intelligence. Réduit à garder l'infirmerie, ses derniers moments approchaient ; il n'y avait personne

39. L'évêque de Séez, dans son récit qui est conservé, dit qu'il avait connu

40. cette législation surhumaine ! Les nouveaux cénobites de la Trappe sont parfaitement conformes à ceux qui habitaient ce désert en onze cent : ils ont l'air d'une colonie du moyen âge oubliée ; on croirait qu'ils jouent une scène d'autrefois, si en s'approchant d'eux on ne s'apercevait que ces acteurs sont des acteurs réels, que l'ordre de Dieu a transportés du XIe siècle jusqu'au nôtre. La cryptie de Sparte était la poursuite et la mort des esclaves ; la cryptie de la Trappe est la poursuite et la mort des passions.

POSTFACE

LA MORT DE L'AUTRE

à Claire
pour Raphaël

... Raimond Lulle, ..., après avoir longtemps poursuivi une belle, en obtint un jour un rendez-vous ; comme il touchait au comble de ses vœux, celle-ci défit son corsage et découvrit un horrible cancer qui lui rongeait le sein. Aussitôt, comme s'il eût aperçu l'enfer, il se convertit, quitta la cour du roi de Majorque et se retira dans la solitude pour y faire pénitence. L'histoire de la conversion de l'abbé de Rancé est toute semblable à celle-ci...

SCHOPENHAUER

On est resté hébété de ce côté-ci. On n'a pas eu le temps de dire au revoir. On n'a pas eu le temps d'une promesse.
Elle avait disparu du film de cette terre.

Henri MICHAUX

Il arrive souvent qu'on rappelle des personnages étrangers pour cacher des rapports directs ; un nom qui tourmente la mémoire s'y glisse sous mille déguisements.

La Vie de Rancé.

Un amoureux des livres jalonne son itinéraire de quelques ouvrages qui l'ont ébranlé : ils proviennent généralement de la masse imposante des chefs-d'œuvre unanimement reconnus. La rencontre avec la *Vie de Rancé* relève d'un autre type d'aventure : aucune balise accréditée par la foule des experts ne signale sa présence. La *Vie de Rancé* navigue solitaire à quelques encablures du navire-amiral Chateaubriand qui, lui, a droit de la part de tous, au salut du grand pavois ; les spécialistes de l'époque n'ont pas jugé la petite barque digne d'être hissée sur le vaisseau de haut bord. Dans la monumentale production du Malouin la variété est telle qu'il se trouve bien une œuvre estampillée sur laquelle votre admiration portera son choix, tout en ignorant la dernière écrite à soixante-seize ans. Il arrive cependant qu'un jour on prenne celle-ci par simple curiosité, ou même par hasard parce qu'on n'a rien d'autre à lire. Va donc pour cette histoire d'abbé réformateur d'une communauté monastique ! On feuillette, on s'y plonge, et c'est soudain le choc d'une véritable découverte. La fréquentation admirative des monuments élevés au cours de sa longue vie par le vicomte, cède à la secousse provoquée par la révélation d'un auteur contemporain exceptionnel. Et cela grâce à un opuscule qu'il a présenté comme un pensum écrit « *pour obéir aux ordres du directeur de* [sa] *vie* ».

Comment se fait-il qu'aucun de nos guides n'ait

signalé ce *texte*[1] à notre boulimie de lectures ? Ni l'*Histoire de la littérature française* de Gustave Lanson ni les *Morceaux choisis*... de Charles-Marie Des Granges qui présentaient Chateaubriand comme l'un des sommets de notre littérature ne mentionnent la *Vie de Rancé*[2]. Comment ces manuels qui, en tant que références absolues ont imprégné la culture littéraire de l'élève paresseusement attentif, ont-ils pu ignorer ce texte bouleversant, non pas d'un inconnu, mais d'un auteur qu'ils étaient supposés parfaitement connaître ? On cherche, on enquête et on tombe sur une autre découverte : l'aventure d'un livre.

Celle-ci commence dès sa parution en 1844. Le même homme, le critique littéraire le plus suivi de son temps, Sainte-Beuve, publie simultanément : un compte rendu dithyrambique qu'il signe dans la *Revue des Deux-Mondes* et un article plein de fiel, mais anonyme, dans la *Revue suisse*. Il y déclare, le 2 juin 1844 que : « *Le* Rancé *de Chateaubriand a été une déception*... », et surtout : « ... *nous disons franchement que ce livre, que l'on concevait si simple et si austère, est devenu, par manque de sérieux et par négligence, un véritable* bric-à-brac ; *l'auteur jette tout, brouille tout, et vide toutes ses armoires*[3] ». Julien Benda dira, à juste titre, à propos de ces deux comptes rendus violemment contradictoires, que « *Sainte-Beuve pratiquait la critique et l'hypocritique* » (1920, p. 14)[4].

Après un départ foudroyant — la *Vie de Rancé* fait l'objet de deux éditions en l'espace de deux mois (18 mai, puis 13 juillet 1844) —, vient l'oubli, alors que toutes les autres œuvres de Chateaubriand sont constamment rééditées. Presque seuls à en parler pendant des décennies, des gens d'Église s'acharnent sur ses prétendus défauts jugés à l'aune de l'hagiographie que, à leurs yeux, l'auteur du *Génie du Christianisme* et des *Martyrs* aurait dû écrire.

Il faudra attendre 1920, autrement dit trois quarts de siècle, pour que justice soit rendue au dernier ouvrage de l'Enchanteur. On le doit à un essayiste doté d'un sens critique et d'une sensibilité aigus,

Julien Benda, qui rééditera enfin la *Vie de Rancé*, pour la « Collection des chefs-d'œuvre méconnus ». L'introduction que l'auteur de *La Trahison des clercs* écrivit alors, étonne par son flair extraordinaire : il est le premier à souligner la modernité de Chateaubriand dans ce livre et l'analyse qu'il en fait révèle bien des traits auxquels s'attacheront un quart et un demi-siècle plus tard des écrivains tels que Julien Gracq et Roland Barthes. « *Pour ceux qui goûtent les ouvrages de l'esprit dans la mesure où ils sont des sursauts de l'âme, où l'on y trouve un homme plus encore qu'un auteur, la* Vie de Rancé *est* l'œuvre la plus importante de Chateaubriand (c'est nous qui soulignons) *: c'est la plainte la plus profonde, c'est le rugissement le plus poignant qu'ait poussé le lion devenu vieux et qui n'accepte pas son état.* » (pp. 29-30)

Neuf ans plus tard paraît l'étude la plus sérieuse[5] que nous possédions sur le réformateur de la Trappe, « *L'Abbé Tempête* », *Armand de Rancé...* d'Henri Bremond. Ouvrage très vivant d'un historien animé d'un bel esprit critique et de beaucoup d'humour qui passe au crible les panégyriques de ses prédécesseurs. Énumérant ces derniers dans son avant-propos, l'abbé Bremond mentionne la *Vie de Rancé*, du seul non-hagiographe d'entre eux, mais ne lui accorde aucune importance comme source de référence (et pour cause ! Chateaubriand et lui-même ont eu recours à peu près aux mêmes documents). Il en vante pourtant, à sa manière, les qualités littéraires : « ... *On sait bien que, par bonheur, cette biographie n'en est pas une, mais, ce qui vaut d'ailleurs beaucoup mieux, une merveilleuse symphonie, tour à tour amusante et pathétique* ».

La *Vie de Rancé* reçoit enfin une authentique consécration universitaire avec la parution, en 1933, de *La Vieillesse de Chateaubriand, 1830-1848*, la thèse d'État de Marie-Jeanne Durry. Non que l'ouvrage lui soit entièrement consacré, loin de là, mais l'œuvre ultime de l'Enchanteur, replacée dans son contexte, est alors reconnue comme œuvre de première importance. Marie-Jeanne Durry, alliant une sensibilité aiguë à une remarquable érudition, en fait une analyse extrêmement fine et complète. Là où Sainte-Beuve ne trouvait que négligence et *bric-à-brac*, elle découvre l'audace créatrice du génie vieillissant :

> « *Il achève de faire craquer entre ses mains les règles et barrières. Il est à l'heure où les audaces ne sont plus un essai d'affranchissement mais l'affirmation d'un bon plaisir. Le besoin d'aller, avant de disparaître, au paroxysme de soi-même, s'accompagne d'une virtuosité démoniaque, d'un pouvoir sans limites sur tous les modes d'expression. Il a l'autocratisme des artistes qui ont dépassé l'art tant les moyens et la matière ont cessé de leur offrir de résistance.* » (T.I., p. 533)

Dorénavant, celui qui voudrait aller plus à fond dans sa « saisie » du *Rancé* devra se reporter à l'arrière-plan passionnel de l'Enchanteur que Marie-Jeanne Durry a réussi à rendre de l'intérieur, par sa profonde compréhension des rapports entre celui-ci et ses partenaires, et finalement de cette œuvre où, censé parler d'un saint homme, c'est Chateaubriand lui-même qui se découvre :

> « *Qui soupçonnera dans la* Vie de Rancé *un roman à clef, les arcanes des défuntes amours ?*
> « *Vieillard hanté, tout couvert d'une odeur de femme, les sons et les pierres même se changent devant lui en formes désirables.* » (T.I., p. 563)

Puis, c'est à un élève de Marie-Jeanne Durry, Fernand Letessier, que l'on doit, en 1955, la première édition critique de la *Vie de Rancé*. Cette étude, outre la richesse d'informations dont elle accompagne le texte, intéresse par l'angle sous lequel elle aborde le style de Chateaubriand dans cette œuvre.

Entre-temps le dernier chef-d'œuvre de René a eu plusieurs éditions. Signalons, entre autres, celle, à grand tirage, dotée d'une préface plutôt critique d'Henri Guillemin (Club français du Livre, 1969), et surtout celle en format de poche, précédée de « La

Voyageuse de Nuit » de Roland Barthes (U.G.E., coll. 10/18, 1965) ainsi que l'édition présentée et annotée par André Berne-Joffroy (coll. Folio, 1986). Pour ma part c'est dans la collection GF Flammarion, avec une présentation de Marius-François Guyard (1969), que j'ai découvert la *Vie de Rancé* ; la citation partielle, tirée du *Journal* de Gide, en quatrième de couverture a été un appât irrésistible.

Enfin, au cours des dernières décennies, les biographies de l'Enchanteur, y compris celles destinées à un large public cultivé, accordent la place qui est due à la *Vie de Rancé* (voir, par exemple, le *Chateaubriand* de Victor-L. Tapié[6] publié en 1965 dans la collection « Écrivains de toujours »). De même dans la collection de la Pléiade, Maurice Regard parle avec chaleur de l'ultime chef-d'œuvre dans sa courte préface au tome I des *Œuvres romanesques et voyages* (1969).

On assiste donc après la Seconde Guerre mondiale à un incontestable renouveau d'intérêt pour la *Vie de Rancé*. Cependant, si on compare pour la même période, le nombre de ces éditions à celui des grands classiques de notre littérature, il faut bien admettre qu'il apparaît très faible.

Lorsqu'on voit combien tous nos grands écrivains contemporains aiment à parler des auteurs marquants de notre littérature, et de Chateaubriand en particulier, on est surpris par le petit nombre d'entre eux qui mentionnent la *Vie de Rancé*.

Au début des années quarante Aragon, dans son *Cantique à Elsa*, à propos d'un terrible cauchemar, évoque le drame de Rancé découvrant le cadavre mutilé de la duchesse de Montbazon[7].

André Gide consacre à l'œuvre ultime de René une seule page de son *Journal* les 22 février et 13 mars 1942, mais combien admirative : « *Ce contentement extrême que donne le style de Chateaubriand dans ses meilleurs moments, je ne l'ai jamais ressenti plus vif que dans sa* Vie de Rancé *dont j'achève le premier chapitre avec ravissement* » (pp. 111-112). Le *Journal 1939-1949* n'est paru qu'en 1954.

Auparavant, Julien Gracq dans son roman *Un beau ténébreux* (1945) a poussé l'éloge encore plus loin.

Certes, il n'utilise pas comme Gide une formule lapidaire — ou péremptoire — mais il place sous la plume de son narrateur deux pages pénétrantes que j'aurais aimé citer dans leur totalité. Ce long passage commence ainsi : « *Livre étonnant, abruptement griffonné, je veux dire tracé de l'ongle négligent, fabuleux, du griffon, du monstre au coup de patte d'éclair qu'est l'écrivain-né. Branchu, hirsute, bossu, avertisseur, il est comme l'arborisation calcinée de cendres grises que laisse après lui un coup de foudre.* » (p. 145) et s'achève par : « *Livre entièrement fait d'harmoniques, comme d'une harpe exténuée qui ne résonne plus que par une sympathie engourdie, à demi gelée, assourdie* » avec cette chute admirable : « *C'est bien le* Nunc dimittis *le plus pathétique de notre littérature.* » (p. 146)

Puis, cette fois, dans un essai intitulé *Le Grand Paon,* texte de 1960 qui sera repris en préface à l'édition du Centenaire des *Mémoires d'outre-tombe,* Julien Gracq, par un rapprochement avec l'une des sources majeures de la poésie moderne, nous révèle la nature profonde de la langue de *Rancé,* qui en fait sa modernité : « *Il a eu la chance suprême : les chefs-d'œuvre donnés dans la vieillesse, où tout est philtre et sortilège : jours alcyoniens, concentration des sucs, limpidité, transparence des soleils d'octobre, et cette main parfaite, qui, avant les premiers tremblements, sépare comme jamais la lumière de l'ombre. Les* Mémoires *n'ont jamais été plus jeunes : conjonction prodigieuse et solitaire d'une grande époque, d'un grand style et d'un grand format — la langue de la* Vie de Rancé *enfonce vers l'avenir une pointe plus mystérieuse : ses messages en morse, saccadés, déphasés, qui coupent la narration tout à trac comme s'ils étaient captés d'une autre planète, bégayent déjà des nouvelles de la contrée où va s'éveiller Rimbaud. Au lointain de toutes les avenues du parc romantique, au bord du miroir d'eau, il y a ce bel oiseau qui gonfle ses plumes. " Le cri d'un paon n'accroît pas davantage la solitude du jardin déserté " (Claudel). Nous lui devons presque tout.* » (p. XVII)

Alors que Julien Gracq a parlé incidemment de la *Vie de Rancé*, Roland Barthes lui consacre un essai entier, *La Voyageuse de nuit*. Dans ce texte éblouissant à la fois par sa pénétration et son envolée (ces deux termes ne sont pas ici contradictoires), le maître de la sémiotique examine sous des angles multiples le dernier ouvrage de Chateaubriand dont il dégage de nombreux traits préfigurant la littérature moderne. « *Livre brûlant* » dans lequel le lecteur aujourd'hui s'engage en oubliant bien vite qu'il fut écrit « *du moins explicitement, c'est-à-dire comme une œuvre de pénitence et d'édification* » (p. 9). Les passionnés d'analyse textuelle s'attacheront aux variations de Barthes sur l'anacoluthe et la métaphore, les autres s'accrocheront à ce qu'il écrit sur le chat jaune de l'abbé Séguin, sur l' « *événement* », et surtout sur la vieillesse dont lui-même n'aura pas franchi le seuil. Le texte est si dense et si magistralement mené qu'il me paraît difficile de distinguer l'analyse de la forme de celle du contenu, toutes deux intimement mêlées et s'éclairant pas à pas l'une par l'autre [8].

On remarquera que les préfaces à des éditions de la *Vie de Rancé* constituent la majorité des textes cités (et encore ! Je n'ai pas mentionné ici toutes les rééditions de ce chef-d'œuvre). L'ouvrage de Gaëtan Picon, *Admirable Tremblement du Temps* (Skira, 1970), non seulement emprunte son titre à l'un de ces très courts poèmes en prose qui éclairent la *Vie de Rancé*, mais en est, en quelque sorte, son très beau commentaire pictural : il est en effet consacré aux tableaux exécutés au soir de leur vie par les plus grands peintres occidentaux.

On ne peut manquer de mentionner ici le plus ancien commentaire sincèrement compréhensif qui se trouve être aussi l'un des plus récemment parus : celui de l'abbé Mugnier dont des extraits du *Journal* ont été publiés en 1985 et dans lesquels on trouvera des notations remontant à plus d'un siècle. Ainsi, à la date du 7 octobre 1884, il rapporte ce propos du Révérendissime abbé Dom Étienne : « *La* Vie de Rancé *est un misérable roman.* » Piqué au vif, ce grand admirateur du vicomte que fut l'abbé Mugnier[9] confie dès le lendemain à son *Journal* :

> « *Je lis la* Vie de Rancé *par Chateaubriand. Ce livre procède par bonds et saccades. Ce n'est plus la suite harmonieuse des* Martyrs. *Imagination risquée. Il y a du Veuillot et du Hugo dans ce Chateaubriand du déclin. Il vise à l'originalité et devient excentrique. Mais on rencontre des éclairs, et de grands coups de plume et d'aile !* » (p. 42)

Certes, comme on le voit, l'abbé qui n'est pas encore familiarisé avec la littérature moderne porte un premier jugement assez classique, mais déjà très vite il y découvre « *des éclairs, et de grands coups de plume et d'aile* » qu'aucun de ses contemporains n'avaient perçus.

Plus tard (2 octobre 1911), il revient à la *Vie de Rancé* : « *...J'aime les pages révélatrices du moi profond de l'auteur. Quel est le trappiste qui en écrirait autant ?* » (p. 218).

Pour quelle raison un profane en histoire de la littérature se lance-t-il dans une telle quête de commentaires et d'analyses d'un livre ancien ? Simplement par curiosité, mais une curiosité dévorante déclenchée sous le choc d'une lecture.

Il ne s'agit pas de cet enthousiasme que soulève un ouvrage contemporain surprenant ou un chef-d'œuvre classique reconnu qui répondent admirablement à l'état d'âme *hic et nunc* du lecteur, mais de cette secousse que provoquent assez souvent la poésie, et très rarement les œuvres en prose, avec alors des ondes de plus large amplitude au point de servir de jalons dans le cours d'une vie déjà longue. Dans le cas de

Rancé, on est surpris d'avoir découvert un livre singulier, étonnant.

On croit bien connaître Chateaubriand — d'ailleurs ne va-t-on pas de temps à autre écouter la grande voix des *Mémoires d'outre-tombe* ? Mais on ne fait guère attention à cette *Vie de Rancé* que les spécialistes de la littérature mentionnent rarement. A moins d'être un pratiquant sérieux ou en état de crise, on se sent peu attiré par l'histoire du fondateur de la Trappe. On l'aborde par désœuvrement et, première surprise, on se trouve entraîné dans la description éblouissante d'un XVIIe siècle bien vivant, plein de verve et pétri de scandales. Eclate soudain un drame, un drame terrible, l'épicentre de la secousse qui vous plonge dans la phase austère de la vie du héros. Le décor a changé brusquement, brutalement. On suit un homme détruit par la douleur qui survit en mystique, et qui crée. Avec en leitmotiv, parsemant ce récit, des bribes de la vie de Chateaubriand vieillissant qui cherche à échapper à « la veilleuse de nuit » en égrenant des souvenirs entrelacés de remarques désabusées sur les effets du grand âge.

Il arrive que dans l'œuvre majestueuse que l'on fréquentait, le Malouin sculptant son monument de soldat, de voyageur, de séducteur, de diplomate, d'homme d'État, du plus grand écrivain de son temps tenant tête à Napoléon, irrite par ses pauses. Défauts que la magnificence d'une prose incomparable faisait vite oublier.

Rien de tel dans la *Vie de Rancé* : on accepte tout. On accepte que parlant de Rancé, ce soit surtout de lui-même que René nous entretienne. En fait, on se trouve enchaîné et entraîné par l'entrelacement de ces deux vies exemplaires, radicalement opposées. Celle du saint homme ayant renoncé à une vie de plaisirs pour attendre la mort dans l'ascèse et la mortification, et celle du vieillard couvert de gloire et de femmes célèbres, se rebiffant devant l'état d'abandon et d'impotence dans lequel le nombre élevé d'années révolues nous réduit : « *Malheur à l'âge pour qui la nature a perdu ses félicités ! Des pays enchantés où rien ne nous attend sont arides : quelles aimables ombres verrai-je dans les temps à venir ? Fi ! des nuages qui volent sur une tête blanchie !* » D'un côté, l'enterré vivant, de l'autre le vivant exceptionnel qui surmonte les effets de la vieillesse par le souvenir de ses actions passées : voyages et femmes aimées (ces dernières évoquées sous le masque de belles dames de jadis).

L'extraordinaire égocentrisme de René gagne son lecteur, il en fait son familier et son confident : au point que ce dernier se sent libre d'interpréter subjectivement des images, des remarques, des phases de son récit et l'œuvre elle-même tout entière. En ce qui me concerne, la *Vie de Rancé* restera à jamais le plus beau roman d'amour tragique de toute notre littérature.

Le choc a été si fort que, devant le silence de ceux-là mêmes qui trouvaient la gloire de René parfaitement justifiée, j'ai voulu savoir si d'autres partageaient mon enthousiasme. Il fallait évidemment commencer par le maître de la critique, contemporain et admirateur de Chateaubriand : Sainte-Beuve. D'autant plus que la lecture des *Lundis*, sauvés de l'autodafé préparée par nos gardiens qui haïssaient l'imprimé, avait apporté une évasion dans l'imaginaire durant mon séjour à l' « Hôtel Mikado ». Quelle déception de voir le Père de la Critique préférer l'écriture classique de l'abbé de Rancé à celle, très moderne, du Père du Romantisme ! D'où cette quête d'appréciations plus compréhensives de l'ultime chef-d'œuvre de René. Quête désordonnée et forcément limitée chez un profane : j'ai tenté de restituer plus haut l'ordre chronologique de leurs parutions dans un maquis de livres rencontrés au hasard des pistes.

Samuel Beckett regrette qu'on ne dise pas à l'amateur : « *Tout ce que vous saurez jamais d'un tableau c'est comment vous l'aimez (et à la rigueur pourquoi, si cela vous intéresse)*[10]. » J'avoue que c'est mon cas non seulement devant une peinture mais aussi devant un texte. Qui sait ? Peut-être comme l'amateur du grand

Irlandais, pour protéger mon plaisir. Et pourtant, une fois passé le choc produit par le roman, je me suis bien rendu compte que le style, éblouissant, avait une grande part dans l'émotion : rupture avec celui des *Mémoires d'outre-tombe* qui annonce le romantisme, le style du *Rancé* projette son lecteur dans l'écriture moderne, avec une efficacité incroyable.

On a cru prendre un ouvrage ancien, classique, et l'on sort, ébranlé, de la lecture d'une histoire au plus haut point tragique, contée par un contemporain de génie qui a entrelacé son récit de poèmes en prose sur l'amour, la mort, la vieillesse ; poèmes aux résonances, à la formulation souvent, surréalistes, qui vous cinglent par leur beauté. « *La vieillesse est une voyageuse de nuit : la terre lui est cachée ; elle ne découvre plus que le ciel.* » Parfois deux mots couplés surgissent, l'image insolite qui en naît entraîne plusieurs interprétations. Ainsi, dès l'avertissement qui ouvre le livre : le chat jaune de l'abbé Séguin. Ce qui frappe celui qui a eu vocation de peintre c'est une image forte comme celles qui vous hantent après la mort brutale d'un être cher, une vision inversée de celle du « petit pan de mur jaune » ; non plus un éclat de couleur pure dans une vue de Delft ouverte et lumineuse, mais la seule tache claire, celle d'une blessure purulente, dans une tanière obscure où rampent la décrépitude et la maladie ; un animal souffreteux jaune, sale, capte le regard et met mal à l'aise, à l'opposé du chat de Steinlein qui, altier et d'un noir éclatant, se détache sur un fond clair qui le met en valeur.

Tout en reconnaissant à l'écriture de Chateaubriand une part dans l'envoûtement que lance la *Vie de Rancé,* je considérais comme une évidence que celui-ci provenait avant tout du récit lui-même et de l'éclat des poèmes, éclos sur son parcours comme autant de pierres précieuses, magiques. Or, ce qui m'a frappé dans les commentaires consacrés au *Rancé,* c'est la place éminente que tous les auteurs accordent au *style* de l'ouvrage. Qu'il s'agisse des contemporains du vicomte, comme Sainte-Beuve, pour le dénigrer, ou des nôtres, à partir de Julien Benda, pour en vanter la modernité et souligner à quel point cet ouvrage était l'œuvre d'un authentique précurseur. Benda évoque « Péguy, Romain Rolland et Marcel Proust », et aussi Paul Valéry ; Marie-Jeanne Durry, Marcel Proust ; Fernand Letessier, Mallarmé ; Roland Barthes, Jean-Paul Sartre ; enfin pour Julien Gracq le Chateaubriand de la *Vie de Rancé* annonce Arthur Rimbaud. C'est finalement à ce point de vue que je me rallierai, étant donné tout ce que, en ce domaine, les surréalistes doivent au poète « aux semelles de vent ». Ce ne sont pas seulement les digressions, les formes du discours qui déroutent Sainte-Beuve ; un « style de fond », si je puis dire, excite sa verve rageuse : il ne supporte pas que Chateaubriand parsème la biographie d'un saint homme de ses propres souvenirs, parle de lui-même[11], pire, de sa vieillesse. Il s'agit en fait à ses yeux d'un vice ridicule qui marque « toute la littérature » de son époque :

> « *Jamais* [...], *en aucun temps, les poëtes n'ont mené un tel deuil de leur jeunesse enfuie et ne se sont répandus à ce sujet en de tels gémissements.* [...]. *L'auteur de* Rancé *est allé sur ce point au-delà de tout ce qu'on aurait pu imaginer, et on peut dire que, s'il est suivi par la foule des jeunes poëtes déjà vieillissants, il mène le deuil avec des pleurs et des plaintes qui sont d'un roi d'Asie.* » (*op. cit.*, pp. 222-223)

Décidément ce grand critique vipérin et très mal informé sur l'Asie n'a même pas perçu la dignité de René vieillissant, accablé de maux. Par ailleurs, comme pour le « style de forme », Sainte-Beuve n'a pas pressenti ce qui faisait de Chateaubriand un précurseur de génie, innovant beaucoup trop tôt pour pouvoir être compris de ses contemporains. Le « style de fond » du *Rancé* annonce entre autres œuvres d'aujourd'hui, celle de Michel Leiris, de *L'Âge d'homme* aux quatre volumes de *La Règle du jeu*.

On oublie trop souvent un domaine de l'écriture où

Chateaubriand a devancé considérablement son époque : la traduction de la poésie. Il a d'ailleurs conscience que sa méthode bouleverse les habitudes acquises et va à l'encontre d'une coutume bien ancrée dans les mentalités : et, ce qui est rare, il le dit dans ses « Remarques » précédant sa traduction du *Paradis perdu*[12] :

> « *Me serait-il permis d'espérer que si mon essai n'est pas trop malheureux, il pourra amener quelque jour une révolution dans la manière de traduire? Du temps d'Ablancourt les traductions s'appelaient de* belles infidèles ; *depuis ce temps-là on a vu beaucoup d'infidèles qui n'étaient pas toujours belles : on en viendra peut-être à trouver que la fidélité, même quand la beauté lui manque, a son prix.* » (p. 111)

Sa méthode : suivre au plus près possible, le mot à mot (« *j'ai calqué le poëme de Milton à la vitre* », p. 103). Là aussi il a heurté ses contemporains, Nisard par exemple[13], qui l'ont attaqué sur les points mêmes où il innovait radicalement. En revanche, il a suscité l'admiration d'un de ses pairs d'alors, un créateur de sa stature, mais étranger, le plus grand poète russe de tous les temps, Pouchkine, qui a écrit dans un article paru en 1837, peu après sa mort : « *Aujourd'hui (précédent inouï !), le premier des écrivains français traduit Milton MOT A MOT et déclare qu'une traduction juxtalinéaire eût été le comble de son art, si seulement elle avait été possible ! Pareille humilité chez un écrivain français, le premier maître dans son art, devait forcément étonner les partisans des TRADUCTIONS ARRANGÉES, et, vraisemblablement, aura une grande influence sur la littérature*[14]. » Sa conception de la traduction n'a fini par s'imposer — et encore ! — qu'au cours des toutes dernières décennies. Pendant le siècle et demi qui a suivi son John Milton, on a préféré les *belles infidèles ;* à quelques exceptions près, mais avec quels magnifiques résultats ! les poèmes d'Edgar Poe traduits par Stéphane Mallarmé et les *hain-teny* merina, par Jean Paulhan.

Il faut admettre que René s'est montré non seulement un précurseur par la méthode qu'il a mise au point, mais surtout un pionnier par l'importance qu'il a donnée à la traduction en tant que genre littéraire. Cela a étonné ses contemporains et des esprits malveillants ont même avancé qu'il n'avait certainement pas perdu son temps à traduire un poète anglais et s'était contenté de signer le travail « *de quelques jeunes élèves*[15] ». Il faut dire à leur décharge (sans les absoudre de la vilenie que contiennent leurs propos) que ce n'est qu'à une date récente que l'art de traduire, et plus particulièrement de traduire la poésie, a acquis chez nous un statut convenable. Tout d'abord en raison de la prise de conscience par toute société industrielle de l'importance des problèmes de communication, et surtout grâce à l'intérêt grandissant porté par les Français aux cultures étrangères, y compris celles des sociétés non occidentales. Ainsi la poésie des grandes civilisations asiatiques, comme celle des peuples de l'oralité, est sortie du cercle étroit des orientalistes et des ethnologues, car il s'est trouvé parmi eux des poètes capables de restituer dans notre langue une parcelle de la beauté originelle. Il a fallu pour cela qu'ils suivent, en ignorant généralement qui en était l'auteur, la méthode inventée et appliquée par Chateaubriand dans sa dernière œuvre de traducteur.

Une telle méthode suppose une grande humilité de la part du traducteur envers l'œuvre qu'il traduit. Or c'est cette même attitude que le plus fécond créateur de styles dans notre langue avoue être la sienne devant l'écriture et même simplement devant l'opinion de ses proches sur ce qu'il écrit (plusieurs témoins l'ont confirmé, et le résultat en est sensible dans la deuxième édition du *Rancé*[16]) :

> « *Il est des génies heureux qui n'ont besoin de consulter personne, qui produisent sans effort avec abondance des choses parfaites : je n'ai rien de cette facilité naturelle,*

> *surtout en littérature : je n'arrive à quelque chose qu'avec de longs efforts ; je refais vingt fois la même page, et j'en suis toujours mécontent : mes* manuscrits *et mes épreuves sont, par la multitude des corrections et des renvois, de véritables broderies dont j'ai moi-même beaucoup de peine à retrouver le fil. Je n'ai pas la moindre confiance en moi : peut-être même ai-je trop de facilité à recevoir les avis qu'on veut bien me donner ; il dépend presque du premier venu de me faire changer ou supprimer tout un passage : je crois toujours que l'on juge et que l'on voit mieux que moi.* » (*Remarques*... p. 111.)

Chateaubriand parle rarement de son travail d'écrivain. Or les deux passages que je viens de citer sortent de la même page des « Remarques » dont il a fait précéder sa traduction du *Paradis perdu*. Le premier concerne en fait un secteur bien délimité : le travail de traducteur. Le second évoque les séances de lecture à haute voix des *Mémoires d'outre-tombe* en cours de rédaction. On ne peut s'empêcher de penser au « gueuloir » de Flaubert, mais alors que ce dernier clame son texte en solitaire et juge par lui-même de la sonorité de chaque phrase, René, moins sûr de lui, a besoin de l'avis de quelques intimes qui ont toute sa confiance.

Flaubert poussait très loin ses recherches sur le style : je ne suis pas sûr que Chateaubriand, en dehors du champ de la traduction, ait eu pleinement conscience des innovations qu'il apportait dans ce domaine. Alors que tout au long de sa vie ce sont ses modes de pensées et d'agir qui ont influencé les générations plus jeunes, le style de son dernier chef-d'œuvre a, un siècle environ après sa parution, surpris et captivé (par sa nouveauté) des essayistes et des écrivains de premier plan. J'avoue que le style du *Rancé* ne m'a retenu qu'au cours de l'enquête menée sur la réception du livre ; car, lorsque je me suis plongé dans l'ultime chef-d'œuvre, son style n'a guère joué que le rôle assez discret d'une basse continue porteuse de la mélodie. Le non-musicien, simple consommateur de musique, n'attache aucune importance à la basse continue dont il subit pourtant sans s'en rendre compte l'influence, dans son cheminement souterrain. Ce qui le retient et l'emporte, c'est la mélodie, c'est-à-dire ici dans la *Vie de Rancé*, la narration que ponctuent à intervalles irréguliers de courts poèmes en prose, véritables *haïku* à la française.

Ayons pour la dernière fois recours à une analyse littéraire que nous emprunterons à Roland Barthes : « *Vivant sa propre vieillesse comme une forme, Chateaubriand ne pouvait se contenter de la conversion " objective " de Rancé ; il était nécessaire qu'en donnant à cette vie la forme d'une parole réglée (celle de la littérature), le biographe la divisât en un* avant *(mondain) et un* après *(solitaire), propres à une série infinie d'oppositions, et pour que les oppositions fussent rigoureuses, il fallait les séparer par un événement ponctuel, mince, aigu et décisif comme l'arête d'un sommet d'où dévalent deux pays différents ; cet événement, Chateaubriand l'a trouvé dans la décollation de la maîtresse de Rancé...* » (pp. 17-18)

J'admire l'analyse rigoureuse de Roland Barthes, cependant elle laisse entendre une volonté de construction dont je doute qu'elle existe à un tel degré chez Chateaubriand. En poète, celui-ci s'est laissé porter par le temps réel du récit : l'événement survient, brutal. Il le rapporte tel quel. De même qu'il relate avec autant de vérité ce qui surviendra après le complet changement d'ambiance du récit, y compris la période d'ajustement.

Voici le récit de l'événement-clé tel que Chateaubriand l'a recopié d'un ouvrage attribué à un protestant, le sieur De Larroque, et intitulé *Les Véritables Motifs de la Conversion de l'abbé de la Trappe, etc.* Texte que le vicomte a placé en tête du Livre second de la *Vie de Rancé* (seule la seconde édition reproduit l'intégralité de ce passage) :

> « *Je vous ai déjà dit que l'abbé de la Trappe étoit un homme galant et qui avoit eu plusieurs commerces tendres.*

Le dernier qui ait éclaté fut avec une duchesse fameuse par sa beauté, et qui, après avoir heureusement évité la mort au passage d'une rivière, la rencontra peu de mois après. L'abbé, qui alloit de temps en temps à la campagne, y étoit lorsque cette mort imprévue arriva. Ses domestiques, qui n'ignoroient pas sa passion, prirent soin de lui cacher ce triste événement, qu'il apprit à son retour. » — « *En montant tout droit à l'appartement de la duchesse, où il lui était permis d'entrer à toute heure, au lieu des douceurs dont il croyait aller jouir, il y vit pour premier objet un cercueil qu'il jugea être celui de sa maîtresse en remarquant sa tête toute sanglante, qui étoit par hasard tombé de dessous le drap dont on l'avoit recouverte avec beaucoup de négligence, et qu'on avoit détachée du reste du corps afin de gagner la longueur du col, et éviter ainsi de faire un nouveau cercueil qui fût plus long que celui dont on se servoit.* »

En février 1844 (c'est-à-dire peu de temps après que Sainte-Beuve eut annoncé à la *Revue suisse* que la *Vie de Rancé* était sous presse) paraissait la deuxième édition très augmentée de *Die Welt als Wille und Vorstellung*, autrement dit l'œuvre maîtresse d'un autre géant de la littérature mondiale, le philosophe allemand Arthur Schopenhauer. Lui — on ne peut guère l'accuser de sensiblerie — n'est pas resté indifférent à l'*événement*. Le passage du *Monde comme volonté et comme représentation* que nous avons cité en exergue fait allusion au court récit qu'en a donné Schopenhauer dans ses *Suppléments*[17] :

« *J'ai raconté l'histoire de la conversion de Raymond Lulle ; celle de l'abbé de Rancé mérite d'être rapportée ici en peu de mots pour les ressemblances frappantes qu'elle présente avec la première et, de plus, pour les résultats mémorables qui en sont sortis. Sa jeunesse avait été consacrée au plaisir et à la volupté ; il était en dernier lieu en relations amoureuses avec Mme de Montbazon. Un soir qu'il venait lui rendre visite, il trouva sa chambre vide, en désordre et obscure. Il heurta du pied quelque chose : c'était la tête de la duchesse morte subitement qu'on avait dû séparer du tronc pour faire entrer le corps dans le cercueil de plomb placé tout à côté. Après avoir surmonté son immense chagrin, Rancé devint le réformateur de l'ordre des trappistes, qui s'était bien écarté alors de la rigueur de sa règle : dès son entrée dans l'ordre, en 1663, il le ramena à ce renoncement presque effrayant qui en est encore aujourd'hui la base, à cette pratique méthodique de la négation du vouloir encouragée par les sacrifices les plus lourds et par un genre de vie d'une dureté, d'une austérité incroyables, qui remplit d'un saint effroi le visiteur de la Trappe.* » (p. 1402 de la traduction française)

Ainsi, Chateaubriand et Schopenhauer, deux écrivains-phares qui, bien que contemporains, n'avaient matériellement aucune possibilité de se concerter sur ce point, ont relaté, chacun de leur côté, dans deux œuvres de type totalement différent l'« *accident qui changea* [la] *vie* » de Rancé : la décollation de la duchesse de Montbazon et la transformation radicale qui s'ensuivit, d'un mondain en ascète réformateur d'un ordre monastique.

Cela cependant fut contesté par les hagiographes de l'« abbé Tempête » et par Saint-Simon. Dans la même ligne ils ne purent supporter l'assertion selon laquelle la tête de mort que Rancé gardait dans sa cellule (et que l'on voit dans le tableau de Hyacinthe Rigaud) était celle de Mme de Montbazon.

Les biographes religieux, ainsi que Saint-Simon et Sainte-Beuve et d'autres ont nié la décollation de la belle duchesse et surtout le fait que Rancé ait emporté son crâne chez lui, puis l'ait conservé dans sa cellule à la Trappe. Chateaubriand ne se prononce pas ouvertement mais montre que cela n'a rien d'impossible en citant deux exemples presque contemporains de dames de haut rang qui ont emporté chacune la tête de leur amant décapité à la suite d'un complot, pour l'embaumer. La mode très répandue au XVIIe siècle des « vanités » attestent de l'importance capitale, si je puis dire, du crâne de mort dans la symbolique chrétienne de cette époque [18]. Certes, le portrait peint à la demande de Saint-Simon par Hyacinthe Rigaud, de l'abbé de Rancé méditant dans sa cellule devant un tel crâne pourrait simplement suivre cette mode, mais les propos de Bossuet, le grand ami de Rancé, et du chevalier de Bertin, rapportés par René, appuient la version selon laquelle cette « relique » est bien la tête de Mme de Montbazon. L'abbé Henri Bremond lui-même en a-t-il été gêné ? lui qui a placé en frontispice de son ouvrage sur *L'Abbé Tempête* une gravure inspirée du tableau de Rigaud mais dans laquelle la tête de mort a disparu. Et pourtant sur ce sujet, il ne se montre jamais catégorique dans son texte. L'interprétation de Louis Du Bois me semble la plus proche de la réalité et de l'état d'esprit du grand expiateur ; il écrit en 1824 : « *La tête de la duchesse était conservée à la Trappe comme un monument, dit-on, de la grâce, qui avait enfin rappelé Rancé dans les voies de la pénitence.* » J'ajouterai : tout en l'aidant à contribuer à sauver la pécheresse dans l'au-delà.

Le pamphlet de Daniel de Larroque, dont Chateaubriand cite le passage narrant l'événement, date de 1685 ; l'abbé Dubois lui nie toute crédibilité sous prétexte qu'il a été écrit près de trente ans plus tard. Or il existe une version contemporaine des événements : celle que le père Rapin relate avec précaution dans ses *Mémoires* ; (« *elle circule dès 1657* » rapporte l'abbé Bremond, en soulignant qu'elle n'est visiblement pas puisée à la même source) :

> « *Surpris de la nouvelle de sa mort, il y courut, dit-on, avec un empressement qui l'empêcha de prendre des précautions. La duchesse, qui venait d'expirer et qu'on avait déjà mise sur la paille pour l'ensevelir, fut le premier spectacle qui se présenta à lui. Cette femme, la plus belle de la Cour deux jours auparavant, lui parut si horrible... qu'il fut frappé comme d'un coup de foudre... D'autres poussent encore l'aventure plus loin ; car ils prétendent que le chirurgien de la duchesse lui ayant coupé la tête pour embaumer son corps plus aisément..., cette tête coupée fut ce qui se présenta d'abord à l'Abbé... On dit aussi qu'il fut si vivement touché d'un spectacle si hideux qu'il n'eut plus que du dégoût pour le monde...* » (*in* Bremond, 1929, pp. 32-33)

Après avoir constaté que : « *tous les poètes ont adopté la version de Larroque, tous les religieux l'ont repoussée* », Chateaubriand, par souci d'équité, présente les arguments des deux bords. En fait, on se trouve assez vite gêné par l'attitude des premiers biographes de Rancé, qui certes l'ont connu personnellement, mais qui, comme l'a remarqué Letessier, avaient manifestement l'intention de « *réunir les documents indispensables à un éventuel procès de canonisation* » (p. XVIII). Chateaubriand s'en est sans doute rendu compte quand il écrit : « *On a craint sans doute, en montrant Rancé pécheur, d'ébranler l'autorité des exemples de sa vertu. Cependant saint Jérôme et saint Augustin n'ont-ils pas puisé leurs dernières forces dans leurs premières faiblesses ? Un aveu franc aurait délivré Rancé pour toujours des calomnies.* » Mais Rancé se tait sur son passé et Chateaubriand ajoute : « *Il faut dire néanmoins que le silence de Rancé est effrayant, qu'il jette un doute dans les meilleurs esprits. Un silence si long, si profond, si entier, est devant vous comme une barrière insurmontable. Quoi ! un homme n'a pas pu se démentir un seul instant ! quoi ! le silence absolu pourrait passer pour une vérité ! Cet empire d'un esprit sur lui-même fait peur. Rancé ne dira rien, il emportera toute sa vie dans son tombeau. Il faut trembler devant une tel homme.* » Pour éviter qu'on revienne sur son passé, Rancé ira même jusqu'à détourner Maupeou, l'un de ses futurs biographes, de répliquer à l'ouvrage de Larroque.

Pour quiconque a fréquenté d'un peu près des monastères bouddhistes de l'ancienne Tradition, ce silence du Réformateur laisse perplexe. Il constitue la « *preuve négative* » qui fait pencher la balance le plus fortement en faveur des poètes.

Aux « religieux » il faut associer les écrivains catholiques qui ne se sont intéressés à Rancé que comme réformateur de la Trappe. Intérêt d'autant plus justifié que c'était là l'objet même de la « commande » de l'abbé Séguin et que de plus il s'agit d'un sujet capital pour l'histoire de l'Église et celle du XVIIe français. Mais ce qui étonne c'est qu'ayant réuni une documentation de belle érudition ces auteurs parlent avec une telle légèreté de l'épisode qui, bouleversant la vie de Rancé, l'a conduit sur la voie de la sainteté. On les voit, si je puis dire, utiliser la volonté divine comme *deus ex machina*. Sous prétexte de foi, on évite de prendre en considération l'*homme* Rancé, dans la période la plus dramatique de sa vie. Seul reste digne d'intérêt à leurs yeux, le combattant autoritaire, tenace, agressif qui a, d'une poigne de fer, remodelé de fond en comble un ordre religieux à la dérive — cela était courant à son époque — sous l'effet d'un laxisme difficile à concevoir aujourd'hui. Œuvre que certes on doit admirer : Chateaubriand et Schopenhauer ont souligné que la Trappe a été l'un des rares ordres à avoir surmonté sans encombre la tempête révolutionnaire. Mais cela n'autorise personne à effacer le passé du héros dont, ainsi restitué, l'itinéraire réel demeure exemplaire.

Chateaubriand ne tranche pas. Il accumule sur le Réformateur une documentation quasi exhaustive pour son époque et l'étudie soigneusement. Contrairement à ses prédécesseurs, non seulement il n'élimine aucune des données pertinentes qu'il a rencontrées, mais il les restitue sans chercher à les infléchir dans un sens choisi au préalable : libre à celui qui le lit de prendre parti. Quant au « *lecteur indifférent* », il ne peut être que convaincu de la véracité de ce que nous décrit René, à la lecture de l'épouvantable désarroi qui ne lâchera plus Rancé jusqu'à ce que, six ans après la mort de Mme de Montbazon, il entre dans les ordres et entreprenne la réforme de la Trappe. D'où mon étonnement lorsque, la curiosité m'ayant poussé à lire ce que l'on avait écrit sur la *Vie de Rancé*, j'ai rencontré chez Sainte-Beuve et ceux qui l'ont suivi, une totale incompréhension, allant de pair avec leur ignorance des effets d'un tel choc sur une telle passion.

Et si je maintiens avec véhémence ce point de vue

c'est qu'ayant moi-même subi un malheur comparable[19], j'ai pris réellement conscience, en relisant la *Vie de Rancé* après l'accident, de l'extraordinaire sensibilité de Chateaubriand, d'un aspect de son génie auquel on a peu fait attention (si ce n'est en le déviant vers l'histoire littéraire, comme simple épisode : la naissance du romantisme) : sa perception aiguë des réactions du cœur humain aux situations excessives, exceptionnelles : la mort brutale de l'Autre. Cela surprend d'autant plus qu'en reprenant les *Mémoires d'outre-tombe*, on constate qu'il n'a pas subi une telle épreuve. Les belles pages qu'il a écrites sur la fin de sa sœur Lucile ou sur celle de Mme de Beaumont, la compagne de sa maturité, émeuvent certes, mais ne produisent pas le choc de celles qu'il a consacrées à des tiers du passé, la duchesse de Montbazon et l'abbé de Rancé. Disparitions d'êtres chers au terme d'une longue maladie et non mort subite, accidentelle, imprévisible. On constate que l'égotisme souvent envahissant de l'Enchanteur ne l'a nullement empêché d'endosser la personnalité d'autrui au point de ressentir profondément la douleur démentielle que celui-ci a subie et longuement endurée, alors que lui-même n'a jamais vécu une telle expérience. Incontestablement, René le poète était doté d'antennes subtiles qui captaient les émotions dévastatrices d'autrui au plus profond de l'être.

En revanche, chez Sainte-Beuve, une conception souvent frileuse de l'amour et surtout une fascination quasi exclusive pour la vie et les vocations religieuses proscrit l'idée que l'engagement de Rancé puisse avoir une origine aussi profane. Dès son compte rendu, pourtant élogieux, du livre de René, il minimise la profondeur du drame « *que l'imagination publique s'est plu à commenter, à charger d'une légende romanesque* » (1844/1876, p. 43). Il ne peut admettre que la mort d'une quelconque maîtresse (car la Montbazon, malgré ses titres et sa beauté, n'est que cela, aux yeux de ce bourgeois louis-philippard) puisse à elle seule provoquer une telle transformation chez un jeune abbé, il faut donc lui ajouter celle, survenue trois ans plus tard de « *Gaston, duc d'Orléans dont il* (Rancé) *était le premier aumônier* [...] *pour achever de lui imprimer dans l'esprit le néant de l'homme, et la seule vérité subsistante de l'Éternité* » (*Port-Royal*, Livre IV, p. 552).

Ici Sainte-Beuve escamote les premiers jours, les premiers mois, les premières années qui suivent la mort brutale de l'être passionnément aimé, qui vous laisse, dit justement Henri Michaux, « *hébété* », pendant lesquels « *l'absence dévoratrice*[20] » vous plonge dans un monde encore plus irrationnel que celui où l'amour vous a entraîné.

Sous le coup de l'événement on ne se pose pas de questions d'ordre métaphysique, on ne pense qu'au disparu. Les yeux fermés (sommeil ou veille) on ne voit que lui, mais sous forme d'une tête, d'un masque, disproportionné, maquillé de blanc, hallucinant. Nuits insupportables; et à la lumière du jour le fantôme ne vous épargne pas. On voudrait échapper à sa curieuse présence. Mais qu'une occupation réussisse à vous en éloigner vraiment, il arrive toujours qu'à un moment, sans raison apparente, brutalement son image figée, muette s'impose, effaçant tout le reste. La terrible vision du buste de femme émergeant du lac de feu, qui effraya Rancé, ne fut certainement pas la seule. On finit dans la marche solitaire, « *ne voyant plus rien qu'à travers ses larmes* », la pluie offre une sorte de refuge : on ne craint plus de pleurer en public, ceux que l'on croise ne distingueront pas le vôtre des autres visages mouillés.

Le rituel funéraire mnong gar comporte toute une série de protections des vivants, notamment une succession de gestes magico-religieux ayant pour but d'empêcher les « âmes[21] » du défunt d'entraîner celles de ses proches à le suivre dans l'Au-delà, par affection. L'observateur n'y verra que des gestes rituels imposés par la tradition; mais que lui-même subisse un tel drame, il comprendra que ces rites résultaient d'expériences *vécues*, notamment pour se protéger des appels silencieux du défunt qui, supportant mal sa solitude, veut entraîner ceux qu'il aime.

Non seulement l'émotion cataclysmique subie vous plonge dans un atroce cauchemar dont on cherche à sortir parfois par les moyens les plus saugrenus. L'abbé de Rancé par exemple s'essaye aux « *moyens en usage pour faire revenir les morts* », mais surtout ce type d'émotion se révèle une source de connaissance aussi forte qu'un travail de réflexion, plus puissante même souvent, car elle impose *hic et nunc* l'évidence de ce qu'elle fait découvrir en tout premier lieu, la perception des véritables dimensions de l'amour qu'on portait au disparu. On découvre avec étonnement en soi-même la vraie nature d'actes sociaux vécus par d'autres dans les mêmes circonstances et dont, resté alors à l'extérieur, on n'avait reçu qu'un pâle reflet. Ainsi l'agnostique expérimente dans sa chair l'effet d'apaisement profond, malheureusement momentané, qu'apporte un service funèbre, alors qu'auparavant, lorsqu'on assistait à de telles cérémonies, la sympathie émue pour le mort et ses proches, qu'il partageait avec leurs autres voisins, ne lui avait pas fait franchir le mur de l'observation d'un rite. Ce grand choc émotif porte la connaissance jusqu'à la prise de conscience de la réalité profonde gisant sous certains aspects de votre vie, on découvre alors avoir traversé celle-ci en somnolant : les actes, les paroles des autres et de soi-même qu'on a supportés pendant des années, des décennies, prennent une telle intensité qu'on ne les accepte plus et qu'il faut changer de vie. Rancé réalise à quel point son immense fortune reposait sur une accumulation de profits injustement acquis. D'où sa décision, révolutionnaire pour son époque, de la redistribuer aux pauvres. Elle ne constitue pas un simple prélude, mais la première étape pleine et entière du changement radical que Rancé va donner à sa vie.

La remarque de Sainte-Beuve dont je viens de critiquer un aspect, n'en demeure pas moins juste dans le cas de morts naturelles de proches parents ou d'amis très chers. Le jour où un parent âgé, cloué au lit des mois durant, meurt, on a beau s'attendre à voir survenir l'issue fatale d'un moment à l'autre, l'heure où la mort frappe, on est soi-même abattu de douleur et en proie pendant des mois à un chagrin profond. Cependant celui-ci ne peut se comparer au terrible ébranlement qui suit celle, brutale, de l'être démesurément aimé.

J'ai évoqué plus haut les précautions par lesquelles le rituel funéraire entoure les proches du défunt ; en cas de malemort c'est le groupe tout entier que le rituel protège par un ensemble d'interdits dépassant alors généralement le nombre de rites exécutés, d'ailleurs très simplifiés, et surtout expéditifs, si on les compare à ceux que l'on accomplit pour une mort « naturelle[22] ». On retrouve cette attitude de rejet dans les religions universalistes en ce qui concerne le suicide, la forme ressentie comme la plus extrême de la malemort chez les chrétiens.

« La mort frappe aveuglément », constate Horace[23]. Et lorsqu'elle prend le masque de malemort, on touche à l'extrême de l'absurde ; le survivant cherche à comprendre, mais au plus profond de lui-même il est contaminé par l'irrationalité de cette disparition.

Les autres, pour le consoler, essaient de le convaincre de poursuivre sa route, tenant des raisonnements tout à fait « sains et rationnels », mais qui ne l'effleurent même pas. Ces amis deviennent eux-mêmes irrationnels : « Dieu vous l'a donné. Dieu vous le reprend », affirmation qui déclenche en lui une violente répulsion et entraîne le blasphème[24]. Et pourtant cette formule inhumaine arrive à convaincre certains, et pas des moindres, Victor Hugo par exemple qui, terrassé par la douleur, retrouve la foi du charbonnier et écrit *A Villequier*. Comment le grand poète admiré peut-il ainsi accepter ce qui s'est passé ? Il est vrai que dans son désespoir il a cherché refuge dans le spiritisme, qu'il s'y est immergé au point de figurer dans le panthéon caodaïste auprès du Christ, de Laotseu, de Jeanne d'Arc et du Bouddha...

On retrouve cette même irrationalité dans l'amour. Personne ne l'a mieux proclamé que la plus grande de nos poétesses, Louise Labé la Belle Cordière qui constatait qu'« *Amour* [...] *ne fut jamais sans la compagnie de Folie : et ne le sauroit jamais estre*[25] ».

Dans ce même *Débat*, Louise Labé attribue à l'Amour l'invention de la poésie ; et puisque, aidé de Folie, il en reste le principal inspirateur, il paraît naïf de vouloir recourir à la seule raison pour comprendre la démarche des poètes et expliquer l'écho de leurs œuvres en nous[26]. Pour ma part, malgré l'effet très stimulant des travaux de Roman Jakobson sur le sens et le son, sur la poétique surtout qui déroula le fil conducteur de sa vie, je reste incapable de disséquer le mécanisme interne des *haïku* dont l'Enchanteur a fleuri le parcours de la *Vie de Rancé*.

S'appuyant sur la littérature française des XVIIe et XVIIIe siècles des sociologues et historiens feront le même constat : le caractère irrationnel de l'amour. Ainsi Niklas Luhmann énumère quelques images par lesquelles on a tenté de traduire ce fait : « *l'amour est une sorte de maladie ;* [...] *folie,* folie à deux ; [...] *un mystère, un miracle, qu'il* (l'amour) *ne peut être expliqué ni être fondé* ». Robert Mauzi, qu'il cite, est sur ce dernier point encore plus explicite :

> « *L'amour est un mystère, le plus irrationnel des mouvements de l'âme, devant lequel l'esprit demeure désarmé ; il est une mystification, où l'imagination ne cesse d'escamoter et de métamorphoser la nature ; il est une aliénation, qui sépare l'homme de lui-même et le voue à toutes les tortures ; enfin l'amour ne se suffit jamais à lui-même*[27]. »

Lorsque Eros et Thanatos se rencontrent et fusionnent, la conjonction de leurs deux irrationalités provoque un bouleversement insupportable. Curieusement le français rapproche phonétiquement Eros de Thanatos à un degré qu'on ne trouve dans aucune autre langue : l'Amour, la Mort ([*lamur*]/[*lamɔr*]) ne se distinguent l'un de l'autre que par une simple différence d'aperture (celle-ci dans *l'Amour* est plus « fermée » que dans sa sinistre congénère). Nulle question ici d'en faire des déductions d'ordre sémantique, cependant m'exprimant en français, la poétique des sons renforce le malaise produit par la conjonction des deux entités. Pour Rancé elles ont atteint chacune leur degré extrême : l'amour passion et la mort brutale.

Car la mort brutale, dramatique de la superbe duchesse de Montbazon a révélé la profondeur de la passion qui attachait le jeune abbé à la plus belle femme de la cour. Le drame a brisé ce qui n'était perçu par les autres que comme une aimable liaison et probablement vécu par les protagonistes sur les ailes d'un bonheur quasi routinier dans lequel la beauté et l'intelligence unanimement reconnus ajoutaient à la satisfaction des sens et de l'esprit le piment de l'orgueil discret qui n'éprouvait nul besoin de s'afficher.

Les prédécesseurs de Chateaubriand qui ont eu à évoquer les rapports Rancé-Montbazon n'ont pas osé s'y attarder, certains ont même nié leur véritable nature, car ils n'entraient pas dans le cadre de leur conception limitée des rapports amoureux. On peut d'ailleurs comprendre que des hagiographes, préoccupés avant tout de sainteté, aient été embarrassés par ce qui se disait des relations qu'entretenaient deux personnages de cette trempe.

En revanche, il ne pouvait être question pour Chateaubriand d'amputer son enquête, ni de réduire l'abbé Tempête à une banale image pieuse. Car, en tant qu'homme, Rancé était d'une envergure digne d'accrocher l'attention de René, qui par son attirance pour les êtres d'exception se devait de saisir ce personnage hors du commun dans sa totalité. Le rôle tenu par Mme de Montbazon dans la vie de Rancé l'imposait au regard de l'Enchanteur, d'autant plus impérieusement qu'elle était elle-même dotée d'une forte personnalité.

En quelques pages Chateaubriand nous livre l'essentiel de ce que l'on doit connaître de la duchesse de Montbazon et de ses relations avec l'abbé de Rancé pour saisir l'ampleur du drame vécu par ce dernier.

Marie de Bretagne, fille du comte de Vertus, est mariée à seize ans à Hercule de Rohan, duc de Montbazon, qui pourrait passer pour son grand-père ou même son arrière-grand-père (il a cinquante-quatre ans de plus qu'elle). Le gouverneur de Paris, vieux libertin expérimenté « *endoctrina à son école* » sa toute jeune « religieuse » (c'est ainsi qu'il la nommait lorsqu'il l'épousa), lui faisant même « *confidence de ses infidélités octogénaires* ». Tous ceux qui ont parlé d'elle ont vanté sa très grande beauté. Ainsi Dom Gervaise rapporte que dès son apparition « *à la cour elle effaça par sa beauté toutes celles qui s'en piquaient* » (cette réputation intrigua beaucoup la reine Christine de Suède qui chargea son ambassadeur de la renseigner sur ce point) et, à trente-cinq ans, d'après Tallemant de Réaux « *elle défaisait toutes les autres au bal* ». A son exceptionnelle beauté « *elle joignait,* écrit Dom Gervaise, *un esprit fin et délicat, capable des hautes sciences et des plus belles conversations, et il faut avouer qu'elle n'en goûtait guère d'autres* ». L'éclat de sa Galatée, fascinant ce noble et puissant Pygmalion déjà installé dans le grand âge, a sans doute poussé celui-ci à la remodeler en un être d'une maîtrise absolue dans le domaine érotique. L'attraction notoire qu'elle exerçait sur les hommes, aiguillonnée par son goût d'entière autonomie, lui laissait le choix en libre arbitre de ses partenaires, parmi lesquels elle aimait accrocher quelques grands noms.

Des libelles ont brocardé son penchant pour l'argent qui l'aurait fait céder pour de fortes sommes. On peut penser qu'il s'agit de la manifestation favorite du machisme tenace, inhérent à la société occidentale jusqu'à tout récemment. Dans le cas de la belle duchesse le flot des diffamations dégorgées par ses soupirants frustrés se trouvait probablement grossi par les médisances des femmes jalouses déchaînées par cet autre trait de caractère qui a frappé ses contemporains : la fierté particulièrement hautaine de Mme de Montbazon à l'encontre de rivales de haut rang, comme par exemple ses affrontements avec Mme de Longueville, la sœur du Grand Condé.

Comment, parlant d'une œuvre de Chateaubriand, ne pas évoquer une autre amazone, Hortense Allart, qui fut couverte d'injures pour son autonomie et sa liberté de mœurs, surtout après la publication des *Enchantements de Mme Prudence de Saman L'Esbatz ?* Les « rigoristes » y prirent prétexte des indiscrétions commises envers le grand écrivain. Et pourtant elle y trace un portrait de l'Enchanteur tout de tendresse et d'admiration, combien plus crédible que les propos tenus par les détracteurs de cette sylphide, sur le grand Malouin[28]. Quand un homme, René lui-même ou Casanova, écrit sur ses amours, aucune voix ne s'élève pour l'injurier, ni même l'en blâmer.

Cependant, Chateaubriand semble accorder quelque crédit à sa réputation d' « *avarice* (qui) *refroidissait ses voluptés sans les arrêter* ». Mais les chansonniers constituaient sur ce point sa principale source d'information (« *Mme de Montbazon préférait, on vient de le voir dans les chansons, l'argent à tout* »). Quant au fameux mot du cardinal de Retz déclarant « *qu'il n'avait jamais vu personne qui eût montré dans le vice si peu de respect pour la vertu* », il émane d'un ardent soupirant qui n'eut jamais le bonheur de voir la belle duchesse « *passer entre ses mains* », doublé d'un styliste qui trouvait aussi son bonheur dans la frappe d'une formule bien façonnée.

Admettons qu'il n'y ait pas de fumée sans feu et qu'un fond de vérité gise dans cette gamelle des « on-dit ». Quelle explication donner alors ? Vénalité réelle ? ou exigence de sa part, comme chez les psychanalystes et autres spécialistes réputés, d'une forme de reconnaissance de son excellence dans le domaine (beauté et noblesse) qui est le sien ? Je préfère esquiver ici une discussion sur ce sujet : elle risquerait de nous entraîner dans une digression beaucoup plus longue et tellement moins belle que celle de Chambord, au Livre second, car psychanalyse et ethnologie comparée y prendraient la place des souvenirs architecturaux et sylvestres [29].

Le duc de Montbazon et Denis Le Bouthillier, le père d'Armand-Jean, étaient très liés ; d'après dom Gervaise, « *Rancé, caressé dans la maison du duc, fut élevé sous les yeux de la jeune duchesse ; il résulta de ce rapprochement une liaison* ». La plus belle femme de la cour ne pouvait qu'être favorablement impressionnée par un jeune homme exceptionnellement doué dans tous les domaines : il a traduit Anacréon à douze ans et devient quelques années plus tard un orateur apprécié ; mais surtout ce jeune abbé, beau, élégant et qui sait tirer profit de sa fortune et de ses relations dans le monde (il est filleul du cardinal de Richelieu), acquiert très vite une réputation de cavalier, de chasseur, d'escrimeur de premier ordre ; on cite aussi maints exemples de son audace et de son courage face à des gens armés et prêts à en découdre.

Enfin, pour une femme conquérante, décidée comme la belle duchesse, Rancé offrait l'appât de la jeunesse. Dom Gervaise suggère qu'elle attendit la mort à quatre-vingt-six ans de son mari : « *se voyant affranchie du joug du mariage, elle se donna un peu plus de liberté* ». Rancé avait alors dix-huit ans et elle trente-deux. Initiée très jeune par un vieillard, arrivée à son tour à un âge canonique pour l'époque, mais ayant gardé sa beauté, la duchesse de Montbazon fit l'éducation d'un garçon précoce, brillant, fougueux et de quatorze ans plus jeune qu'elle : partenaire rêvé et situation idéale pour une amante maternelle [30].

Les liens d'origines variées qui entrelacent les éléments d'un tel couple s'affirment très vite d'une étonnante solidité, et permettent d'affronter les pires épreuves. L'absence de jalousie, corollaire de l'entière liberté laissée à chacun, lève bien des obstacles à l'harmonie des rapports (d'autant plus que l'entente va souvent jusqu'à la confidence détaillée des relations avec les tiers). Cette soi-disant indifférence heurte l'opinion générale qui érige en axiome l'idée selon laquelle toute « vraie » passion reposerait sur le penchant inné d'appropriation exclusive de l'autre, justifiant la jalousie. D'où l'étonnement de tous et la fureur de l'intrus, de voir éconduire très sèchement le « séducteur » présomptueux qui, misant essentiellement sur sa puissance virile, se permet un petit écart de langage : car sur son expérience des couples « normaux », il ne fait aucun doute, à ses yeux, que surviendra à son profit, la rupture d'une union dont il est persuadé qu'elle repose uniquement sur la bagatelle.

Les contemporains ont souvent insisté sur la très grande discrétion dans leurs comportements en public du couple Rancé-Montbazon. Certes on peut l'expliquer en partie par l'originalité de leur situation (même pour l'époque de Ninon de Lenclos), en fait seuls ceux qui vivent dans l'intimité amicale d'un tel couple peuvent témoigner à quel point l'attachement réciproque est profond et n'a nul besoin d'apparaître à l'extérieur. Car le partenariat multiple, contrairement à ce que pourrait laisser penser une certaine logique, n'exclut nullement l'élection d'un amant privilégié, officiel ou non (et dans ce cas, discret). Quand celui-ci a l'intelligence et les dons de Rancé, l'accord des sens et de la sensibilité en fait aussi, « *un ami véritable et effectif*[31] ». C'est là le seul aspect de ses relations que le couple livrera sans retenue à la curiosité d'autrui.

L'amour à ce niveau peut être dit sans limite ; il atteint un degré d'intériorité vécue dans une réciprocité essentielle qu'aucun d'eux ne songerait à comptabiliser. Certes la beauté « objective » (qui varie d'ailleurs avec la culture des sujets en présence) n'est pas indispensable à la naissance de l'amour, elle réside, « subjective », dans l'image de l'aimée que perçoit le regard de l'amant[32] ; néanmoins on admettra aisément que la beauté exceptionnelle unanimement reconnue de la duchesse de Montbazon devait ajouter un puissant ingrédient d'orgueil, liant supplémentaire non négligeable, à l'amour passion de Rancé (qui ne se distinguait pas par une modestie excessive).

Celui qui a été porté à une telle élévation de son être total, la rupture par la mort brutale l'anéantit. En découvrant le gouffre dans lequel il est projeté, il prend soudain conscience de la véritable intensité d'un amour qu'il vivait quotidiennement. Réduire, comme le fait Sainte-Beuve, ce *knock out* de l'être à de « *toutes petites raisons qu'on a essayé dans le temps et encore de nos jours*[33]... » témoigne d'une profonde ignorance de la violence dont l'amour est capable, ou d'une réelle mauvaise foi... Surtout lorsque dans son compte rendu — élogieux — de 1844, traitant du même sujet, après avoir insidieusement mis en doute la véracité de ce qu'écrit Chateaubriand sur les suites du drame (« *Je ne sais s'il* [Rancé] *fit, en effet, toutes les choses que le génie, cet autre enchanteur, peut à son gré remuer et évoquer* »), il monte en épingle et prend pour argent comptant une histoire racontée par Rancé dans ses *Obligations des chrétiens* et que, comme Chateaubriand, il a empruntée à dom Le Nain ; mais il la double de réflexions de l'abbé, lui donnant ainsi une forte coloration exemplaire, alors que pour l'Enchanteur il ne s'agit que d'un « *avertissement* » parmi d'autres[34]. Or ce récit fait étrangement écho à « la relation sur le jeune homme du coche » que l'on doit à l'abbé Jean-Joseph Surin qui connut une extraordinaire popularité à la même époque, comme en témoignent ses très nombreuses réimpressions de 1648 à 1698 relevées par Michel de Certeau[35]. Monsieur de la Trappe aura simplement utilisé en métaphore sa propre version de l' « illettré éclairé » pour l'instruction de ses moines, pendant notamment ses affrontements avec Mabillon.

Rancé avait trente et un ans lorsque, en 1657, Mme de Montbazon périt tragiquement. « *Il mit six années à s'acheminer vers le cloître*[36] » : entrant au noviciat en juin 1663, il prononça ses vœux l'année suivante.

Rompant avec les couleurs éclatantes de la première partie, Chateaubriand, au début du Livre second, décrit admirablement les suites immédiates du drame (tout en exposant des témoignages contradictoires) : la fuite de Rancé et son repli dans sa propriété de Véretz, ses visions, ses hallucinations, ses tentatives irrationnelles pour reprendre contact avec celle qui « *était allée à l'infidélité éternelle* » — recours aux sciences occultes et prise en relique de la tête de la morte (même si, sur ce dernier point, René fait celui qui n'ose pas prendre parti). En marge des principaux événements qui étoffent son récit, René, toujours soucieux de détails révélateurs de la vie réelle, ne manque pas d'évoquer les tentatrices que la détresse d'un homme, surtout s'il fut aimé d'une femme célèbre, attire inexorablement.

Pour la deuxième fois Chateaubriand va changer de rythme : il décrit successivement la lente émergence de Rancé, son anéantissement, puis, sur un ton plus ferme et plus rapide, la nouvelle vie à laquelle il décide de se consacrer.

En reprenant progressivement le contrôle sur soi-même, il s'ouvre à la méditation : l'obsession de la malemort de l'Autre l'achemine vers la réflexion sur sa propre mort et la manière de l'aborder. De la solitude de Véretz où il s'est réfugié en fuyant le milieu mondain et libertin dans lequel il baignait jusqu'au jour du drame, il reprend peu à peu contact avec le monde extérieur par l'intermédiaire de saints hommes qu'il a connus autrefois : ceux-ci l'aident à consolider sa foi renaissante qui grandira jusqu'à la conversion totale.

La foi recouvrée et affermie donne à Rancé la force de reconstituer progressivement son moi morcelé. Il commence par s'attaquer au train de vie relativement luxueux qu'il mène à Véretz : « *Il mit la réforme partout. La frugalité remplaça le luxe de sa table ; il congédia la plupart de ses domestiques, renonça à la chasse et s'abstint du dessin, art qu'il aimait.* » Chateaubriand commentera ainsi ce cheminement par étapes de l'abbé vers l'austérité : « *il semblait jouer à la pénitence pour l'apprendre avant de la pratiquer* ».

Se ressaisissant après le désarroi de l'extrême douleur, Rancé, dont on connaît la fermeté de caractère, devient de plus en plus exigeant envers lui-même : désormais il règle avec rigueur son comportement sur sa réflexion. Jusqu'alors, comme les autres ecclésiastiques de son temps, il vivait de ses revenus sans se soucier d'en rechercher l'origine. Épluchant les sources de son immense fortune, il découvre qu'elle provient en fait pour sa plus grande part de détournements, camouflés sous des arguments juridiques oiseux, faits au détriment de leurs véritables destinataires : les pauvres. Il agira donc, en suivant jusqu'au bout ses convictions propres. Il commence par distribuer en aumônes le produit de la vente de sa vaisselle d'argent, puis il donne ses hôtels à des établissements hospitaliers ainsi que la somme recueillie à la vente de sa propriété tant aimée de Véretz.

Sortant de la somnolence où le drame l'avait plongé, sa personnalité d'homme d'action reprend le dessus, mais exclusivement dans la direction que lui indique sa foi recouvrée. Commendataire de l'abbaye de la Trappe, il ne se contente plus d'en percevoir les bénéfices, comme la grande majorité de ses collègues abbés. Mais il assume ses responsabilités sur tous les plans : trouvant les bâtiments du monastère en ruine, il les répare : « *les moines eux-mêmes n'étaient plus que des ruines de religieux* », il réforme règlement et discipline selon le modèle le plus strict, celui de l'Étroite Observance. Ce qui lui vaut de courir de très graves dangers ; mais il vient à bout de la résistance opiniâtre des moines, mécontents de ce réveil qu'ils jugent intempestif.

Là où d'autres se seraient bornés à dicter aux moines une vie plus austère, tout en continuant à toucher les revenus du monastère, Rancé se pliera à la règle qu'il a imposée. En effet, dans ses lettres de 1663 il déclare à plusieurs reprises vouloir consacrer le reste de sa vie à la pénitence pour expier les égarements de sa vie passée. Sa période d'apprentissage étant sur le point de s'achever, Rancé va à Paris demander au roi la permission de tenir en règle — et non plus en simple commende — l'abbaye de la Trappe. Il entre donc dans les ordres et effectue son noviciat dans un monastère relevant de l'Étroite Observance. Par la suite, il supprimera les quelques privilèges liés au statut d'abbé qui subsistaient dans la vie communautaire. Enfin, accablé d'infirmités et s'estimant trop malade pour continuer à assumer sa charge, Rancé démissionne et devient simple religieux.

Rancé fit profession le 26 juin 1664 ; et le matin même de ses vœux il écrivit à sa confidente, la mère Louise, pour lui demander de jeter au feu les lettres de Mme de Montbazon et d'envoyer les deux portraits qu'il avait d'elle à son fils, le prince de Soubise, qui, le jour même du drame, avait lancé des propos hargneusement méprisants contre lui et sa propre mère.

Ce double geste de Rancé marque pour moi sa rupture définitive avec la belle duchesse : comme l'amant qui en a pris la décision, il renvoie à son ancienne partenaire les lettres et les portraits qu'il a reçus d'elle. D'autant qu'il s'est engagé de nouveau profondément. Dans le cas de Rancé, cette tierce personne est le seul Être qui, par sa transcendance puisse l'arracher à l'attraction coupable de l'amante défunte : Dieu. Mais ce serait là encore porter accusation contre Marie de Montbazon ; or, m'inspirant maladroitement de Kierkegaard, philosophe chrétien s'il en est, je crois qu'elle eut un rôle déterminant dans la conversion de Rancé. Elle et lui ont vécu l'« *amour véritable* », tel que le concevait le grand Danois, autrement dit celui qui renonce à l'équivalence, qui ne repose pas simplement sur des rapports de réciprocité, mais conduit à Dieu ; car l'amour véritable « *comporte trois termes : l'amant, l'être aimé, l'amour ; mais l'amour, c'est Dieu*[37]. » La disparition brutale de la duchesse de Montbazon qui a révélé à Rancé l'ampleur d'un amour démesuré le jette seul, désemparé en présence de Dieu, qui est tout amour. Le passage de l'*éros* à l'*agapè* fait de Rancé un mystique.

En revanche, Chateaubriand parvenu à l'âge où l'on demande à la mémoire d'intercéder auprès de la vie, retient, du double geste de l'abbé, le sacrifice des jalons matériels sur lesquels elle s'appuie : « *Rompre avec les choses réelles, ce n'est rien ; mais avec les souvenirs ! Le cœur se brise à la séparation des songes, tant il y a peu de réalité dans l'homme.* »

Cependant, le grand expiateur ne put se cloîtrer dès ses vœux prononcés, l'assemblée générale des communautés régularisées l'ayant chargé d'aller en cour de Rome plaider la cause de la réforme. Il fit donc un second voyage au Vatican, tout en sachant qu'il serait inutile.

C'est à son retour de Rome que « *commence la nouvelle vie de Rancé : nous entrons dans la région du profond silence. Rancé rompt avec sa jeunesse, il la chasse et ne la revoit plus*[38] ».

Cette double phrase ouvre la deuxième moitié de l'ouvrage. Construction volontairement calculée, ce qui expliquerait le réajustement de la seconde édition qui fait commencer ici le Livre troisième ? J'en doute. Coïncidence extraordinaire en tout cas. Chateaubriand souligne lui-même que Rancé est alors au milieu de sa vie : il a trente-sept ans et il lui reste exactement autant d'années à vivre.

Cette deuxième moitié de l'ouvrage répond parfaitement aux vœux de son directeur de conscience, l'abbé Séguin à la robe « *brodée de pauvreté* ». René y décrit par le détail la partie exemplaire de l'existence du grand expiateur. Dom Armand-Jean Le Bouthillier de Rancé s'est engagé définitivement dans la voie difficile qui mène à la sainteté. Homme au caractère entier, « l'abbé Tempête » met autant de détermination dans l'austérité, qu'autrefois, dans les plaisirs futiles et les passions condamnables. Désormais Rancé est installé — si l'on peut dire, car il affronte constamment de sévères épreuves — dans son œuvre grandiose de réformateur de la Trappe, de créateur en fait d'un nouvel ordre monastique qui non seulement essaimera, mais survivra aux attaques en tous genres et aux bouleversements de l'histoire — y compris la Révolution française. Pour un profane la question se pose : pourquoi l'Église a-t-elle refusé de canoniser ce serviteur exceptionnel qui a passé la moitié de sa vie dans une pénitence d'une rigueur extrême ? Il semble que cette exclusion ait eu pour prétexte une sympathie de jeunesse pour Port-Royal dont il s'est défendu par la suite[39] et qui trouve un écho tenace encore de nos jours chez des ecclésiastiques peu au courant de sa biographie. Mais aujourd'hui comment un tel grief peut-il être maintenu, d'autant plus que ceux qui ont charge de juger savent qu'il est sans fondement ?

Sainte-Beuve et les écrivains religieux s'attacheront surtout à cette partie de la vie de Rancé et aux quelques années qui l'ont précédée, le conduisant du refuge de Véretz au noviciat ; mais passent très vite sur les années de sa jeunesse tumultueuse et réduisent considérablement le rôle, pourtant essentiel, de la mort brutale de la femme qu'il a passionnément aimée. Ils suivent en cela les prédécesseurs de René, puisant à la même source que lui. Ils n'ont tenu aucun compte de l'esprit critique dont a fait preuve le grand écrivain : « *Les contemporains admirateurs de Rancé semblent s'être donné le mot pour se taire sur sa jeunesse : ils ne s'aperçoivent pas qu'ils diminuent la gloire de leur héros en rendant ses sacrifices moins méritoires. D'autant plus qu'ils en disent assez pour être entendus sur ce qu'ils omettent.* »

Sensible tant aux faiblesses qu'aux mérites de l'abbé de Rancé, Chateaubriand, en rapportant l'ampleur du combat que le héros a livré contre lui-même, nous le restitue dans son humanité profonde et dans sa véritable grandeur. Curieusement, les auteurs qui lui ont succédé au dix-neuvième siècle ne l'ont pas suivi sur ce point ; préoccupés avant tout d'apologétique et soucieux de présenter les innovations qu'il a introduites, en son temps, dans la vie monastique, ils n'ont pas atteint les dimensions réelles de cet homme d'exception.

Aussi éblouissant que puisse être le style de l'Enchanteur, il n'est qu'un aspect de son génie dans lequel, comme on le voit ici, occupent une part importante, une sensibilité constamment en éveil et une intuition enrichie par l'expérience grandissante d'un esprit toujours à l'écoute des hommes.

Quand débute le récit de sa vie monastique, le Réformateur n'a que trente-sept ans. Même si on admet que le vieillissement était à cette époque plus précoce qu'aujourd'hui, lorsqu'il prononce ses vœux Rancé n'a pas encore quitté l'âge mûr. Or très vite, en quelques pages, Chateaubriand l'installe dans cet état de vieillard où lui-même se trouve plongé au moment où il écrit.

Que s'est-il passé ? René a trouvé en l'abbé une personnalité à sa mesure. A plusieurs reprises il vante son grand talent d'écrivain et rappelle la très haute estime dans laquelle le tenaient ses contemporains, comme Bossuet et Ménage (« *C'est l'homme du royaume qui écrit le mieux* »). Sainte-Beuve fera un vibrant éloge des lettres de Rancé publiées par Gonod en 1846[40]. Il est à la fois grand écrivain et homme d'action — comme lui-même ; comme lui il a affronté le personnage le plus haut placé dans la hiérarchie de son domaine (l'abbé de Rancé, homme d'Église, a eu affaire au pape et le vicomte de Chateaubriand, diplomate et homme politique, a tenu tête à Napoléon). D'autres ressemblances encore, dont certaines se rapportent à leur jeunesse respective (les femmes, le courage...).

Cependant, c'est dans la vieillesse que René se sent le plus proche de monsieur de la Trappe : l'un et l'autre ne participent plus à l'agitation de ce monde où ils ont tant brillé, l'abbé parce qu'il s'est volontairement enfermé au monastère ; quant au vicomte la maladie et les infirmités l'ont contraint à se retirer dans l'appartement de la rue du Bac.

Mais leur comportement dans la retraite présente d'énormes différences. L'Enchanteur profite de tout signe pour convoquer, avec nostalgie, ses souvenirs, alors que le Réformateur se plonge dans l'ascèse la plus rigoureuse pour chasser les siens. Chateaubriand souligne chez Rancé « *sa haine passionnée de la vie* » et les citations qu'il tire de ses écrits expriment son désir de mourir au plus tôt, de disparaître, et la nécessité de se préparer au grand passage ; même s'il parle fréquemment de la mort, Chateaubriand montre peu d'angoisse devant elle[41]. Être vieux : voilà son obsession. Il peste contre l'impotence qui l'écarte de l'action (« *à mon âge on n'a plus que les impuissances de la vie* ») et laisse pour seul recours le souvenir des actions passées (« *je ne suis plus que le temps* »), car on n'a plus les moyens, ni même le goût, de savourer ce qui pourrait être offert (« *le temps a pris mes mains dans les siennes ; il n'y a plus rien à cueillir dans des jours défleuris* »).

Notons que ces récriminations contre l'état de vieillard s'égrènent tout au long de l'ouvrage, mais s'arrêtent aux trois quarts de celui-ci, alors qu'elles ont commencé à son tout début. La superbe « *veilleuse de nuit* » apparaît dès la neuvième page : la vieillesse de Mlle de Scudéry surgit comme un signe annonciateur, dans l'éclatante description de la société débordante de vie à laquelle Rancé a joyeusement participé dans sa jeunesse. Or toutes ces réflexions amères sur la vieillesse ont trait à la sienne propre, alors que Chateaubriand se contente de décrire, sans la commenter, celle de Rancé.

Chateaubriand n'est pas de nature à s'avouer vaincu. Avant même d'aborder la région du profond silence d'où, grâce à sa foi, Rancé bâtira l'œuvre admirable qui lui survivra, Chateaubriand célèbre l'œuvre ultime d'un autre créateur exceptionnel, le peintre qui a dominé son époque, Nicolas Poussin, « *Ce tableau* [" Le Déluge "] *rappelle quelque chose de l'âge délaissé et de la main du vieillard : admirable tremblement du temps ! Souvent les hommes de génie ont annoncé leur fin par des chefs-d'œuvre : c'est leur âme qui s'envole.* »

L'homme qui écrit ces lignes, lui aussi, domine son époque, mais dans un autre domaine : la littérature. Chateaubriand a achevé en novembre 1841 la rédaction de l'ouvrage monumental qu'il considère son œuvre maîtresse : les *Mémoires d'outre-tombe*.

Quelques mois plus tard celui qui est unanimement reconnu comme le plus grand écrivain français vivant, s'attelle à la tâche que, à l'approche de la mort, à titre d'ultime pénitence, lui a imposée son directeur de conscience, l'abbé Jean-Marie Séguin : écrire un livre sur dom Armand-Jean Le Bouthillier de Rancé, réformateur de la Trappe. En effet, comptant sur l'influence considérable que continuait à exercer le *Génie du Christianisme* quarante ans après l'immense succès obtenu lors de sa parution, l'abbé Séguin voulait obtenir de son auteur un autre ouvrage qui puisse servir aussi efficacement à l'édification du public. Chateaubriand obéit. Non sans quelque « *répugnance naturelle* » au début : il lui faut dépouiller entre autres, documents ecclésiastiques et ennuyeuses hagiographies consacrées à un saint homme qui ne l'attire guère.

Cependant, René découvre en cours de route que la bure de l'expiation couvrait un homme de sa trempe et que, en présence de sources aussi contradictoires sur des points essentiels, il disposait en fait d'une plus grande liberté d'écriture que prévu. « *Les annales humaines se composent de beaucoup de fables mêlées à quelques vérités : quiconque est voué à l'avenir a au fond de sa vie un roman, pour donner naissance à la légende, mirage de l'histoire.* »

D'instinct et d'expérience, grand chasseur, il débusque de la forêt de matériaux fournis par l'histoire et la légende, les plus riches pour son projet et que ses prédécesseurs, faute de flair, n'avaient su dépister. Il les complète par d'autres données pour mieux les situer dans leur époque et bâtit une belle narration linéaire, classique dans son épure. Mais il l'interrompt, la casse plusieurs fois dans son parcours, lorsqu'une image lui impose une réflexion poétique ou l'écho d'une aventure ou d'une simple promenade passées. Seul le grand âge permet de telles digressions car l'acteur de premier plan qu'il fut, a, à sa disposition, une exceptionnelle moisson de souvenirs récoltés dans divers pays au cours de l'une des périodes cruciales de l'Histoire mondiale. Pourtant, Chateaubriand pressent que ses contemporains tiendront ces digressions pour des fautes de style ; mais il passe outre ; l'avenir lui donnera raison. Car s'il décèle dans « *les traits indécis dans le* [...] *dernier travail de Poussin* », des « *défauts du temps* (qui) *embellissent le chef-d'œuvre* », nous-mêmes n'y voyons plus des défauts mais l'expression d'une maîtrise acquise au fil des décennies et qui aboutit dans la vieillesse, qui éclate également dans l'audace des digressions qui parcourent la *Vie de Rancé*. Et Julien Benda voit, à juste titre dans ce dernier livre, l'ouvrage pionnier d'un nouveau genre qu'il appelle *biographie lyrique* (*op. cit.*, p. 17) et qui, aujourd'hui, plus encore que dans les années vingt, obtient un large succès, mais sans parvenir, ou si rarement, à une telle réussite[42]. Car si ces biographies captivent comme autant de romans (bien qu'on en connaisse forcément la fin), il leur manque trop souvent ces fleurs de poésie que René a piquées dans la trame de son texte.

Dans l' « avertissement » où il reprend cette remarque étonnante de justesse qu'il a faite à propos du *Déluge*, René se défend de se comparer au grand peintre. Le lecteur d'aujourd'hui ne peut s'empêcher de le faire à sa place : le dernier ouvrage de cet écrivain de génie est aussi son chef-d'œuvre. Retraçant la biographie d'un saint homme, Chateaubriand nous a donné dans un style éblouissant, novateur, le plus beau roman d'amour tragique de notre littérature.

Georges CONDOMINAS.

NOTES
DE LA POSTFACE

1. Au sens que lui donne Jacques Derrida dans *La Pharmacie de Platon* placé en postface du *Phèdre* traduit par Luc Brisson (GF Flammarion 1989), p. 257 :

« *Un texte n'est un texte que s'il cache au premier regard, au premier venu, la loi de sa composition et la règle de son jeu. Un texte reste d'ailleurs toujours imperceptible. La loi et la règle ne s'abritent pas dans l'inaccessible d'un secret, simplement elles ne se livrent jamais, au* présent, *à rien qu'on puisse rigoureusement nommer une perception.* »

2. Au Lanson et au Des Granges qui furent nos manuels de littérature française au lycée, A. Berne-Joffroy ajoute ceux de Doumic, Calvet, Parvillez et surtout le volume d'*Extraits* de Chateaubriand composé par Brunetière et Giraud, autres maîtres souverains de notre histoire littéraire jusqu'à la Seconde Guerre mondiale. Tous passent sous silence la *Vie de Rancé* dans des ouvrages qui ont servi à l'éducation des élèves à une époque où la formation littéraire dominait l'enseignement secondaire. Le Lagarde et Michard qui a pris leur relève après la Seconde Guerre mondiale donne une ligne à la *Vie de Rancé* (p. 31) dans le chapitre de 55 pages consacré à Chateaubriand.

3. Article repris dans les *Chroniques parisiennes (1843-1845)* par C.-A. Sainte-Beuve. La citation est tirée de la page 222 de l'édition de 1876 de Calmann-Lévy.

4. Cependant mettons au crédit de Sainte-Beuve qu'il avait le courage de rester lucide envers lui-même, lorsqu'il écrit dans son cahier intime publié après sa mort sous le titre de *Mes Poisons* : « *Je suis un hypocrite, j'ai l'air de n'y pas toucher et je ne pense qu'à la gloire* » ou encore « *j'ai eu quelquefois la louange facile* » (pp. 14 et 15 de la réédition José Corti, 1988). Curieusement dans ces cahiers confidentiels où Sainte-Beuve jetait quantité d'aphorismes et de portraits pleins de verve, on le sent mal à l'aise, un peu nabot, dans la plupart, pas toutes, des nombreuses pages où il s'attaque aux deux géants, Chateaubriand et Victor Hugo. Une remarque de Marie-Jeanne Durry sur ses rapports avec la plus volcanique des

Sylphides, donne, me semble-t-il, une indication pour expliquer la gêne qu'on ressent en les lisant : « *En vérité, quand Sainte-Beuve devint l'amant d'Hortense, c'est qu'il voulait la confesser sur Chateaubriand* » (*La Vieillesse de Chateaubriand,* I, p. 508). Par ailleurs, dans *Mes Poisons* (pp. 16-17), Sainte-Beuve parle d'Adèle (Hugo).

5. La plus sérieuse et la plus vivante. Car André Berne-Joffroy signale, à juste titre, celle de Alban John Krailsheimer (*Armand-Jean de Rancé, Abbot of La Trappe,* Oxford, Clarendon Press, 1974) comme la plus documentée, mais je ne connaissais alors que celle de l'abbé Bremond, pour laquelle, en tant que simple lecteur, je garde un faible.

6. Dans cette biographie — et Dieu sait si la vie de l'Enchanteur offre matière à développement —, V.-L. Tapié a consacré 13 pages (pp. 154-167) sur les 189 que comporte son livre.

7. Aragon, *L'Œuvre poétique,* Tome IV, *1939-1942,* Livre Club Diderot, 1979, pp. 276-280.

8. En voici un passage à titre d'exemple : « *Sans jamais l'absorber, Rancé laisse périodiquement à découvert Chateaubriand : jamais un auteur ne s'est moins défait ; il y a dans cette* Vie *quelque chose de dur, elle est faite d'éclats, de fragments combinés mais non fondus ; Chateaubriand ne double pas Rancé, il l'interrompt, préfigurant ainsi une littérature du fragment, selon laquelle les consciences inexorablement séparées (de l'auteur et du personnage) n'empruntent plus hypocritement une même voix composite. Avec Chateaubriand l'auteur commence sa solitude : l'auteur* n'est pas *son personnage : une distance s'institue, que Chateaubriand assume, sans s'y résigner ; d'où ces retours qui donnent à la* Vie de Rancé *son vertige particulier.* » (pp. 13-14)

9. Chateaubriand est en effet l'auteur du passé le plus cité dans ce *Journal de l'abbé Mugnier (1879-1939)* (Paris, Mercure de France, 1985) où défilent au quotidien, les grands et petits auteurs qu'il a fréquentés. Son admiration pour René devait être considérable puisque sa servante elle-même la connaissait. Ainsi dans sa préface au *Journal* Ghislain de Diesbach rapporte que lorsque l'abbé Mugnier rendit le dernier soupir à quatre-vingt-onze ans le 1er mars 1944, « *elle a, en lui fermant les yeux, ce mot admirable : “ Ah ! Monsieur le Chanoine va être bien content : il va pouvoir enfin faire la connaissance de Monsieur le Vicomte.* ” » (p. 22) Par ailleurs, il avait acquis de son vivant la réputation d'un grand connaisseur de son auteur préféré et de son œuvre : ainsi dans la préface de sa thèse, Marie-Jeanne Durry clôt la liste des personnalités (des universitaires en grande majorité) par : « *M. le chanoine Mugnier qui lui donna sa spirituelle bénédiction.* » (Tome I, p. 14-15, *a*).

10. In : *Le Monde et le pantalon,* Paris, Seuil, 1989, p. 20, réédition d'un essai publié primitivement dans les *Cahiers d'Art,* vol. 20/21, 1945-1946 à l'occasion des expositions d'Abraham et de Gerardus Van Velde.

11. Sainte-Beuve s'auto-analysant se montrera plus perspicace : « *Si j'avais à me juger moi-même, poursuivant l'amour-propre dans tous ses déguisements, je dirais : “ S.-B. ne fait pas un portrait qu'il ne s'y mire ; sous prétexte de peindre quelqu'un c'est toujours un profil de lui-*

même qu'il nous décrit. " » Il faut admettre que sur ce point Sainte-Beuve se montre plus clairvoyant que Chateaubriand qui ose taxer Saint-Simon d'égocentrisme : reproche qu'il corrige d'une belle envolée dont la chute pourrait également lui être appliquée : « *Dans ce caquetage viendraient se perdre les qualités incorrectes du style de l'auteur, mais heureusement il avait un tour à lui ; il écrivait à la diable pour l'immortalité.* »

12. Les indications de page renvoient à la réédition de 1990 faite chez Belin, précédée d'une introduction et annotée par Claude Mouchard.

13. Cf. Marie-Jeanne Durry, *La Vieillesse de Chateaubriand (1830-1848)*, Paris, Le Divan, 1933, tome II, pp. 433-434 (note 1 de la p. 551 du T. 1).

14. Extrait de la traduction française de Pouchkine « Sur Milton et la traduction du *Paradis perdu* par Chateaubriand » (1837) cité par Claude Mouchard dans son Introduction (p. 18).

15. *Le Corsaire* du 3 juillet 1836 cité par M.-J. Durry (*op. cit.*, t. I, p. 534. Cf. également t. II, pp. 414-415).

16. Les corrections étaient suggérées soit au cours des séances de lecture à haute voix soit par lettres (parfois dans ce cas sollicitées au préalable). Voici, par exemple, un extrait d'une lettre de la belle Mme Hamelin (une autre Sylphide) : « *A propos de Rancé je vous dirai d'un ton d'impératrice qu'ayant écrit à Hortense (qui me le demandait) tout mon sentiment sur les corrections à faire, M. de Chateaubriand m'a répondu directement : " c'est fait et vous êtes un grand littérateur, etc., etc.". Je n'ose plus vous conter ses flatteries. Vous savez qu'*Atala *reçut des corrections durant les cinq premières éditions.* Quelle charmante obéissance à des goûts inférieurs au sien ! *Les petites taches dont il vient de nettoyer Rancé sont des recherches trop recherchées, le reste est charmant et noble, surtout par une virilité de gaieté, de grâce qui certes ne sentent pas le vieillard. On voit malgré lui qu'il n'aime pas son héros, que sa dureté le révolte, que c'est une parole qu'il tient, et sur cette rude figure de Rancé il jette toutes les grâces du beau siècle sans en excepter Ninon et Taglioni.* » (Cité par M.-J. Durry, *op. cit.*, t. II p. 376, n. 5 de la p. 501 du t. I.) Le passage souligné l'a été par nous. Nous n'avons pu résister à poursuivre la citation, tant Fortunée Hamelin montre de perspicacité. Cela prouve aussi la qualité des conseiller(e)s que l'Enchanteur avait choisi(e)s et qu'il a eu autour de lui un noyau d'amis qui avaient apprécié l'ultime chef-d'œuvre.

17. La première édition de *Die Welt als Wille und Vorstellung* remonte à 1819, mais le passage concernant Rancé figure dans les *Suppléments* qui font partie de la deuxième édition sortie des presses en février 1844. Or, dans sa lettre du 1er février 1844 à la *Revue suisse*, Sainte-Beuve signale que le manuscrit de la *Vie de Rancé* a été livré à l'impression en janvier de la même année. Les deux grands écrivains n'ont donc pas pu lire ce que l'un et l'autre ont écrit sur la décollation de la belle duchesse. Nos citations sont tirées de la traduction française de la troisième édition faite par A. Burdeau,

revue et corrigée par Richard Roos, parue en un volume en 1966 aux Presses Universitaires de France.

En ce qui concerne l'exergue, le parallèle qu'y fait Schopenhauer entre Raymond Lulle et Rancé, il faut souligner une différence non négligeable entre les points de départ terrestres de leur aventure spirituelle. Le premier désirait ardemment une belle et c'est au moment qu'il croit ses vœux couronnés que le choc l'a frappé, celui-ci brisait un espoir et non une longue entente totale, alors que Rancé était depuis des années l'amant de Mme de Montbazon, la mort de la duchesse brisait un couple pour l'éternité. La frayeur jette Raymond Lulle dans les ordres : le désespoir empoigne Rancé qui s'accroche aux souvenirs, il traînera six ans dans de terribles souffrances avant de faire profession.

18. Les deux grands exemples de têtes coupées tirés de la tradition judéo-chrétienne et qui ont abondamment inspiré les peintres occidentaux, vont dans la direction opposée. Non point élan d'amour recueillant le réceptacle de l'âme de l'amant disparu, mais actes d'agressivité absolue — l'autre face d'Éros — triomphant dans l'exhibition d'un trophée qui témoigne de son courage, chez Judith, ou de son pouvoir de séduction, chez Salomé. Les exploits de ces deux héroïnes — castratrices selon une interprétation — évoquent chez les ethnologues un rituel très largement répandu à travers le monde : celui de la chasse aux têtes. Les auteurs anciens l'ont décrit chez les Scythes et les Celtes, et les ethnologues contemporains dans diverses populations forestières actuelles de la zone tropicale : Jivaros d'Amazonie, Kalingas des Philippines, Dayaks de Bornéo, Nagas de Birmanie et d'Inde orientale, etc.

Comment à propos de têtes coupées et de Chateaubriand ne pas évoquer l'épisode des têtes du ministre Foulon et de l'intendant Bertier, son gendre, brandies chacune au bout d'une pique sous sa fenêtre. « *Ces têtes, et d'autres que je rencontrai bientôt après, changèrent mes dispositions politiques ; j'eus horreur des festins de cannibale, et l'idée de quitter la France pour quelque pays lointain germa dans mon esprit* » (*Mémoires d'outre-tombe,* Première Partie, Livre Cinquième, 9, pp. 218-220 du Tome I dans l'Édition du Centenaire établie par Maurice Levaillant, Flammarion, 1982). Quant aux autres têtes, il s'agit évidemment de celles qui tombèrent sous la guillotine.

Ayant exposé le drame vécu par Rancé lors d'une conférence faite, en tant qu'invité non-psychiatre, devant le colloque annuel de l'International Society for Research on Emotions, deux psychiatres, un Allemand et un Américain qui se trouvaient aux deux extrémités de l'amphithéâtre et n'avaient donc pu se concerter, m'ont tenu un propos identique, une remarque qui leur semblait aller de soi et dont ils s'étonnaient que je n'y ai pas pensé : pour l'un comme pour l'autre ce fut Rancé lui-même qui a décapité Mme de Montbazon pour conserver sa tête à tout jamais.

19. Je préfère laisser André Breton parler à ma place. Le poète s'adresse à Élisa qui vient de perdre sa fille (la différence de sexe — une mère et sa fille/un père et son fils, même si celui-ci n'était pas

son unique enfant — est nulle, face à l'énormité du malheur) : « *Comment peut-on, et surtout* qui *peut-on renaître de la perte d'un être, d'un enfant qui est tout ce qu'on aime, à plus forte raison quand sa mort est accidentelle et qu'en cet enfant, presque une jeune fille, s'incarnaient objectivement (ce n'est pas toi seule qui me l'as dit) toute la grâce, tous les dons de l'esprit, toute l'avidité de savoir et d'éprouver qui renvoient de la vie une image enchanteresse et toujours mouvante à travers un jeu tout neuf, follement complexe et délicat, de tamis et de prismes ?* » (*Arcane 17*, Paris, Éditions Jean-Jacques Pauvert, p. 18)

Il n'est pas question ici de faire un parallèle entre l'amour entre amants et l'amour paternel. En dehors de la poésie, les textes les plus célèbres, du *Banquet* à *La Recherche du temps perdu*, en passant par *De l'Amour,* ont disséqué les multiples aspects de la première forme, celle qui relève d'Éros, et ne touchent pas à la seconde, l'amour naturel et instinctif. Descartes place celui-ci au plus haut niveau de pureté, mais estime que l'affection d'un homme d'honneur pour sa maîtresse s'il participe beaucoup de la nature de l'amour d'un « *bon père pour ses enfants* », participe aussi des autres passions qui « *n'ont de l'amour que* [...] *la possession des objets auxquels se rapporte leur passion, et n'en ont point pour les objets mêmes* ». (*Les passions de l'âme,* article 82.) La question posée ici est : pourquoi l'effet produit sur le survivant par la mort brutale de l'Autre est-il identique, qu'il s'agisse de la malemort de la maîtresse ou de l'amant sur son partenaire ou celle de l'enfant sur son père et sa mère, alors que ces deux formes d'amour sont de nature différente.

Dans *L'Amour et la Justice comme compétences* (Paris, Éditions Métailié, 1990) Luc Boltanski oppose *éros* à *agapè,* concepts de l'amour hérités, le premier (ainsi que *philia*) des philosophes grecs, le second, des théologiens chrétiens. On m'objectera, avec juste raison, qu'il s'agit de deux formes de l'amour, qui, plus est, sous-entend, entre des êtres vivants (d'autant plus qu'*agapè* implique Dieu).

Le problème de la destruction du moi causée par la mort de l'Autre reste donc entier. Cependant j'ai cru pouvoir évoquer dans ce cas commun aux deux formes, des traits qui relèvent de l'*agapè.* Dans « l'amour fou » dominé par l'*éros* lequel suppose la réciprocité que l'*agapè* ignore (cf. p. 137), la mort de l'Autre rend impossible cette réciprocité ; et on se retrouve dans la situation de l'amour paternel tel qu'il existait du vivant même de son enfant, si l'on suit Descartes dans l'article 82 déjà cité (on peut d'ailleurs se demander si le philosophe n'a pas été ici fortement influencé par la notion d'*agapè* des théologiens chrétiens) :

« *L'amour qu'un bon père a pour ses enfants est si pur qu'il ne désire rien avoir d'eux, et ne veut point les posséder autrement qu'il fait, ni être joint à eux plus étroitement qu'il est déjà ; mais, les considérant comme d'autres soi-même, il recherche leur bien comme le sien propre, ou même avec plus de soin, parce que, se représentant que lui et eux font un tout dont il n'est pas la meilleure partie, il préfère souvent leurs intérêts aux siens et ne craint pas de se perdre pour les sauver.* »

Un autre point de rapprochement : celui qui touche au temps (avec cette réserve qu'il s'agit de temps de nature différente). La mort de l'Autre provoque une terrible centration sur le présent qui prend une extension considérable sur la *psyché* du survivant. Pour le chrétien l'avenir se résout à la Résurrection par-delà sa propre mort : Rancé ne pense plus qu'à elle, qui le libérera. De l'écoulement du temps il ne reste que le passé, les souvenirs plongent le père dans la douleur. Rancé fait tout pour s'en débarrasser et se réfugie dans le silence, rejetant toute évocation de sa jeunesse. Je me rends bien compte qu'on ne peut pas étendre le concept d'*agapè* à ce phénomène ; n'ayant pas la tête philosophique je me sens incapable de trouver le terme qui conviendrait sur les souffrances de la mère ou du père. Deux écrivains, entre autres, ont eu récemment le courage de porter témoignage dans des ouvrages dont il est difficile de soutenir la lecture jusqu'au bout : André Miquel (*Le Fils interrompu,* Paris, Flammarion, 1971) et Yûko Tsushima (*Poursuivie par la lumière de la nuit,* Paris, Éditions des Femmes, 1990 ; édition originale, Tokyo, 1947). Voir aussi dans une situation inverse — la fille de 12 ans qui finit par apprendre que son père, tant admiré s'est suicidé : Danièle Rousselier (*Le Colonel Rivier est mort,* Paris, Seuil, 1989). Qu'on me pardonne si parlant de Rancé, je pense à Raphaël avec l'exemple du grand René comme excuse : « *Il arrive souvent qu'on rappelle des personnages étrangers pour cacher des rapports directs, un nom qui tourmente la mémoire s'y glisse sous mille déguisements.* »

20. Henri Michaux/NOUS DEUX ENCORE 1948/copyright by Henri Michaux 1948. Éd. J. Lambert et Cie, 153, rue de Rennes,/(page de titre de ce bouleversant poème en prose écrit après la mort accidentelle de Lou ; simplement dactylographiée, comme les petites pages de texte numérotées de 1 à 7). Notre exergue est tiré de la page 3, et l'expression citée, de la page 6.

21. Pour les Mnong Gar, comme pour la majorité des peuples d'Extrême-Orient, l'individu comprend, outre son corps, plusieurs éléments qu'on a coutume de traduire par « âmes », « esprits vitaux », etc. Sur la multiplicité des « âmes » et leurs rapports à l'être et au monde, voir « Un monde de formes », article de 1968 repris dans notre *Espace social. A propos de l'Asie du Sud-Est* (Flammarion, 1980).

La *Vie de Rancé,* comme les *Mémoires d'outre-tombe* provoque chez le lecteur, surtout s'il a eu l'occasion de voyager, la remontée inattendue de souvenirs d'ici et d'ailleurs. Il m'arrivera donc que, bousculé par la puissance incantatoire de l'Enchanteur, je me réfère à ces Hommes des Forêts vietnamiennes auxquels je dois l'essentiel de ma formation d'homme au milieu des hommes. Je suis sûr que notre grand écrivain-voyageur me pardonnera ces digressions.

22. A titre d'illustration, on trouvera le compte rendu de journées où a eu lieu une mort « naturelle » et celle où est survenu un suicide dans *Nous avons mangé la forêt...* (Mercure de France, 1957), respectivement aux chapitres IX et III. Mais pour une vue d'ensemble, se reporter à l'*Anthropologie de la mort* de Louis-Vincent

Thomas (Payot, 1975) qui s'appuie plus particulièrement sur des données africaines et occidentales.

23. Traduction très libre (interprétation plutôt) du fameux *aequo pulsat pede* (Horace, *Odes*, 1, 4, 13)
« (la mort) frappe d'un pied indifférent »

24. Alors qu'à tête reposée, avant l'accident, on admirait les accents du *Livre de Job* et de *L'Imitation de Jésus-Christ.*

25. Paroles qu'elle prête à Mercure dans son *Débat de Folie et d'Amour* (Lyon, Jean de Tournes, 1555). Les paginations que nous indiquons renvoient, la première, à l'édition des œuvres complètes de Louise Labé par Enzo Guidici (Genève, Droz, 1981), la seconde, à celle qu'on doit à François Rigolot (Paris, GF Flammarion, 1986). Soit ici respectivement p. 90 et p. 101.

26. Henri Campagnolo me fait remarquer que l'Amour, comme la mort de l'Autre, affecte le langage. Il peut créer dans le langage de l'amant de nouvelles associations d'unités irrationnelles au moment de leur éclosion, mais qui constitueront les atomes d'une nouvelle rationalité. Certains atomes de raisonnement sont des paradigmes susceptibles de mutations lorsque, dans des circonstances propices, certains syntagmes se figent, pénétrant les paradigmes antérieurs en les bouleversant.

27. Les deux citations sont tirées de Niklas Luhman, *Amour comme passion. De la codification de l'intimité.* Traduit de l'allemand par Anne-Marie Lionnet, Paris, Aubier, 1990 ; titre original : *Liebe als Passion. Zur Codierung von Intimität,* Frankfurt am Main, 1982, pp. 40-41 et 227. L'ouvrage de Robert Mauzi d'où la seconde citation est extraite, s'intitule : *L'Idée du bonheur dans la littérature et la pensée française au XVIIIe siècle*, Paris, 1960.

28. Portrait à compléter par ce qu'elle a écrit sur Chateaubriand dans ses lettres à Sainte-Beuve. Pour un parallèle très convaincant entre Hortense Allart et ses détracteurs cf. José Cabanis, *Chateaubriand. Qui êtes-vous ?* (Lyon, La Manufacture, 1988), notamment les pp. 11-44.

29. En ce qui concerne les psychanalystes, le paiement de la contrepartie en argent est une nécessité à respecter pour la bonne marche de la cure. Rappelons ce passage de l'un des premiers textes de Sigmund Freud :

« *Un autre point à discuter, au début du traitement, est celui du paiement des honoraires du médecin. L'analyste ne conteste pas que l'argent doive, avant tout, être considéré comme un moyen de vivre et d'acquérir de la puissance, mais il prétend qu'en même temps d'importants facteurs sexuels jouent leur rôle dans l'appréciation de l'argent et c'est pourquoi il s'attend à voir les gens civilisés traiter de la même façon les questions d'argent et les faits sexuels, avec la même duplicité, la même pruderie et la même hypocrisie. C'est pourquoi le médecin décide de prime abord de ne pas abonder dans ce sens, mais de traiter devant le patient des questions d'argent avec autant de franchise naturelle qu'il en exige lui-même de son patient en ce qui touche la sexualité. En parlant volontairement de ses honoraires, en évaluant le prix du temps qu'il consacre à son malade, le praticien montre à ce dernier qu'il renonce à toute fausse honte.* » (« Le début du traitement », traduction d'un article paru en 1913 (chapitre IX du recueil *De la technique psychanalytique* traduit de l'allemand par Anne Berman, Paris, Presses Universitaires de France, 1953), citation, p. 80)

Sur la relation entre sexe et argent voir Georg Simmel, « Le rôle de l'argent dans les rapports entre sexes. Fragment d'une *Philosophie de l'argent* », traduction d'un article paru en 1898, *in : Philosophie de l'amour.* Postface de Georg Lukács. Traduit de l'allemand par Sabine Cornille et Philippe Ivernel, Paris, Petite Bibliothèque Rivages, 1988. En sociologue de l'Occident, Simmel, malgré sa générosité, envisage surtout ce vaste problème sous l'angle de la prostitution (voir par exemple p. 67 le cas emprunté à Zola de « l'épouse d'un personnage haut placé »). Les ethnologues ont surtout comparé les règles de mariage. Il reste encore à faire le même travail sur les relations sexuelles hors mariage et le rôle des cadeaux faits à la partenaire féminine. A titre d'illustration prenons un exemple dans une société matrilinéaire et matrilocale, les Rhadés du Centre-Vietnam. C'est la femme qui possède et transmet les biens, ainsi que le nom de clan, et c'est la famille de la fille qui a l'initiative de la demande en mariage. Or nous dit Anne de Hautecloque (*Les Rhadés, une société de droit maternel*, Éditions du CNRS, 1987, pp. 231 et 232), « *Le garçon qui va faire la cour à une fille,* [...] *se doit pour réussir d'apporter des cadeaux,* [...] *suivant ses moyens, car quelle que soit l'attirance que la fille puisse de son côté éprouver pour lui, elle n'offrira jamais ses faveurs gratuitement sous peine, si la chose venait à se savoir, d'être la risée de tout le village.* » Lorsque l'un des amants est marié, ces cadeaux « *constitueront autant de pièces à conviction, nécessaires et suffisantes à l'accusation d'adultère* ». J'ai vu ainsi une femme condamnée, grâce à la production par son mari de menus cadeaux (un peigne, de la verroterie,...) offerts par son amant, et donc reconnue responsable de la maladie qui avait frappé l'éléphant du ménage et dont l'origine était due, non pas à un virus, mais à son inconduite.

Ainsi même dans une société où les femmes possèdent les biens, elles n'accordent leurs faveurs que contre un don du soupirant, généralement assez démuni.

30. Le cycle amoureux de la duchesse de Montbazon n'est pas sans rappeler celui d'une célèbre contemporaine de Chateaubriand, Mme de Staël.

31. Expression de dom Gervaise que Chateaubriand cite deux fois.

32. L'amour passion apparaît très fréquemment sans l'aide de la beauté (cf. sur ce point Stendhal, *De l'Amour* (1822), chapitre IX, « La beauté détrônée par l'amour » (pp. 64-65 de l'édition présentée par Michel Crouzet, GF Flammarion, 1965). C'est pourquoi je voudrais insister tout particulièrement ici sur le caractère exceptionnel, sur tous les plans, du couple Rancé-Montbazon.

33. Sainte-Beuve, *Port-Royal*, Livre IV, p. 552.

34. Sainte-Beuve, « Chateaubriand 1844 (Vie de Rancé) », *Portraits contemporains*, 1855, pp. 44 et 45.

35. Michel de Certeau, *La Fable mystique, I, XVIe-XVIIe siècle*, Paris, Gallimard, 1982, pp. 280-281. On trouvera dans les pages suivantes (281-282) la version « critique » de cette lettre spirituelle dont la première version date de 1630. « L'illettré éclairé » est le titre que Michel de Certeau a donné au chapitre 7 d'où j'ai tiré ces indications.

36. Sainte-Beuve, *op. cit.* 1855, p. 46.

37. Voici le passage du philosophe danois dont je me suis inspiré :

« *Le rapport avec Dieu est le signe auquel on reconnaît que l'amour pour autrui est l'amour véritable. Dès que mon amour pour quelqu'un ne me conduit pas à Dieu et que dans cet amour je ne conduis pas à lui cette personne, mon inclination, même au comble du bonheur et des délices, même ici-bas bien suprême pour l'autre et pour moi, n'est pas l'amour véritable. Le monde est à jamais incapable de comprendre qu'ainsi, non seulement Dieu devient le tiers en tout rapport où l'on aime, mais proprement le seul objet aimé : de sorte que ce n'est pas le mari qui est aimé de sa femme, mais Dieu, et que c'est la femme qui est aidée par son mari à aimer Dieu, et inversement, et de même dans tous les autres cas. La conception purement humaine de l'amour ne peut jamais dépasser l'idée de réciprocité : qui aime, est aimé, et qui est aimé, aime. Le christianisme enseigne qu'un pareil amour n'a pas encore trouvé son véritable objet, Dieu. Tout rapport où l'on aime comporte trois termes : l'amant, l'être aimé, l'amour; mais l'amour, c'est Dieu. Et c'est pourquoi aimer quelqu'un, c'est l'aider à aimer Dieu, comme être aimé, c'est y être aidé.* » (Søren Kierkegaard, *Les Œuvres de l'Amour* [...] *1847*, traduction de Paul-Henri Tisseau et Else-Marie Jacquet-Tisseau, Paris, Éditions de l'Orante, 1980, p. 111).

On ne peut manquer d'évoquer ici la pensée de saint Bernard, l'organisateur de Cîteaux et principal modèle de Rancé, réformateur cistercien. Voir notamment son opposition entre « amour mercenaire » et « amour pur » et ce qu'il entend par les quatre degrés de l'amour *in :* Marie-Madeleine Davy, *Bernard de Clairvaux*, Paris, Éditions du Félin, 1990, respectivement pp. 155-157 et 158-177.

38. Je cite ici la seconde édition; Chateaubriand a ajouté à la phrase initiale : « *nous entrons dans la région du profond silence. Rancé* ».

39. Sur les relations de Rancé et de Port-Royal et la profonde influence qu'il en a reçu, cf. Bremond, *L'Abbé Tempête...*, pp. 40-41. Mais aussi sa désinvolture vis-à-vis de ses anciens amis et surtout son comportement indigne envers des jansénistes dans le malheur, *ibid.*, pp. 136-147.

40. Sainte-Beuve, « Lettres de Rancé [...] », *Portraits littéraires*, pp. 883-895 du tome II des *Œuvres* dans la collection de la Bibliothèque de la Pléiade. Il y rappelle que Nicole disait de Rancé « *qu'il avait un style de qualité* » (p. 890, italiques de Sainte-Beuve).

41. Il est normal qu'un vieillard qui l'a souvent côtoyée, soit au cours des combats auxquels il a participé, soit au milieu des dangers encourus volontairement dans le déroulement d'une vie aventureuse, parle fréquemment de la mort. Si elle l'avait angoissé, comme

beaucoup l'ont dit, Chateaubriand l'aurait décrite plus abondamment : or, parvenu à un âge où le seul rendez-vous dont on soit assuré qu'il vous sera accordé très prochainement, est celui de la Gueuse, René parle surtout de ses voyages et des femmes qu'il a aimées. Est-ce un homme qui craignait la mort, celui qui a écrit le 11 décembre 1844 (il a soixante-seize ans et est devenu quasi impotent), sa fameuse lettre — l'une des plus émouvantes jamais écrites dans notre langue — à la belle Fortunée Hamelin et que Marie-Jeanne Durry n'a pu résister à l'envie de reproduire — tome I, pp. 501-502).

42. La *Vie de Rancé* constitue un cas exemplaire du rapport entre Histoire et Littérature. Certes, Chateaubriand parsème son texte de souvenirs personnels et de réflexions poétiques, mais sans jamais tenter de déformer les faits ; il se montre d'ailleurs très prudent sur ce point puisqu'il ne cherche pas à imposer son choix mais préfère fournir toutes les versions dont il a pris connaissance.

Il ne légifère pas. On retrouve ici devant les textes la même modestie dont Chateaubriand a fait preuve dans le domaine de la traduction. Ainsi une remarquable création littéraire peut être respectueuse des données fournies par l'Histoire.

Cela n'est évidemment pas le cas de l'autre courant, celui créé par Alexandre Dumas où la pauvre Clio se fait gaillardement violer par une littérature non pas de haut vol, mais de goût plus « populaire » où le *suspense*, alimenté par l'imagination de l'auteur, l'Histoire ne fournissant que quelques ingrédients, prime tout en vue d'accrocher le lecteur à la narration.

NOTE BIBLIOGRAPHIQUE SUR L'ABBÉ DE RANCÉ

Sources de Chateaubriand

— Ouvrages écrits par des contemporains de l'abbé :

MAUPEOU (abbé Pierre de), *La Vie du très R.P. Dom Armand-Jean Bouthillier de Rancé, abbé et réformateur du Monastère de la Trappe*, Paris, Laurent d'Houry, 1702.

MARSOLLIER (abbé Jacques de), *La Vie de Dom Armand-Jean Le Bouthillier de Rancé, abbé régulier et réformateur du monastère de la Trappe*, Paris, Jean de Nully, 1703.

LE NAIN (Dom Pierre), *La Vie du R.P. Dom Armand-Jean Le Bouthillier de Rancé, abbé et réformateur de la maison Dieu Notre-Dame de la Trappe*, s.l., 1715.

GERVAISE (abbé François-Armand), *Jugement critique, mais équitable, des vies de feu M. l'abbé de Rancé par les sieurs Marsollier et Maupeou*, Londres aux dépens de la compagnie, 1742.

— Ouvrage d'un contemporain de Chateaubriand :

L.D.B. (Louis Du Bois), *Histoire civile, religieuse et littéraire de l'abbaye de la Trappe*, Paris, Raynal, 1824.

Ouvrages postérieurs à la Vie de Rancé

SAINTE-BEUVE, *Port-Royal*, Paris, Renduel, puis Hachette, 1840-1859 (5 vol.).

DUBOIS (abbé Louis), *Histoire de l'abbé de Rancé et de sa réforme*..., Paris, Bray, 1866.

BREMOND (Henri), « *L'abbé Tempête* », *Armand de Rancé, réformateur de la Trappe*, Paris, Hachette, 1929.

KRAILSHEIMER (Allan John), *Armand-Jean de Rancé, Abbot of La Trappe*, Oxford, Clarendon Press, 1974.

Préfaces à quelques rééditions de la Vie de Rancé

BENDA (Julien), « Introduction et notes », pp. 11 à 33, éditions Bossard, 1920 (Collection des chefs-d'œuvre méconnus).

LETESSIER (Fernand), « Édition critique avec une introduction, des notices, des variantes et des notes », pp. VII-LVII, Libraire Marcel Didier, Paris, 1955.

BARTHES (Roland), « La Voyageuse de nuit », pp. 9-21, 10/18, Paris, 1965.

GUILLEMIN (Henri), « Préface », pp. 7-24, Le Club français du livre, Paris, 1969.

GUYARD (Marius-François), « Chronologie et introduction », pp. 9-21, GF Flammarion, Paris, 1969.

BERNE-JOFFROY (André), « Édition présentée et annotée », pp. 7-36, coll. Folio, Gallimard, 1986.

REGARD (Maurice), « Préface », pp. IX à XXIII, *in* Chateaubriand, *Œuvres romanesques et voyages*, t. 1, Bibliothèque de la Pléiade, 1969.

On trouve également une longue et remarquable analyse de la *Vie de Rancé* dans :

DURRY (Marie-Jeanne), *La Vieillesse de Chateaubriand, 1830-1848*, Paris, Le Divan, 1933, 2 vol.

CHRONOLOGIE

1612 : Naissance de Marie de Bretagne (la future duchesse de Montbazon).
1626 : Naissance d'Armand-Jean le Bouthillier (le futur abbé de Rancé).
1628 : Mariage de Marie de Bretagne et d'Hercule de Rohan, duc de Montbazon, gouverneur de Paris (né en 1566 ; en 1558 pour Chateaubriand).
1654 : Mort du duc de Montbazon (en 1644 pour Chateaubriand).
1657 : Mort de la duchesse de Montbazon. Rancé, désespéré, se retire à Veretz.
1663-1664 : Noviciat de Rancé.
1664 (26 juin) : Rancé fait profession à Perseigne.
1664-1666 : Les deux voyages à Rome.
1666 (10 mai) : Retour de Rancé à la Trappe.
1700 : 27 octobre : Mort de Rancé.
1748 : Naissance à Carpentras de l'abbé Jean-Marie Séguin.

1768 (4 septembre) : Naissance, à Saint-Malo, de François-René de Chateaubriand, dernier des dix enfants (dont quatre morts en bas âge) de René-Auguste de Chateaubriand, comte de Combourg, né en 1718, et d'Apolline de Bedée, née en 1726, qui s'étaient mariés en 1753.
En nourrice à Plancoët pendant trois ans.
1777-1782 : Études au collège de Dol.
1777 (août-septembre) : Premières vacances au château de Combray.
1781-1782 : Études au collège de Rennes.

1783 (janvier/mai ou juin) : Séjour à Brest (où il prépare l'examen de garde de marine ; sans succès).
(octobre) Au collège de Dinan pour y achever ses humanités, avec l'intention d'entrer dans les ordres ; le quittera avant la fin de l'année scolaire.

1783-1785 : Séjour à Combourg avec sa famille, dans l'intimité de sa sœur Lucile (née en 1764).

1785 : Renonce à l'état ecclésiastique. Projets de voyage au Canada, aux Indes, à l'Île de France, qui n'aboutiront pas.

1786-1790 : Officier au régiment de Navarre. (Garnison à Cambrai et à Dieppe) ; fréquentes absences, notamment à Paris et à Fougères chez ses sœurs Julie (née en 1763) et Marie-Anne (née en 1760).

1786 (6 septembre) : mort de son père à Combourg.

1787 (19 février) : Il est présenté au roi et suit une chasse royale à Versailles.

1788 (16 décembre) : Il est tonsuré à Saint-Malo pour pouvoir obtenir un bénéfice comme chevalier de l'ordre de Malte.
(29 décembre) Il assiste à l'ouverture des États généraux de Bretagne.

1789-1790 : Installé à Paris avec ses sœurs Julie et Lucile, il est présent à la plupart des événements révolutionnaires.

1790 : *L'Almanach des muses* publie sa première œuvre imprimée : *L'Amour de la campagne*, une idylle en vers.

1791 (7 ou 8 avril) : Il s'embarque à Saint-Malo pour l'Amérique.
(11 juillet) Il débarque à Baltimore.
(20 et 21 juillet) Il est reçu par G. Washington.
(juillet-décembre) Il gagne les rives des lacs Ontario et Érié, visite les chutes du Niagara puis descend vers le sud.
(10 décembre) Il s'embarque à Philadelphie.

1792 (2 janvier) : Il débarque au Havre.
(20 février) Un prêtre non assermenté bénit son mariage avec Céleste Buisson de la Vigne.
(19 mars) Mariage officiel béni par un prêtre assermenté.
(15 juillet) Il émigre avec son frère Jean-Baptiste (né en 1759) et rejoint l'armée des Princes.
(6 octobre) Il est libéré, après l'échec du siège devant Thionville, où il a été blessé.

1793 (20 janvier) : Il arrive à Jersey, puis le 17 mai, débarqué à Southampton, il y reçoit une feuille d'identité et gagne Londres, où il vit misérablement ; il entreprend l'*Essai sur les Révolutions*. Sa femme et ses sœurs sont emprisonnées en Bretagne, son frère sera guillotiné en 1794.

1793-1794 : Il enseigne le français dans le Suffolk, dans une école de Beccles.

1795 (19 janvier) : Il poursuit son enseignement à Bungay. A la suite d'un accident de cheval, il séjourne chez le pasteur Ives ; chaste idylle avec la fille de celui-ci.

1796 : Conséquence de sa chute de cheval : il est déclaré inapte au service.

1797 (18 mars) : publication à Londres de l'*Essai sur les Révolutions* ; liaison avec Mme de Belloy, début de l'amitié avec Fontanes.

1798 : Mort de sa mère à Saint-Servan.

1799 : Mort de sa sœur Julie (comtesse de Farcy) à Rennes.

1800 (6 mai) : Débarque à Calais sous une fausse identité.
(octobre) Fait la connaissance de Pauline de Beaumont.

1801 (2 avril) : Publication d'*Atala* (cinq rééditions dans l'année).
(mai) Rencontre Mme Récamier.
(été) Séjour chez Mme de Beaumont, à Savigny-sur-Orge, où il achève le *Génie du Christianisme* qu'il avait commencé à Londres ; radié de la liste des émigrés.
(décembre) : Retour à Paris (liaison avec la duchesse de Duras).

1802 (14 avril) : Publication (comprenant *Atala* et *René*) du *Génie du Christianisme*. Énorme retentissement. Début de la liaison avec Delphine de Custine.
(octobre-novembre) : Renoue avec sa femme en Bretagne après son voyage dans le Midi.

1803 (avril) : Seconde édition du *Génie du Christianisme* (précédée d'une dédicace au premier Consul).
(4 mai) Nommé secrétaire de légation à Rome.
(27 juin) Il arrive à Rome, devançant l'ambassadeur, le cardinal Fesch, oncle du Premier consul, avec lequel il ne s'entendra guère.
(4 novembre) : Mort à Rome de Mme de Beaumont que Chateaubriand est allé accueillir à Florence en octobre. Il projette d'écrire ses mémoires.
(29 novembre) Il est nommé chargé d'affaires dans le Valais.

1804 (21 mars) : Exécution du duc d'Enghien. Chateaubriand donne sa démission de ministre dans le Valais.

Il a repris la vie conjugale à son retour à Paris en janvier. Troisième et quatrième édition du *Génie du Christianisme*.
(avril) Rencontre Jean de Laborde et sa sœur Natalie, comtesse de Noailles, chez qui il passe un mois à Méréville. Séjours à Fervacques chez Delphine de Custine et à Villeneuve-sur-Yonne chez les Joubert.
(18 mai) Proclamation de l'Empire.
(novembre) Mort de Lucile (Mme de Caud), sa sœur préférée.

1805 : Fin de la liaison avec Delphine de Custine ; voyage avec sa femme en Auvergne ; en Suisse : visite à Mme de Staël, à Coppet ; début de la liaison avec Natalie de Noailles. Douzième édition d'*Atala* (version définitive. Le volume comprend également *René*).

1806 : Séjours à Méréville chez Mme de Noailles ; publication du *Voyage au mont Blanc*.

1806 (13 juillet) Il part de Paris pour la Grèce et l'Orient par Venise et Trieste.
(23-26 août) Séjour à Athènes.
(13-18 septembre) Séjour à Constantinople.
(4-12 octobre) Séjour aux Lieux saints.
(13-23 novembre) Séjour à Alexandrie.

1807 (18 janvier-9 mars) : Séjour à Tunis.
(30 mars) Il débarque à Algésiras.
(10 avril) Il retrouve Natalie de Noailles à Cordoue et visite avec elle l'Alhambra de Grenade et l'Escorial.
(5 juin) Retour à Paris.
(4 juillet) Le compte rendu (signé Chateaubriand) du *Mercure de France* (qu'il a racheté) sur le *Voyage pittoresque de l'Espagne*, de M. de Laborde, provoque le « bannissement » de Chateaubriand hors de Paris et son installation à la Vallée-aux-Loups.

1809 (27 mars) : Publication des *Martyrs*.
(31 mars) : Exécution de son cousin germain Armand de Chateaubriand.

1811 (20 février) : Élu à l'Académie française, quelques jours avant la publication de *L'Itinéraire de Paris à Jérusalem*.

1811-1812 : Il commence la rédaction des *Mémoires de ma vie*.

1813 : Rupture avec Natalie de Noailles.

1814 (31 mars) : Entrée des Alliés à Paris, chute de l'Empire.
(5 avril) Publication de *De Buonaparte et des Bourbons*.

(8 juillet) Nommé ministre en Suède, ne rejoint pas son poste.

1815 (20 mars-22 juin) : Les Cent-Jours.

(20 mars) Chateaubriand part pour Gand.

Waterloo.

(28 juin) Seconde Restauration.

(9 juillet) Chateaubriand est nommé ministre d'État.

(17 août) Il est nommé pair de France.

1816 (17 septembre) Il publie *La Monarchie selon la charte*, qui est saisie.

(20 septembre) Il est déchu de son titre de ministre d'État.

1817 : Installation à Paris, rue du Bac.

(28 mai) Rencontre décisive de Mme Récamier et de Chateaubriand, qui découvrent leur amour.

1818 (5 octobre) Publication du premier numéro du *Conservateur* (qui devait disparaître en mars 1820).

(automne) Mme Récamier cède à Chateaubriand ; une liaison chaste survécut jusqu'à la mort à cette brève liaison charnelle.

1820 : Publication des *Mémoires, lettres et pièces authentiques touchant la vie et la mort de S.A.R.* (... le) *duc de Berry* (le duc avait été assassiné le 13 février).

1821 (1er janvier) : Chateaubriand part pour Berlin, en qualité de ministre plénipotentiaire.

(30 juillet) Il donne sa démission.

1822 (9 janvier) : Nommé ambassadeur à Londres.

(5 octobre) Il arrive à Vérone, pour siéger au Congrès.

(28 décembre) Nommé ministre des Affaires étrangères.

1823 (mars-octobre) : Guerre d'Espagne. Liaison avec Mme de Castellane.

1824 (6 juin) : Il est exclu du ministère ; articles d'opposition dans le *Journal des Débats*.

1826 : Le libraire Ladvocat commence la publication, qui se poursuivra jusqu'en 1831, des œuvres complètes de Chateaubriand.

1828 (14 septembre) : Il part pour Rome, où il vient d'être nommé ambassadeur.

1829 (28 août) : Opposé à Polignac et à son ministère, il donne sa démission.

1830 (28 juillet) : De Dieppe, où il se trouve, il rentre précipitamment à Paris à la nouvelle de la publication des Ordonnances de Polignac.

(25-31 juillet) Les Ordonnances. Révolution de Juillet.

(2 août) Abdication de Charles X.

(7 août) Avènement de Louis-Philippe, roi des Français. Opposé à la Monarchie d'Orléans, Chateaubriand prononce son dernier discours à la Chambre des pairs.

1830-1833 : Il reprend la rédaction de ses *Mémoires*, dont la conception s'est élargie.

1831 (20 avril) : Il publie les *Études historiques* dans la dernière livraison de ses œuvres complètes.

1832 (3 mars) : Première apparition, dans sa correspondance, du titre : *Mémoires d'outre-tombe*.

(16 juin) Accusé d'avoir favorisé l'équipée de la duchesse de Berry en Vendée, il est arrêté, puis libéré, le 30 juin par une ordonnance de non-lieu.

Installation rue d'Enfer à l'Infirmerie Marie-Thérèse.

1833 (mai-juin) : Premier voyage à Prague, où Chateaubriand va plaider, en vain, la cause de la duchesse de Berry auprès de Charles X. Il rédige la Préface testamentaire des *Mémoires d'outre-tombe*.

(septembre-6 octobre) : Second voyage : séjour à Venise, seconde entrevue avec Charles X à Butschirad.

1834 (2 octobre) : Première représentation, au théâtre de Versailles, de *Moïse* (pièce écrite en 1812 et publiée en 1828).

(25 octobre) Publication des Lectures des *Mémoires de M. de Chateaubriand* (ces lectures avaient eu lieu en février et en mars, des commentaires accompagnaient des textes inédits).

1836 (22 mars, 21 avril et 14 mai) : Actes constitutifs de la société en commandite qui acquiert le droit de publier les *Mémoires d'outre-tombe*. Publication de l'*Essai sur la littérature anglaise* et de sa traduction intégrale du *Paradis perdu* de John Milton (accompagnée du texte anglais original).

1836-1839 : Nouvelle édition des *Œuvres complètes* chez Pourrat.

1838 : Installation rue du Bac. Congrès de Vérone.

1841 (16 novembre) : Achèvement des *Mémoires d'outre-tombe*.

1843 (19 avril) : Mort de l'abbé Jean-Marie Séguin.

(7 août) Visite à la Trappe.

(novembre) Voyage à Londres auprès du comte de Chambord.

1844 (18 mai) : Première édition de la *Vie de Rancé*.

(13 juillet) « Seconde édition revue, corrigée et augmentée » de la *Vie de Rancé*.

(27 août) Émile de Girardin conclut un traité avec la Société des *Mémoires d'outre-tombe*, pour publier l'ouvrage en feuilletons dans *La Presse*. Chateaubriand proteste en vain.

1844-1848 : Révision des *Mémoires d'outre-tombe*.

1847 (8 février) : Mort de Mme de Chateaubriand.

1848 (25 février) : Révolution de février. Deuxième République.

(4 juillet) Mort de Chateaubriand.

(21 octobre) Les *Mémoires d'outre-tombe* sont publiés en feuilletons dans *La Presse* ; la publication se poursuivra jusqu'au 3 juillet 1850.

TABLE

Note sur cette édition 7

VIE DE RANCÉ

Avertissement 13
Livre premier 19
Livre second 57
Livre troisième 127

Variantes retenues 201

Postface : La mort de l'Autre, par Georges Condominas 209

Note bibliographique 267
Chronologie 271

PUBLICATIONS NOUVELLES

BALZAC
Illusions perdues (518).

BARBEY D'AURÉVILLY
Une histoire sans nom (588).

BAUDELAIRE
Les Fleurs du mal (527).

BECCARIA
Des Délits et des peines (633).

CASTIGLIONE
Le Livre du courtisan (651).

CHRÉTIEN DE TROYES
Le Chevalier au lion (569).

CONRAD
Nostromo (560). Sous les yeux de l'Occident (602).

DUMAS
Les bords du Rhin (592).

FIELDING
Joseph Andrews (558).

FLAUBERT
Madame Bovary (657). Mémoires d'un fou. Novembre (581).

FROMENTIN
Une année dans le Sahel (591).

GAUTIER
Le Capitaine Fracasse (656).

GOGOL
Tarass Boulba (577). Les Ames mortes (576).

GONCOURT
Germinie Lacerteux (549). Renée Maurepin (578).

J. K. JEROME
Trois hommes dans un bateau (536).

KAFKA
Dans la colonie pénitentiaire et autres nouvelles (564)

KIERKEGAARD
La Reprise (512).

KLEIST
La Marquise d'O (586) Le Prince de Hombourg (587)

LA FONTAINE
Les Amours de Psyché et de Cupidon (568)

LAUTRÉAMONT
Les Chants de Maldoror (528).

LAXNESS
La Cloche d'Islande (659).

LOTI
Madame Chrysanthème (570) Le Mariage de Loti (583).

MACHIAVEL
L'Art de la guerre (615).

MAUPASSANT
Mont-Oriol (547).

MARIVAUX
Les Acteurs de bonne foi La Dispute L'Épreuve (616).

MELVILLE
Mardi (546). Omoo (590).

MORAND
Hiver Caraïbe (638).

NERVAL
Aurélia et autres textes autobiographiques (567).

PLATON
Ménon (491). Phédon (489).

PLAUTE
Théâtre (600).

ROSTAND
Cyrano de Bergerac (526).

SHAKESPEARE
Henry V (658).

STEVENSON
L'Ile au Trésor (593).

STRINDBERG
Tschandala (575)

SUÉTONE
Vie des douze Césars (533)

TÉRENCE
Théâtre (609)

THACKERAY
Barry Lyndon (559) Le Livre des snobs (605)

GF — TEXTE INTÉGRAL — GF

2301-X-1991. — Imp. Bussière, St-Amand (Cher).
N° d'édition 13437. — Novembre 1991. — Printed in France.